기초 C++ 프로그래밍

C++ Programming for Beginners

최 준 수
한 광 수

국민대학교출판부

기초 C++ 프로그래밍

최 준 수
한 광 수

국민대학교출판부

Joonsoo Choi, Kwang-Soo Hahn

C++ Programming for Beginners

Printed in the Republic of Korea

1970년대 초반에 UNIX 운영체제를 개발하기 위하여 만들어진 C 언어는 현재에도 가장 많이 사용되는 프로그래밍 언어이면서 또한 많은 프로그래머가 처음 배우게 되는 프로그래밍 언어이다. 특히 1980년대와 1990년대 초반에 개발된 많은 응용 프로그램과 시스템 프로그램의 프로그래머들이 선택한 프로그래밍 언어는 C 언어였다. 특히 UNIX 환경에서 동작되는 거의 모든 소프트웨어는 C언어로 개발되었으며, 또한 PC 급 컴퓨터에서 개발된 워드 프로세서, 스프레드 쉬트, 데이터베이스, 네트워크 프로그램 등의 많은 프로그램도 C 언어로 작성되었다.

1980년대 초반 AT&T Bell Lab 소속의 Bjarne Stroustrup에 의하여 개발된 C++ 프로그래밍 언어는 객체지향 프로그래밍(object-oriented programming) 개념을 프로그래밍 언어에서 지원하기 위하여 C 언어를 확장하여 개발되었다. 객체지향 프로그래밍 언어의 대표적인 예인 C++는 현재 대형 컴퓨터에서부터 PC 컴퓨터까지 거의 모든 컴퓨터 시스템에서 동작하는 매우 복잡하고 대형의 소프트웨어를 구현하는데 사용되고 있다. C++ 언어는 기본적으로 C 언어를 포함하고 있는 매우 복잡한 언어이지만, C++ 언어에서 제공하고 있는 모든 기능을 이해하지 않고서도 C++ 에서 제공하는 매우 강력한 기능을 잘 활용함으로써 매우 다양한 소프트웨어를 개발할 수 있다.

본 교재는 국민대학교에서 *C++ 프로그래밍* 강의에서 실습을 위한 부교재로 활용하기 위하여 만들었으며, C++ 언어를 독학으로 학습하는 프로그래머들도 본 교재를 이용하여 C++ 언어의 다양한 기능을 습득할 수 있도록 작성되었다. 본 교재의 전반부는 기 발간된 *실전 C 프로그래밍*에서 사용된 다양한 종류의 실습문제들을 C++ 언어로 작성하는 연습문제들이다. C++ 언어의 기본 기능은 C 언어에 바탕을 두기 때문에, 본 교재의 전반부에는 이러한 실습문제를 거의 C언어로 개발된 문제의 해결 프로그램과 유사한 형태로 프로그래밍할 수 있다. 본 교재의 후반부는 C++에서 제공하는 클래스 개념을 이용하는 해결 프로그램을 구현하기 위한 연습문제들이다. 후반부에서 제시된 다양한 종류의 프로그램을 통하여 C++에서 제공하는 클래스, 상속, 템플릿

등과 같은 강력한 객체지향 프로그래밍 기능을 습득할 수 있을 것으로 기대한다.

본 교재는 많은 초심자들이 C++ 언어를 보다 효율적으로 학습하는데 도움이 될 수 있도록 실습을 위주로 꾸며져 있으나, 아직 부족한 부분이 많은 것으로 생각된다. 이러한 부족한 부분은 추후에 계속해서 보완해 나갈 예정이며, 보완하기 위한 많은 의견과 비평을 바랍니다.

2010년 12월

북한산 아래에서 저자 일동

실습 문제의 해결 프로그램 작성 방법

본 교재에서 제시하는 모든 실습문제들은 다음과 같은 형식으로 기술된다. 먼저 프로그래밍해야 할 실습 내용이 설명되고, 앞에서 설명된 문제에 합당한 예가 한 개 이상 제시된다. 또한 작성된 프로그래밍의 오류를 검증할 테스트 데이터의 입력형식과 입력된 데이터에 대한 해답을 출력하는 형식이 설명된다. 그 다음으로는 앞에서 설명한 입력과 출력의 형식에 맞는 입력 데이터와 출력 데이터의 예가 제시되며, 마지막으로 본 실습문제를 통하여 학습하여야 할 목표가 설명된다.

예를 들어, 다음은 실습문제 중의 하나인 "정수연산" 문제의 예이다.

문제 이름	정수 연산
문제 설명	두 개의 자연수 a, b가 주어졌을 때, 두 자연수의 합 ($a+b$), 차 ($a-b$), 곱 ($a\times b$), a를 b로 나누었을 때의 몫과 나머지 등의 정수 연산을 수행하는 프로그램을 작성하시오.
예제	예를 들어, 자연수 5와 13이 주어졌을 때, 이 두 자연수의 합, 차, 곱은 각각 18, -8, 65이며, 5를 13으로 나누었을 때의 몫과 나머지는 각각 0과 5이다.
입력 데이터	**입력** 입력 파일의 이름은 "input.txt" 이다. 입력은 t 개의 테스트 케이스로 주어진다. 입력 파일의 첫 번째 줄에 테스트 케이스의 개수를 나타내는 정수 t 가 주어진다. 두 번째 줄부터 t 개의 줄에는 한 줄에 한 개의 테스트 케이스에 해당하는 두 개의 자연수 a b ($1 \le a,\ b \le 10{,}000$)가 주어진다. 두 자연수 사이에는 한 개의 공백이 있으며, 잘못된 데이터가 입력되는 경우는 없다.
출력 데이터	**출력** 출력은 표준출력(standard output)을 사용한다. 입력되는 테스트 케이스의 순서대로 다음 줄에 이어서 각 테스트 케이스의 결과를 출력한다. 각 테스트 케이스에 해당하는 출력의 첫 줄에 입력되는 두 정수의 합, 차, 곱을 출력한다. 또한 같은 줄에 계속해서 a를 b로 나누었을 때의 몫과 나머지를 순서대로 출력한다. 출력되는 다섯 개의 정수들 사이에는 한 개의 공백을 둔다.

<table>
<tr><td>입력과 출력의 예</td><td>입력과 출력의 예
<table><tr><th>입력</th><th>출력</th></tr><tr><td>3
5 13
4 4
8 1</td><td>18 -8 65 0 5
8 0 16 1 0
9 7 8 8 0</td></tr></table></td></tr>
<tr><td>학습 목표</td><td>정수 연산자에 대하여 학습한다</td></tr>
<tr><td>주의 사항</td><td></td></tr>
</table>

각 문제에 대한 설명은 문제 이름, 문제 설명, 예제, 입력 데이터, 출력 데이터, 입력과 출력의 예, 학습 목표, 주의 사항 등의 8 부분으로 나뉘어 진다. 이 중에서 "주의 사항" 부분은 문제를 해결하는 프로그램을 작성하는 데 있어서 주의해야 할 상황이 있는 경우에만 주어진다. 예를 들어, 위의 예제 문제와 같이 아주 간단한 경우에서는 대부분 주의 사항 부분이 주어지지 않는다. "학습 목표" 부분은 이 문제를 해결하는 프로그램을 작성하면서 학습할 내용을 설명하는 부분이다.

"문제 설명" 부분은 해결해야 할 문제에 대하여 설명을 하는 부분이며, "예제"는 "문제 설명" 부분에서 실제 데이터를 대입하여 예를 들어서 설명하는 부분이다. "문제 설명"에서 잘 이해가 되지 않는다면, "예제"에서 주어진 데이터를 통하여 주어진 문제를 명확하게 이해하여야 한다. 그래야만, 주어진 문제를 해결하는 프로그램을 작성할 수 있다.

"입력 데이터" 부분은 작성된 프로그램이 주어진 문제를 완벽하게 해결하는 지를 검사할 때 사용되는 테스트 데이터의 형식이다. 모든 문제의 테스트 데이터는 이름이 input.txt인 파일에 저장되며, 이 파일의 첫 줄에는 항상 테스트 데이터의 개수를 나타내는 정수가 주어진다. 두 번째 줄부터 실제 테스트 데이터가 주어진다. "입력 데이터" 부분에서는 실제 테스트 데이터의 주어진 형식에 대하여 상세히 설명하며, 필요한 경우에는 입력 데이터의 조건에 대해서도 설명한다. 입력 데이터의 조건은 위의 예에서와 같이 입력되는 정수의 범위와 같은 경우를 말한다. 문제 해결 프로그램은 입력 데이터를 형식에 맞게 정확하게 읽을 수 있도록 작성되어야 한다. 그러나 입력 데이터는 항상 "입력 데이터" 부분에서 설명한 조건에 맞는 데이터만 입력되므로, 입력되는 데이터가 조건에 맞는지를 프로그램에서 검사할 필요는 없다.

"출력 데이터" 부분은 "입력 데이터" 파일에서 입력된 데이터를 처리한 후에 그 결과값을 어떤 형식으로 출력할 것인지에 대해서 설명한다. 문제 해결 프로그램은 항상 출력 데이터 형식에 맞도록 그 결과값을 출력하여야 한다. 또한, "출력 데이터" 부분에서 설명한 출력 데이터 값 이외의 어떠한 데이터도 출력하여서는 안된다. 출력 데이터는 항상 표준출력(standard output)에 출력하여야 한다.

"입력과 출력의 예" 부분에서는 위에서 설명한 "입력 데이터" 부분과 "출력 데이터" 부분에 맞는 입력 데이터의 예제에 대한 출력 데이터의 예제를 제시한다. 작성된 프로그램이 이 부분에서 제시된 입력 데이터에 대하여 출력 데이터에서 제시한 예와 같은 답을 출력하였다고 해서 정확한 프로그램이라고 할 수 없다. 따라서, 프로그램은 "입력과 출력의 예"에서 제시된 예보다는 더 많은 다양한 입력 데이터에 대해서도 정확한 출력 데이터 값을 만들 수 있어야 정확한 프로그램이라 할 수 있다.

다음은 위의 문제 "정수 연산"을 해결하는 C++ 프로그램의 예이다. 어떤 주어진 문제를 해결하는 프로그램은 매우 다양하게 작성될 수 있으므로, 이 책에서 제시된 많은 프로그램은 해당되는 문제를 해결하는 하나의 예를 나타낸 것이다.

```
/****************************************
*                                       *
* 문제 이름: 정수 연산                  *
*                                       *
****************************************/

#include <iostream>
#include <fstream>
#include <cstdlib>
using namespace std;

void main(void)
{
    ifstream inStream;
    int numTestCases;

    inStream.open("input.txt");  /* open input file */
    if(inStream.fail())
    {
        cerr << "Input file opening failed.\n";
        exit(1);
    }

    inStream >> numTestCases;    /* read the number of test cases */
```

```
    for (int i=0; i<numTestCases; i++)
    {
        int a, b;

        int sum, diff, mul, div, mod;

        inStream >> a >> b;

        sum = a + b;
        diff = a ? b;
        mul = a * b;
        div = a / b;
        mod = a % b;

        cout << sum << ' ' << diff << ' ';
        cout << mul << ' ' << div  << ' ' << mod << endl;
    }

    inStream.close();     /* close input file */
}
```

이 책에서 모든 문제를 해결하는 프로그램은 아래와 같은 뼈대를 기반으로 작성된다.

```
#include <iostream>
#include <fstream>
#include <cstdlib>
using namespace std;

void main(void)
{
    ifstream inStream;
    int numTestCases;

    inStream.open("input.txt");  /* open input file */
    if(inStream.fail())
    {
        cerr << "Input file opening failed.\n";
        exit(1);
    }

    inStream >> numTestCases;    /* read the number of test cases */

    for (int i=0; i<numTestCases; i++)
    {

        /* 데이터 입력 부분 */

```

```
(19)            /* 입력 데이터 처리 부분 */
(20)            /* 결과 출력 부분 */
(21)        }
(22)        inStream.close();      /* close input file */
(23)    }
```

이 뼈대를 기반으로, 주어진 문제에 맞는 데이터 입력 부분 (18째 줄), 입력 데이터 처리 부분 (19째 줄), 결과 출력 부분(20째 줄)을 작성하여 프로그램을 완성하면 된다. 이러한 세 부분은 위의 정수 연산 문제에서와 같이 세 부분이 간단한 경우에는 main( ) 함수 내에서 작성될 수도 있으며, 그렇지 않은 경우에는 각 부분을 수행하는 함수를 main( )함수 외부에 작성하여 그 함수를 호출하여 사용하도록 작성될 수도 있다.

목 차 CONTENTS

문제 1

Hello World!

새로운 프로그래밍 언어를 배울 때, 가장 먼저 접하게 되는 프로그램은 "Hello World!"를 출력하는 프로그램이다. "Hello World!"를 출력하는 C++ 프로그램을 작성하시오.

출력

출력은 표준출력(console output)을 사용한다. 출력의 첫 줄의 첫 칸부터 Hello World! 를 출력한다.

출력의 예

출력
Hello World!

문제 2

문장 출력

다음 사각형에 쓰여진 영어 문장을 그대로 출력하는 프로그램을 작성하시오.

```
Somebody once said, "Who's responsible for the riots?
The rioters."
'A' and "A" mean different things.
A backslash, \, preceding a character is called
You must escape the ability of the " to terminate
a string constant
by using \", or the ability of the \ to escape, by using \\.
A stray \, say \z, in a string constant will have
different effects on different compilers.
\n is a new line character.
\r a carriage return
\t a tab
\a an alert
\\ a backslash
\' a single quote
\" a double quote
"\n\r\t\a\\\'\"" is a string of escape sequence characters.
```

출력

출력은 표준출력(standard output)을 사용한다. 출력의 첫 줄의 첫 칸부터 위 사각형에 쓰여진 그대로 출력한다.

출력의 예

출력

```
Somebody once said, "Who's responsible for the riots?
The rioters."
'A' and "A" mean different things.
A backslash, \, preceding a character is called
You must escape the ability of the " to terminate
a string constant
by using \", or the ability of the \ to escape, by using \\.
A stray \, say \z, in a string constant will have
different effects on different compilers.
\n is a new line character.
\r a carriage return
\t a tab
\a an alert
\\ a backslash
\' a single quote
\" a double quote
"\n\r\t\a\\\'\"" is a string of escape sequence characters.
```

문제 3

정수 연산

두 개의 자연수 *a, b*가 주어졌을 때, 두 자연수의 합 $(a+b)$, 차 $(a-b)$, 차의 절대값 $(|a-b|)$, 곱 $(a \times b)$, *a*를 *b*로 나누었을 때의 몫과 나머지, 두 자연수 중에서 큰 수, 두 자연수가 같은지를 판별하는 등의 정수 연산을 수행하는 프로그램을 작성하시오.

예를 들어, 자연수 5와 13이 주어졌을 때, 이 두 자연수의 합, 차, 차의 절대값, 곱은 각각 18, −8, 8, 65이며, 5를 13으로 나누었을 때의 몫과 나머지는 각각 0과 5이다. 또한, 두 자연수 중에서 큰 수는 13이며, 두 자연수는 서로 다른 수이다.

입력

입력 파일의 이름은 "input.txt" 이다. 입력은 *t* 개의 테스트 케이스로 주어진다. 입력 파일의 첫 번째 줄에 테스트 케이스의 개수를 나타내는 정수 *t* 가 주어진다. 두 번째 줄부터 *t* 개의 줄에는 한 줄에 한 개의 테스트 케이스에 해당하는 두 개의 자연수 *a b* $(1 \leq a, b \leq 10{,}000)$가 주어진다. 두 자연수 사이에는 한 개의 공백이 있으며, 잘못된 데이터가 입력되는 경우는 없다.

출력

출력은 표준출력(standard output)을 사용한다. 입력되는 테스트 케이스의 순서대로 다음 줄에 이어서 각 테스트 케이스의 결과를 출력한다. 각 테스트 케이스에 해당하는 출력의 첫 줄에 입력되는 두 정수의 합, 차, 차의 절대값, 곱을 출력한다. 또한 같은 줄에 계속해서 *a*를 *b*로 나누었을 때의 몫과 나머지를 순서대로 출력하고, 그 다음에 *a, b* 중에서 큰 수를 출력한다. 마지막으로 두 자연수 *a, b* 가 같은 수 일 경우에는 1을 출력하고, 그렇지 않을 경우에는 0을 출력한다. 출력되는 여덟 개의 정수들 사이에는 한 개의 공백을 둔다.

입력과 출력의 예

입력	출력
3 5 13 4 4 8 1	18 -8 8 65 0 5 13 0 8 0 0 16 1 0 4 1 9 7 7 8 8 0 8 0

문제 4

부활절 날짜계산

가톨릭이나 기독교에서 예수부활을 기념하는 부활절 날짜를 계산하는 프로그램을 작성하고자 한다. 323년 교계의 모임에서 부활절 날짜는 춘분(3월 21)이나 춘분 다음 처음으로 보름달이 뜨는 날 이후의 첫 일요일로 제정되었다. 이와 같이 부활절 날짜를 계산하기 위해서는 보름달이 뜨는 날을 정확하게 계산할 수 있어야 하므로, 양력과 음력의 날짜를 계산하는 방법이 모두 필요하다. 이와 같이 부활절 날짜가 제정된 이후에는 많은 천문학자와 수학자들이 부활절 날짜를 계산하는 일정한 공식을 찾고자 했다. 19세기에는 대수학자인 가우스가 부활절 날짜를 계산하는 알고리즘을 만들었으며, 최근에는 오딘(J. Oudin)이라는 과학자가 아래와 같은 부활절 날짜를 계산하는 알고리즘을 제시하였다. 이 알고리즘에서는 주어진 년도의 부활절 날짜를 계산한다. 참고로, 아래 알고리즘에서 사용되는 모든 나눗셈 연산은 정수 나눗셈 연산이다.

1. 주어진 년도를 Y라 하자.
2. 년도 Y를 100으로 나눈 값을 세기(century)라 부르고, C 라 하자.
3. 년도 Y를 19로 나눈 값에 19를 곱하여서, 이 값을 Y에서 뺀다. 이 값을 N이라 하자.
4. C에서 17을 뺀 다음 25로 나눈다. 이 값을 T 라 하자.
5. C를 4로 나눈 값과, C에서 T를 뺀 다음 3으로 나눈 값을 모두 C 에서 뺀다.
6. N에 19를 곱한 후에 15를 더한다.
7. 위 5번 단계와 6번 단계에서 구한 값을 모두 더한다. 이 값을 I라 하자.
8. I를 30으로 나눈 값에 30을 곱하여서, 이 값을 I에서 뺀다. 이 값을 J라 하자.
9. J를 28로 나눈다.
10. J를 28로 나눈 값을 정수 1에서 뺀다.
11. 정수 29를 J에 1을 더한 값으로 나눈다.
12. 정수 21에서 N을 뺀 다음, 이 값을 11로 나눈다.
13. 위 9, 10, 11, 12번 단계에서 구한 값을 모두 곱하고, 이 값을 J값에서 뺀다. 이 값을 K라 하자.
14. 년도 Y와 Y를 4로 나눈 값을 더한다. 또한 이 값에 J와 정수 2를 더한다.

15. 위 14번 단계에서 구한 값에 C를 뺀 다음, C를 4로 나눈 값을 다시 더한다. 이 값을 L이라 하자.
16. L을 7로 나눈 값에 7을 곱한 후, 이 값을 L에서 뺀다. 이 값을 P라 하자.
17. K에서 P를 뺀다. 이 값을 Q라 하자.
18. Q에 40을 더한 값을 44로 나눈 후, 이 값에 3을 더한다. 이 값을 M이라 하자. 이 값이 우리가 구하고자 하는 부활절이 속하는 달(month) 수이다.
19. Q 값에 28을 더하고, 이 수에서 M을 4로 나눈 값에 31을 곱한 수를 뺀다. 이 값이 우리가 구하고자 하는 부활절의 날짜(day)이다.

예를 들어, 9999년의 부활절은 위의 알고리즘에 의하여 다음과 같이 계산된다.

1. Y = 9999
2. C = 99
3. N = 5
4. T = 3
5. 43
6. 110
7. I = 153
8. J = 3
9. 0
10. 1
11. 7
12. 1
13. K = 3
14. 12503
15. L = 12428
16. P = 3
17. Q = 0
18. M(month) = 3
19. day = 28

위에서 주어진 오딘의 알고리즘에 따라 주어진 년도의 부활절 날짜를 계산하는 프로그램을 작성하시오. 참고로, 위에서 제시한 알고리즘은 1582년도 그레고리언 방법으로 달력을 제작한 이후 년도의 부활절 날짜를 계산하는데 적용된다.

입력

입력 파일의 이름은 "input.txt" 이다. 입력은 t 개의 테스트 케이스로 주어진다. 입력 파일의 첫 번째 줄에 테스트 케이스의 개수를 나타내는 정수 t 가 주어진다. 두 번째 줄부터 t 개의 줄에는 한 줄에 한 개의 테스트 케이스에 해당하는 년도를 나타내는 한 개의 정수 Y (1,583 ≤ Y ≤ 99,999) 가 입력된다. 잘못된 데이터가 입력되는 경우는 없다.

출력

출력은 표준출력(standard output)을 사용한다. 입력되는 테스트 케이스의 순서대로 다음 줄에 이어서 각 테스트 케이스의 결과를 출력한다. 각 테스트 케이스에 해당하는 출력의 첫 줄에 해당하는 년도의 부활절의 날짜를 출력한다. 먼저 부활절의 달을 나타내는 정수를 출력하고, 그 다음에 날짜를 나타내는 정수를 출력한다. 두 정수 사이에는 한 개의 공백을 둔다.

입력과 출력의 예

입력	출력
3 9999 2000 1583	3 28 4 23 4 10

```
/*********************************************************************
*                                                                    *
*       부활절 날짜계산                                               *
*                                                                    *
*********************************************************************/

#include <iostream>
#include <fstream>
#include <cstdlib>
using namespace std;

void computeEaster(int y);

void main(void)
{
    ifstream inStream;
    int numTestCases;

    inStream.open("input.txt");
    if (inStream.fail())
    {
        cerr << "Input file opening failed.\n";
        exit(1);
    }

    inStream >> numTestCases;

    for (int i=0; i<numTestCases; i++)
    {
        int year;

        inStream >> year;
        computeEaster(year);
    }

    inStream.close();
}

void computeEaster(int y)
{
    int c, n, t, i, j, k, l, p, q;
    int t1, t2, t3, t4, t5, t6, t7;
    int month, day;

    c = y / 100;                /* 2번 단계 */
                                /* 3번 단계 */
                                /* 4번 단계 */
    ......................................
    ......................................

    month =                     /* 18번 단계 */
    day =                       /* 19번 단계 */

    cout << month << " " << day  << endl;
}
```

문제 5

두 정수 사이의 모든 정수의 합 구하기

두 개의 양의 정수가 주어졌을 때, 두 정수 사이(두 정수를 포함하여)의 모든 정수의 합을 구하는 프로그램을 작성하시오.

예를 들어, 정수 5와 13이 주어지면, 두 정수 사이의 모든 정수의 합은 5+6+7+8+9+10+11+12+13 = 81 이 된다.

입력

입력 파일의 이름은 “input.txt” 이다. 입력은 t 개의 테스트 케이스로 주어진다. 입력 파일의 첫 줄에 테스트 케이스의 개수를 나타내는 정수 t 가 주어진다. 둘째 줄부터 t 개의 줄에는 한 줄에 하나의 테스트 케이스에 해당하는 두 개의 정수 m n ($0 \le m \le n \le 10{,}000$) 이 주어진다. 두 정수 사이에는 하나의 공백이 있다. 잘못된 데이터가 입력되는 경우는 없다.

출력

출력은 표준출력(standard output)을 사용한다. 입력 테스트 케이스의 순서대로 다음 줄에 이어서 각 테스트의 결과를 출력한다. 각 테스트 케이스에 해당하는 출력의 첫 줄에 입력되는 두 정수 사이의 모든 정수의 합을 나타내는 정수를 출력한다.

입력과 출력의 예

입력	출력
3 5 13 10000 10000 0 10000	81 10000 50005000

```
/*****************************************************************
*                                                                *
*      두 정수 사이의 모든 정수의 합 구하기                      *
*                                                                *
*****************************************************************/

#include <iostream>
#include <fstream>
#include <cstdlib>
using namespace std;

int sumOfNumberBetween2Numbers (int s, int t);

void main(void)
{
    ifstream inStream;
    int numTestCases;

    inStream.open("input.txt");
    if (inStream.fail())
    {
        cerr << "Input file opening failed.\n";
        exit(1);
    }

    inStream >> numTestCases;

    for (int i=0; i<numTestCases; i++)
    {
        inStream >> start >> end; // read two numbers
        cout << sumOfNumberBetween2Numbers (start, end) << endl;
    }

    inStream.close();
}

int sumOfNumberBetween2Numbers (int s, int t)
{
    int sum;

    for(int i=s; i<=t; i++)
    {
        ..........................................
    }

    return sum;
}
```

문제 6

주어진 정수의 최대, 최소 구하기

주어진 정수들의 최대값, 최소값을 계산하는 프로그램을 작성하시오.

예를 들어, 아래와 같은 다섯 개의 정수

3 7 -4 -6 5

의 최대값은 7이며, 최소값은 -6이다.

입력

입력 파일의 이름은 "input.txt" 이다. 입력은 t 개의 테스트 케이스로 주어진다. 입력 파일의 첫 줄에 테스트 케이스의 개수를 나타내는 정수 t 가 주어진다. 두번째 줄부터 하나의 테스트 데이터에 대하여 두 줄씩 데이터가 입력된다. 각 테스트 케이스에 해당하는 첫번째 줄에는 먼저 최대, 최소값을 계산하여야 할 정수의 개수를 나타내는 정수 n $(1 \le n \le 10{,}000)$ 이 주어진다. 두 번째 줄에는 최대, 최소값을 계산하여야 할 n 개의 정수들이 한 줄에 주어진다. 모든 정수들 사이에는 하나의 공백이 있다.

출력

출력은 표준출력(standard output)을 사용한다. 입력 테스트 케이스의 순서대로 다음 줄에 이어서 각 테스트의 결과를 출력한다. 각 테스트 케이스에 해당하는 출력의 첫 줄에 입력되는 정수들의 최대값, 최소값의 순서로 두 개의 정수를 출력한다. 두 정수 사이에는 하나의 공백을 둔다.

입력과 출력의 예

입력	출력
3 1 10 5 3 7 -4 -6 5 5 -8 -4 -6 -4 -10	10 10 7 -6 -4 -10

```
/*****************************************************************
*                                                               *
*       주어진 정수의 최대, 최소 구하기                              *
*                                                               *
*****************************************************************/

  #include <iostream>
  #include <fstream>
  #include <cstdlib>
  using namespace std;

  void main(void)
  {
      ifstream inStream;
      int numTestCases;

      inStream.open("input.txt");
      if (inStream.fail())
      {
          cerr << "Input file opening failed.\n";
          exit(1);
      }

      inStream >> numTestCases;

      for (int i=0; i<numTestCases; i++)
      {
          int numIntegers, startValue;

          inStream >> numIntegers;

          inStream >> startValue;
          max = min = startValue;

          for (int j=1; j<numIntegers; j++)
          {
              inStream >> value;

              ..................................................

           }

          cout << max << " " << min << endl;
      }

      inStream.close();
  }
```

문제 7

끝자리 숫자 계산하기

여러 개의 자연수가 주어졌을 때, 주어진 모든 자연수를 곱한 수의 마지막 자리수(1의 자리수)를 계산하는 프로그램을 작성하시오.

예를 들어, 세 개의 자연수 9, 314, 27을 곱한 수의 마지막 자리수는 2 이다.

입력

입력 파일의 이름은 "input.txt" 이다. 입력은 t 개의 테스트 케이스로 주어진다. 입력 파일의 첫 번째 줄에 테스트 케이스의 개수를 나타내는 정수 t 가 주어진다. 두 번째 줄부터 t 개의 줄에는 한 줄에 한 개의 테스트 케이스에 해당하는 정수들이 주어진다. 각 테스트 케이스에 해당되는 각 줄의 첫 번째 정수 n $(1 \le n \le 100)$ 은 주어진 자연수의 개수를 나타낸다. 그 다음에는 n 개의 자연수가 주어지는데, 각 자연수의 최소값은 1이며 최대값은 $2^{31}-1$이다. 같은 줄에 나열되는 각 정수들 사이에는 한 개의 공백이 있으며, 잘못된 데이터가 입력되는 경우는 없다.

출력

출력은 표준출력(standard output)을 사용한다. 입력되는 테스트 케이스의 순서대로 다음 줄에 이어서 각 테스트 케이스의 결과를 출력한다. 각 테스트 케이스에 해당하는 출력의 첫 줄에 입력되는 n 개의 자연수를 곱한 수의 마지막 자리수를 출력한다.

입력과 출력의 예

입력	출력
4 3 9 314 27 1 1 5 123456 234567 385025 218569 321237 16 9 9 9 9 9 9 9 9 9 9 9 9 9 9 9 9	2 1 0 1

(주의) 입력되는 모든 정수를 곱하면 overflow가 발생할 수 있으므로 주의한다.

문제 8

시간 계산

어느 회사의 회사운영시스템에서 직원들이 하루에 작업한 시간의 총 합을 계산하고자 한다. 각 직원은 하루 일을 하기 전에 컴퓨터에 작업 시작시각을 기록하고, 그 날 작업이 끝난 후에 컴퓨터에 작업 종료시각을 기록한다. 회사운영시스템은 직원들이 기록한 작업 시작 시각과 종료 시각을 나타나는 데이터를 기반으로 직원들이 하루에 일한 총 작업시간을 계산한다. 작업 시작시각과 종료시각이 시/분/초 단위로 주어졌을 때, 모든 직원의 하루 총 작업시간을 계산하는 프로그램을 작성하시오. 단, 총 작업시간이 24시간을 초과하는 경우에는 날짜 단위를 추가하여 일/시/분/초 단위로 출력한다. 예를 들어, 모든 직원의 총 작업시간이 245시간 45분 21초 일 경우에는, 10일 5시간 45분 21초로 출력한다.

입력

입력 파일의 이름은 "input.txt" 이다. 입력은 t 개의 테스트 케이스로 주어진다. 입력 파일의 첫 줄에 테스트 케이스의 개수를 나타내는 정수 t 가 주어진다. 두 번째 줄부터 각 테스트 케이스에 해당되는 데이터가 입력된다. 각 테스트 케이스의 첫 번째 줄에는 그 회사의 총 직원 수를 나타내는 정수 n ($1 \le n \le 100$) 이 입력된다. 각 테스트 케이스의 두 번째 줄부터 다음 n 개의 줄에는 한 줄에 한 직원이 하루에 작업을 시작한 시각과 종료한 시각이 입력된다. 각 시간은 여섯 개의 정수 $H\ M\ S\ h\ m\ s$ ($0 \le H, h < 24$, $0 \le M, S, m, s < 60$) 로 입력되며, 이는 작업 시작시각이 H 시 M 분 S 초 임을 나타내고, 작업 종료시각이 h 시 m 분 s 초 임을 나타낸다. 작업 종료 시각은 작업 시작 시각보다 늦은 시각이다. 각 정수들 사이에는 한 개의 공백이 있으며, 잘못된 데이터가 입력되는 경우는 없다.

출력

출력은 표준출력(standard output)을 사용한다. 입력되는 테스트 케이스의 순서대로 다음 줄

에 이어서 각 테스트 케이스의 결과를 출력한다. 각 테스트 케이스에 해당하는 출력의 첫 줄에, 모든 직원의 하루 총 작업시간을 출력한다. 시간은 네 개의 정수 $d\ h\ m\ s$ ($0 \le d$, $0 \le h < 24$, $0 \le m, s < 60$) 로 출력하는데, d 는 날짜 수를, h 는 시간을, m 은 분을, 그리고 s 는 초를 나타낸다. 네 정수 사이에는 한 개의 공백을 둔다. 단, 총 시간이 24 시간을 넘지 않는 경우에는 날짜 수를 0으로 출력한다.

입력과 출력의 예

입력	출력
2 2 0 0 0 23 59 59 1 2 3 4 5 6 1 7 8 9 7 12 13	1 3 3 2 0 0 4 4

문제 9

주어진 정수의 최대, 최소 구하기

여러 개의 정수들이 주어졌을 때, 이 정수들 중에서 가장 큰 정수(최대값)와 가장 작은 정수(최소값)를 계산하는 프로그램을 작성하시오.

예를 들어, 세 정수 3, −4, 5가 주어졌을 때, 이 정수들의 최대값은 5이고, 최소값은 −4 이다.

입력

입력 파일의 이름은 "input.txt" 이다. 입력은 t 개의 테스트 케이스로 주어진다. 입력 파일의 첫 번째 줄에 테스트 케이스의 개수를 나타내는 정수 t 가 주어진다. 두 번째 줄부터 시작하여 한 개의 테스트 케이스에 대하여 두 줄씩 데이터가 입력된다. 각 테스트 케이스에 해당하는 첫 번째 줄에는 주어진 정수의 개수를 나타내는 정수 n ($1 \leq n \leq 100$)이 주어진다. 각 테스트 케이스에 해당하는 두 번째 줄에는 최대, 최소값을 계산하여야 할 n 개의 정수들이 주어진다. 두 번째 줄에 주어진 모든 정수들 사이에는 한 개의 공백이 있다. 잘못된 데이터가 입력되는 경우는 없다.

출력

출력은 표준출력(standard output)을 사용한다. 입력되는 테스트 케이스의 순서대로 다음 줄에 이어서 각 테스트 케이스의 결과를 출력한다. 각 테스트 케이스에 해당하는 출력의 첫 줄에 입력되는 n 개 정수들의 최대값과 최소값을 순서대로 출력한다. 두 정수 사이에는 한 개의 공백을 둔다.

입력과 출력의 예

입력	출력
3 3 3 -4 5 1 10 5 -8 -4 -6 -4 -10	5 -4 10 10 -4 -10

문제 10

숫자로 삼각형 출력하기

아래 그림과 같이 양의 정수 k가 입력될 때, 밑면의 폭(가로)이 k개의 숫자로 만들어져 있고, 높이가 k개의 줄로 만들어진 숫자 삼각형을 출력하는 프로그램을 작성하시오. 여기서, 정수 k를 삼각형의 크기라고 부른다. 삼각형으로 출력된 숫자 모양에서, 삼각형의 제일 위쪽 꼭지점에서 1부터 시작하여, 같은 열에서는 위에서 아래로 숫자가 연속적으로 나열되어 있다. 또한 각 숫자는 왼쪽 열에서 오른쪽 열 순서대로 차례대로 나열되어 있다.

예를 들면, 아래 그림은 삼각형의 크기 k가 각각 3, 4, 5, 그리고 6 인 경우의 출력의 예이다.

```
1
2 4
3 5 6

1
2 5
3 6 8
4 7 9 10

1
2 6
3 7 10
4 8 11 13
5 9 12 14 15

1
2 7
3 8 12
4 9 13 16
5 10 14 17 19
6 11 15 18 20 21
```

입력

입력 파일의 이름은 "input.txt" 이다. 입력은 t 개의 테스트 케이스로 주어진다. 입력 파일의 첫 줄에 테스트 케이스의 개수를 나타내는 정수 t 가 주어진다. 둘째 줄부터 각 줄에 한 개의 테스트 케이스에 해당하는 삼각형의 크기를 나타내는 양의 정수 k $(1 \le k \le 99)$ 가 입력된다. 잘못된 데이터가 입력되는 경우는 없다.

출력

출력은 표준출력(standard output)을 사용한다. 입력 테스트 케이스의 순서대로 다음 줄에 이어서 각 테스트의 결과를 출력한다. 각 테스트 케이스에 해당하는 출력의 첫 줄부터 k 개의 줄에 크기가 *k* 인 삼각형 모양으로 숫자를 출력한다. 같은 줄에 위치한 숫자들 사이에는 하나의 공백을 둔다. 삼각형 모양은 각 줄의 제일 왼쪽부터 출력하여야 한다.

입력과 출력의 예

입력	출력
3 1 3 5	1 1 2 4 3 5 6 1 2 6 3 7 10 4 8 11 13 5 9 12 14 15

실습목표

간단한 for 문장의 사용 예에 대하여 실습한다.

문제 11

다이아몬드 모양 출력하기

홀수의 양의 정수 k 가 주어졌을 때, 폭(가로)이 k 개의 문자로 만들어져 있고, 높이(세로)가 k 개의 줄로 만들어진 사각형 안에 아래 그림과 같은 모양의 다이아몬드를 출력하는 프로그램을 작성하시오. 여기서, 정수 k 를 다이아몬드의 크기라고 부른다.

예를 들어, 아래 그림은 다이아몬드의 크기 k 가 각각 3, 5, 7, 그리고 9 인 경우를 출력한 예이다.

```
*+*
+++
*+*
```

```
**+**
*+++*
+++++
*+++*
**+**
```

```
***+***
**+++**
*+++++*
+++++++
*+++++*
**+++**
***+***
```

```
****+****
***+++***
**+++++**
*+++++++*
+++++++++
*+++++++*
**+++++**
***+++***
****+****
```

입력

입력 파일의 이름은 "input.txt" 이다. 입력은 t 개의 테스트 케이스로 주어진다. 입력 파일의 첫 번째 줄에 테스트 케이스의 개수를 나타내는 정수 t 가 주어진다. 두 번째 줄부터 t 개의 줄에는 한 줄에 한 개의 테스트 케이스에 해당하는 다이아몬드의 크기를 나타내는 홀수의 양의 정수 k $(3 \le k \le 99)$ 가 입력된다. 잘못된 데이터가 입력되는 경우는 없다.

출력

출력은 표준출력(standard output)을 사용한다. 입력되는 테스트 케이스의 순서대로 다음 줄

에 이어서 각 테스트 케이스의 결과를 출력한다. 각 테스트 케이스에 해당하는 출력의 첫 줄부터 크기가 *k* 인 다이아몬드 모양을 출력한다. 다이아몬드 모양은 각 줄의 제일 왼쪽부터 출력하여야 한다.

입력과 출력의 예

입력	출력
3 3 5 9	*+* +++ *+* **+** *+++* +++++ *+++* **+** ****+**** ***+++*** **+++++** *+++++++* +++++++++ *+++++++* **+++++** ***+++*** ****+****

문제 12

모래시계 출력하기

홀수의 양의 정수 *k* 가 주어졌을 때, 폭(가로)이 *k* 개의 문자로 만들어져 있고, 높이(세로)가 *k* 개의 줄로 만들어진 사각형 안에 아래 그림과 같은 모래시계 모양을 출력하는 프로그램을 작성하시오. 여기서, 정수 *k* 를 모래시계의 크기라고 부른다.

예를 들어, 아래 그림은 모래시계의 크기 *k* 가 각각 3, 5, 7, 그리고 9 인 경우를 출력한 예이다.

```
*+*
-*-
*+*

*+*+*
-*+*-
--*--
-*+*-
*+*+*

*+*+*+*
-*+*+*-
--*+*--
---*---
--*+*--
-*+*+*-
*+*+*+*

*+*+*+*+*
-*+*+*+*-
--*+*+*--
---*+*---
----*----
---*+*---
--*+*+*--
-*+*+*+*-
*+*+*+*+*
```

입력

입력 파일의 이름은 "input.txt" 이다. 입력은 *t* 개의 테스트 케이스로 주어진다. 입력 파일의 첫 번째 줄에 테스트 케이스의 개수를 나타내는 정수 *t* 가 주어진다. 두 번째 줄부터 *t* 개의 줄에는 한 줄에 한 개의 테스트 케이스에 해당하는 모래시계의 크기를 나타내는 홀수의 정수 k $(3 \le k \le 99)$ 가 입력된다. 잘못된 데이터가 입력되는 경우는 없다.

출력

출력은 표준출력(standard output)을 사용한다. 입력되는 테스트 케이스의 순서대로 다음 줄

에 이어서 각 테스트 케이스의 결과를 출력한다. 각 테스트 케이스에 해당하는 출력의 첫 줄부터 크기가 *k* 인 모래시계 모양을 출력한다. 모래시계 모양은 각 줄의 제일 왼쪽부터 출력하여야 한다.

입력과 출력의 예

입력	출력
3 3 5 9	*+* -*- *+* *+*+* -*+*- --*-- -*+*- *+*+* *+*+*+*+* -*+*+*+*- --*+*+*-- ---*+*--- ----*---- ---*+*--- --*+*+*-- -*+*+*+*- *+*+*+*+*

실습목표

간단한 for 문장의 사용 예에 대하여 실습한다.

문제 13

직선 그래프 출력하기

홀수의 양의 정수 *k* 가 주어졌을 때, 폭(가로)이 *k* 개의 문자로 만들어져 있고, 높이(세로)가 *k* 개의 줄로 만들어진 정사각형 안에 아래 그림과 같은 직선 그래프를 출력하는 프로그램을 작성하시오. 여기서, 정수 *k* 를 직선 그래프의 크기라고 부른다. 이 직선 그래프에서 원점은 'O'(영문자 대문자)를 사용하며, *X*-축은 문자 '+'를 사용하고, *Y*-축은 문자 'I'를 사용하여 출력한다. 그리고, 그리고자 하는 직선은 문자 '*'를 사용하며, 그 외의 공백에 해당하는 부분은 문자 ' . '(period)를 사용하여 출력한다.

예를 들어, 아래 그림은 직선 그래프의 크기 *k* 가 각각 7, 9, 11인 경우를 출력한 예이다.

```
...I..*
...I.*.
...I*..
+++O+++
..*I...
.*.I...
*..I...
```

```
....I...*
....I..*.
....I.*..
....I*...
++++O++++
...*I....
..*.I....
.*..I....
*...I....
```

```
.....I....*
.....I...*.
.....I..*..
.....I.*...
.....I*....
+++++O+++++
....*I.....
...*.I.....
..*..I.....
.*...I.....
*....I.....
```

입력

입력 파일의 이름은 "input.txt" 이다. 입력은 *t* 개의 테스트 케이스로 주어진다. 입력 파일의 첫 번째 줄에 테스트 케이스의 개수를 나타내는 정수 *t* 가 주어진다. 두 번째 줄부터 *t* 개의 줄에는 한 줄에 한 개의 테스트 케이스에 해당하는 직선 그래프의 크기를 나타내는 홀수의 양의 정수 *k* ($3 \le k \le 99$) 가 입력된다. 잘못된 데이터가 입력되는 경우는 없다.

출력

출력은 표준출력(standard output)을 사용한다. 입력되는 테스트 케이스의 순서대로 다음 줄에 이어서 각 테스트 케이스의 결과를 출력한다. 각 테스트 케이스에 해당하는 출력의 첫 줄부터 크기가 *k* 인 직선 그래프를 출력한다. 직선 그래프는 각 줄의 제일 왼쪽부터 출력하여야 한다.

입력과 출력의 예

<table>
<tr><th>입력</th><th>출력</th></tr>
<tr><td>3
3
5
7</td><td>.I*
+0+
*I.
..I.*
..I*.
++0++
.*I..
*.I..
...I..*
...I.*.
...I*..
+++0+++
..*I...
.*.I...
*..I...</td></tr>
</table>

문제 14

삼각형의 종류 (1)

세 개의 자연수 *a b c* ($a \le b \le c$) 가 주어졌을 때, 이 자연수를 삼각형의 세 변의 길이로 하여 만들어질 수 있는 삼각형의 종류를 판별하는 프로그램을 작성하시오. 삼각형의 종류에는 정삼각형, 직각삼각형, 이등변삼각형, 그리고 일반삼각형이 있다고 가정한다. 정삼각형은 삼각형의 세 변의 길이가 모두 같은 삼각형이며, 직각삼각형은 삼각형의 하나의 각이 직각인 경우이며, 이등변삼각형은 두 변의 길이만 같은 삼각형이다. 그 나머지 형태는 일반삼각형이다. 참고로, 한 변의 길이가 다른 두 변의 길이의 합보다 크거나 같은 삼각형은 존재하지 않는다.

예를 들어, 길이가 각각 1, 2, 3 인 삼각형을 존재하지 않는다. 길이가 각각 3, 4, 5 인 삼각형은 직각삼각형이며, 길이가 4, 4, 4 인 삼각형은 정삼각형이다.

입력

입력 파일의 이름은 "input.txt" 이다. 입력은 *t* 개의 테스트 케이스로 주어진다. 입력 파일의 첫 번째 줄에 테스트 케이스의 개수를 나타내는 정수 *t* 가 주어진다. 두 번째 줄부터 *t* 개의 줄에는 한 줄에 한 개의 테스트 케이스에 해당하는 세 개의 정수 *a b c* ($1 \le a \le b \le c \le 100$) 가 입력된다. 모든 정수들 사이에는 한 개의 공백이 있으며, 잘못된 데이터가 입력되는 경우는 없다.

출력

출력은 표준출력(standard output)을 사용한다. 입력되는 테스트 케이스의 순서대로 다음 줄에 이어서 각 테스트 케이스의 결과를 출력한다. 각 테스트 케이스에 해당하는 출력의 첫 줄에 입력되는 정수를 삼각형의 변의 길이로 하여 만들어질 수 있는 삼각형의 종류를 출력한다.

먼저, 삼각형을 만들 수 없는 경우에는 0을 출력한다. 만들어진 삼각형이 정삼각형인 경우에는 1을, 직각삼각형인 경우에는 2를, 이등변삼각형인 경우에는 3을, 그리고 일반삼각형인 경우에는 4를 출력한다. 단, 정삼각형을 이등변 삼각형으로는 출력하지 않는다. 참고로, 정수의 길이를 가지는 삼각형 중에는 직각이등변 삼각형이 존재하지 않는다.

입력과 출력의 예

입력	출력
3 1 2 3 3 4 5 4 4 4	0 2 1

문제 15

삼각형의 종류 (2)

2차원 평면에서 세 개의 점 *A*, *B*, *C* 로 만들어지는 삼각형이 직각 삼각형, 둔각 삼각형, 예각 삼각형인지를 판별하는 프로그램을 작성하시오. 직각 삼각형은 삼각형의 세 각 중에서 한 개의 각이 직각인 삼각형을 말하며, 둔각 삼각형은 세 각 중에서 한 개의 각이 90도 보다 큰 삼각형을 말하며, 예각 삼각형은 삼각형의 세 각이 모두 90도 보다 작은 삼각형을 말한다.

삼각형의 세 변의 길이를 각각 *a, b, c* 라고 하고, 가장 긴 변의 길이를 c 라고 가정할 때, 피타고라스 정리에 의하여, 직각 삼각형, 둔각 삼각형, 예각 삼각형은 각각 다음과 같은 성질을 만족한다.

$$a^2 + b^2 = c^2 \quad : \quad \Delta ABC\text{는 직각삼각형}$$
$$a^2 + b^2 < c^2 \quad : \quad \Delta ABC\text{는 둔각삼각형}$$
$$a^2 + b^2 > c^2 \quad : \quad \Delta ABC\text{는 예각삼각형}$$

예를 들어, 세 꼭지점의 좌표가 (1, 1), (4, 1), (1, 5)인 삼각형은 직각 삼각형이며, (1, 1), (4, 0), (0, 5)인 삼각형은 둔각 삼각형이고, (1, 1), (4, 2), (2, 5)인 삼각형은 예각 삼각형이다. 또한 좌표가 (1, 1), (4, 4), (5, 5)인 세 점은 삼각형을 만들지 못한다.

입력

입력 파일의 이름은 "input.txt" 이다. 입력은 t 개의 테스트 케이스로 주어진다. 입력 파일의 첫 번째 줄에 테스트 케이스의 개수를 나타내는 정수 t 가 주어진다. 두 번째 줄부터 t 개의 줄에는 한 줄에 하나의 테스트 케이스에 해당하는 세 점의 좌표를 나타내는 여섯 개의 정수 $a_x\ a_y\ b_x\ b_y\ c_x\ c_y$ ($-100 \le a_x, a_y, b_x, b_y, c_x, c_y \le 100$) 가 입력된다. 연속된 두 개의 정수 ($a_x$, a_y), (b_x, b_y), (c_x, c_y)는 각각 삼각형의 한 점의 좌표를 나타낸다. 각 정수들 사이에는 한 개의 공백이 있으며, 잘못된 데이터가 입력되는 경우는 없다. 단, 입력되는 삼각형의 두 꼭지점의 좌표가 같은 경우는 없다.

출력

출력은 표준출력(standard output)을 사용한다. 입력되는 테스트 케이스의 순서대로 다음 줄에 이어서 각 테스트 케이스의 결과를 출력한다. 각 테스트 케이스에 해당하는 출력의 첫 줄에 입력되는 세 점에 의하여 삼각형이 만들어 지지 않는 경우에는 0을 출력하고, 세 점에 의하여 직각 삼각형, 둔각 삼각형, 예각 삼각형이 만들어 지는 경우에는 각각 1, 2, 3을 출력한다.

입력과 출력의 예

입력	출력
4 1 1 4 1 1 5 1 1 4 0 0 5 1 1 4 2 2 5 1 1 4 4 5 5	1 2 3 0

문제 16

사각형과 점과의 거리

2차원 평면 상에서 두 점 $p\,(x_1, y_1)$, $q\,(x_2, y_2)$ 사이의 직선거리(Euclidean distance) $d_2\,(p, q)$ 와 직각거리(rectilinear distance) $d_1\,(p, q)$ 는 다음과 같이 정의한다.

$$d_2(p,q) = \sqrt{(x_1 - x_2)^2 + (y_1 - y_2)^2}$$
$$d_1(p,q) = |x_1 - x_2| + |y_1 - y_2|$$

예를 들어, 두 점 (2, 3), (5, 7) 의 직선거리는 5 이며, 직각거리는 |2−5|+|3−7|=3+4=7 이다.

또한, 직사각형과 점과의 직선거리, 직각거리는 이 점과 직각사각형에 있는 어떠한 점과의 각각 직선거리, 직각거리 중에서 가장 가까운 거리로 정의한다. 단, 점이 직사각형의 내부와 변 위에 위치하는 경우에, 점과 직사각형의 직선거리와 직각거리는 모두 0으로 정의한다.

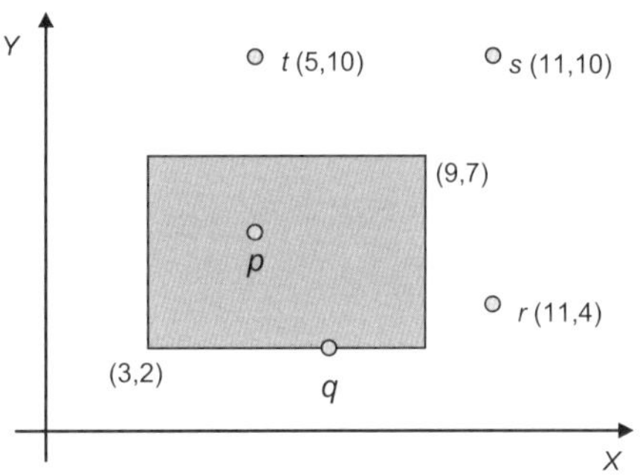

예를 들어, 위 그림에서 점 p, q 와 사각형과의 직선거리와 직각거리는 모두 0 이다. 그리고, 점 r, s, t 와 사각형과의 직선거리의 제곱은 각각 4, 13, 9 이며, 점 r, s, t 와 사각형과의 직각거리는 각각 2, 5, 3 이다.

직사각형과 한 개의 점이 주어졌을 때, 이들 사이의 직선거리의 제곱과 직각거리를 계산하는 프로그램을 작성하시오.

입력

입력 파일의 이름은 "input.txt" 이다. 입력은 t 개의 테스트 케이스로 주어진다. 입력 파일의 첫 번째 줄에 테스트 케이스의 개수를 나타내는 정수 t 가 주어진다. 두 번째 줄부터 두 개의 줄마다 한 개의 테스트 케이스에 해당하는 데이터가 입력된다. 각 테스트 케이스의 첫 번째 줄에는 사각형의 위치에 대한 데이터가 나타나며, 두 번째 줄에는 한 점의 좌표가 나타난다. 사각형의 위치는 네 개의 정수 x_1 y_1 x_2 y_2 ($0 \le x_1 < x_2 \le 1{,}000$, $0 \le y_1 < y_2 \le 1{,}000$) 로 표시되며, ($x_1$, y_1) 은 사각형의 왼쪽 아래 꼭지점의 좌표이며, (x_2, y_2) 는 사각형의 오른쪽 위 꼭지점의 좌표이다. 두 번째 줄에 나타나는 점의 좌표는 두 개의 정수 x y ($0 \le x, y \le 1{,}000$) 로 표시되며 (x, y) 가 그 점의 좌표이다. 입력되는 각 정수 사이에는 한 개의 공백이 있으며, 잘못된 데이터가 입력되는 경우는 없다.

출력

출력은 표준출력(standard output)을 사용한다. 입력되는 테스트 케이스의 순서대로 다음 줄에 이어서 각 테스트 케이스의 결과를 출력한다. 각 테스트 케이스의 출력되는 첫 줄에 입력되는 사각형과 점과의 직선거리의 제곱을 나타내는 정수와 직각거리를 나타내는 정수를 순서대로 출력한다. 두 정수 사이에는 한 개의 공백을 둔다.

입력과 출력의 예

입력	출력
6 3 2 9 7 5 5 3 2 9 7 7 2 3 2 9 7 11 4 3 2 9 7 11 10 3 2 9 7 6 10 3 2 9 7 100 100	0 0 0 0 4 2 13 5 9 3 16930 184

문제 17

수직/수평 선분의 교차

두 개의 선분이 서로 공통인 점을 가지고 있을 때, 이 두 선분은 서로 교차한다고 정의하며, 그 공통인 점을 교차점이라고 부른다. 또한, 두 선분이 교차할 때, 그 교차점이 두 선분의 어느 꼭지점에도 속하지 않을 경우에 이 두 선분은 "완전 교차"한다고 정의한다. 따라서, 완전 교차하지 않는 두 선분이 교차하는 경우는 두 선분의 교차점이 두 선분의 어느 한 꼭지점을 포함하는 경우이다. 이와 같이 두 선분이 서로 교차하지만 완전 교차하지 않는 경우를 특별히 두 선분이 접해있다고 정의한다.

아래 그림에서 수평선분 p 와 수직선분 q 는 서로 완전교차하고 있으며, 수직선분 q 와 수평선분 s 는 서로 교차하지 않는다. 그리고, 수평선분 p 와 수직선분 r 은 서로 접해있으며, 또한 수평선분 s 와 수직선분 t 도 서로 접해있다.

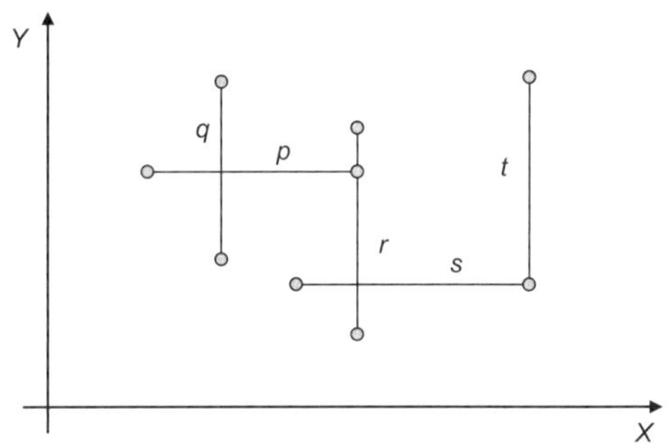

2차원 평면 상에 X-좌표 축에 평행한 선분과 Y-좌표 축에 평행한 두 개의 선분이 주어졌을 때, 이 두 개의 선분이 서로 교차하는 지를 판별하는 프로그램을 작성하시오.

입력

입력 파일의 이름은 "input.txt" 이다. 입력은 t 개의 테스트 케이스로 주어진다. 입력 파일의

첫 번째 줄에 테스트 케이스의 개수를 나타내는 정수 t 가 주어진다. 두 번째 줄부터 두 개의 줄마다 한 개의 테스트 케이스에 해당하는 데이터가 입력된다. 각 테스트 케이스의 첫 번째 줄과 두 번째 줄에 각각 하나의 선분의 양 꼭지점의 위치에 대한 데이터가 입력된다. 선분의 양 꼭지점의 위치는 네 개의 정수 x_1 y_1 x_2 y_2 ($0 \le x_1, x_2 \le 1{,}000$, $0 \le y_1, y_2 \le 1{,}000$) 로 표시되며, (x_1, y_1) 은 선분의 한 꼭지점의 좌표이며, (x_2, y_2) 는 다른 꼭지점의 좌표이다. 단, 입력되는 두 선분 중에서 한 선분은 수평 선분이고, 다른 한 선분은 반드시 수직 선분이며, 모든 선분의 길이는 1이상이다. 입력되는 각 정수 사이에는 한 개의 공백이 있으며, 잘못된 데이터가 입력되는 경우는 없다.

출력

출력은 표준출력(standard output)을 사용한다. 입력되는 테스트 케이스의 순서대로 다음 줄에 이어서 각 테스트 케이스의 결과를 출력한다. 각 테스트 케이스에 해당하는 출력의 첫 줄에 입력되는 두 개의 선분이 서로 완전 교차하는 경우에는 1 을 출력하고, 서로 접해있는 경우에는 2 를 출력하고, 그렇지 않은 경우에는 0 을 출력한다.

입력과 출력의 예

입력	출력
4 3 7 3 3 2 5 10 5 10 6 10 4 2 5 10 5 12 7 12 4 6 4 12 4 3 3 3 7 12 4 6 4	1 2 2 0

문제 18

삼각형 면적

2차원 평면에서 세 개의 점 $A(a_x, a_y)$, $B(b_x, b_y)$, $C(c_x, c_y)$로 만들어지는 삼각형 ΔABC의 면적 $Area(\Delta ABC)$은 다음과 같은 3×3행렬의 행렬식(determinant)을 이용하여 계산할 수 있다.

$$Area(\Delta ABC) = |\ SignedArea(\Delta ABC)\ |$$

$$SignedArea(\Delta ABC) = \frac{1}{2}\begin{vmatrix} a_x & a_y & 1 \\ b_x & b_y & 1 \\ c_x & c_y & 1 \end{vmatrix}$$

$$= \frac{1}{2}\left((b_x - a_x)(c_y - a_y) - (c_x - a_x)(b_y - a_y)\right)$$

위 삼각형의 면적을 구하는 식 $SignedArea(\Delta ABC)$의 값은 양수, 음수, 혹은 0이 될 수 있다. 이 식 $SignedArea(\Delta ABC)$의 값이 양수가 되는 경우는 아래 왼쪽 그림에서와 같이 세 점 A, B, C 가 반시계 방향의 순서로 놓여져 있는 경우이고, $SignedArea(\Delta ABC)$의 값이 음수가 되는 경우는 아래 가운데 그림에서와 같이 세 점 A, B, C 가 시계 방향의 순서로 놓여져 있는 경우이다. 또한 $SignedArea(\Delta ABC)$의 값이 0인 경우는 세 점 A, B, C 가 같은 직선 상에 놓여져 있는 경우이다.

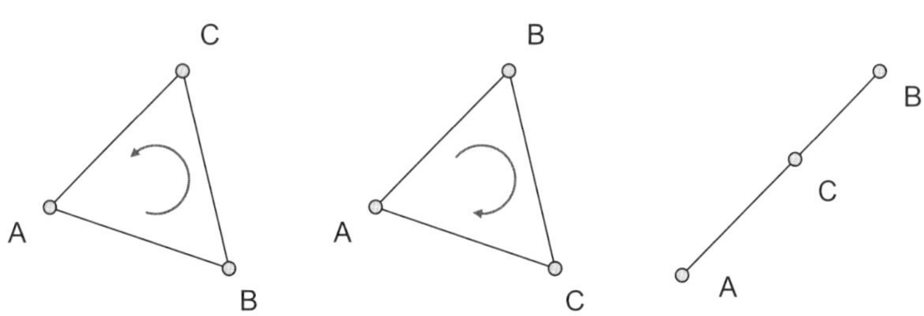

2차원 평면에서 세 점 A, B, C 의 좌표가 주어졌을 때, 이 세 점에 의해서 만들어지는 삼각형의 면적의 2배를 계산하고, 주어진 세 점 A, B, C 가 시계 방향으로 놓여져 있는 지, 반시계 방향으로 놓여져 있는 지, 혹은 같은 직선 상에 놓여져 있는 지를 판별하는 프로그램을 작성

하시오.

예를 들어, 세 점 A(1, 1), B(1, 5), C(4, 1)에 의하여 만들어지는 삼각형의 면적의 2배는 위 식에 의하여,

$$\begin{aligned} SignedArea(\Delta ABC) &= \frac{1}{2}\begin{vmatrix} 1 & 1 & 1 \\ 1 & 5 & 1 \\ 4 & 1 & 1 \end{vmatrix} \\ &= \frac{1}{2}\big((1-1)(1-1)-(4-1)(5-1)\big) \\ &= -6 \\ 2\cdot Area(\Delta ABC) &= 2\cdot \left| SignedArea(\Delta ABC) \right| \\ &= 12 \end{aligned}$$

이므로, 면적의 2 배 값은 12 이다. 또한, 위 식에서 $SignedArea(\Delta ABC)$의 값이 음수이므로, 세 점 A, B, C 는 시계 방향의 순서로 놓여져 있음을 알 수 있다.

입력

입력 파일의 이름은 "input.txt" 이다. 입력은 t 개의 테스트 케이스로 주어진다. 입력 파일의 첫 번째 줄에 테스트 케이스의 개수를 나타내는 정수 t 가 주어진다. 두 번째 줄부터 t 개의 줄에는 한 줄에 한 개의 테스트 케이스에 해당하는 세 점의 좌표를 나타내는 여섯 개의 정수 a_x a_y b_x b_y c_x c_y ($-100 \le a_x, a_y, b_x, b_y, c_x, c_y \le 100$)가 입력된다. 연속된 두 개의 정수는 세 점 $A(a_x, a_y)$, $B(b_x, b_y)$, $C(c_x, c_y)$의 좌표를 나타낸다. 각 정수들 사이에는 한 개의 공백이 있으며, 잘못된 데이터가 입력되는 경우는 없다. 또한, 입력되는 두 꼭지점의 좌표가 같은 경우는 없다.

출력

출력은 표준출력(standard output)을 사용한다. 입력되는 테스트 케이스의 순서대로 다음 줄에 이어서 각 테스트 케이스의 결과를 출력한다. 각 테스트 케이스에 해당하는 출력의 첫 줄에 입력되는 세 점 A, B, C 에 의하여 만들어지는 삼각형 면적의 2배를 나타내는 정수를 출력

하고, 그 다음에 세 점 *A*, *B*, *C* 가 시계 방향으로 놓여져 있을 경우에는 -1 을 출력하고, 반시계 방향으로 놓여져 있을 경우에는 1 을 출력하며, 같은 직선 상에 놓여져 있는 경우에는 0 을 출력한다. 두 정수 사이에는 한 개의 공백을 둔다.

입력과 출력의 예

입력	출력
3 1 1 4 1 1 5 1 1 1 5 4 1 1 1 2 2 3 3	12 1 12 -1 0 0

문제 19

다각형의 면적

2차원 평면에서 n 개의 서로 다른 점 $p_0, p_1, p_2, \ldots, p_{n-1}$ 이 주어졌을 때, 연속된 두 개의 점을 연결하는 선분 $e_i = \overline{p_i p_{i+1}}$ $(0 \le i \le n-1)$ (여기서, $p_n = p_0$)에 의하여 만들어지는 폐곡선을 다각형(polygon)이라고 한다. 또한, 연속된 두 개의 선분 e_i, e_{i+1} $(0 \le i \le n-1)$ (여기서, $e_n = e_0$)는 꼭지점 p_{i+1} 에서만 교차하고, 연속되지 않는 두 선분 e_i, e_j $(j \ne i+1)$는 서로 교차하지 않는 다각형을 단순 다각형(simple polygon)이라고 한다.

2차원 평면에서 n 개의 점 $p_0, p_1, p_2, \ldots, p_{n-1}$ 을 연속적으로 연결하여 만든 단순 다각형 P 의 면적 $Area(P)$ 을 계산하는 식은 다음과 같다.

$$Area(P) = \left| SignedArea(P) \right|$$

$$SignedArea(P) = \frac{1}{2}\sum_{i=0}^{n-1}(x_i y_{i+1} - y_i x_{i+1})$$

$$= \frac{1}{2}\sum_{i=0}^{n-1}(x_i + x_{i+1})(y_{i+1} - y_i)$$

여기서, $p_n = p_0$ 이며, 점 p_i 의 좌표는 (x_i, y_i) 이다. 또한, $SignedArea(P)$의 값은 양수 혹은 음수일 수 있으며, $SignedArea(P)$의 값이 양수인 경우는 아래 그림 (가)에서와 같이 n 개의 꼭지점 $p_0, p_1, p_2, \ldots, p_{n-1}$ 이 반시계 방향으로 나열된 경우이며, $SignedArea(P)$의 값이 음수인 경우는 아래 그림 (나)에서와 같이 꼭지점들이 시계 방향으로 나열된 경우이다.

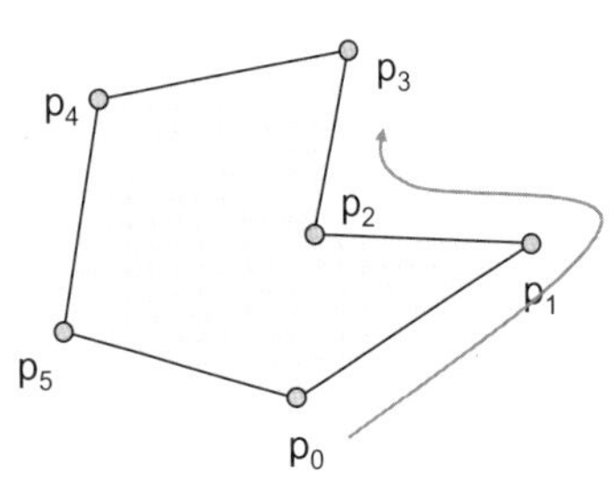

(가)

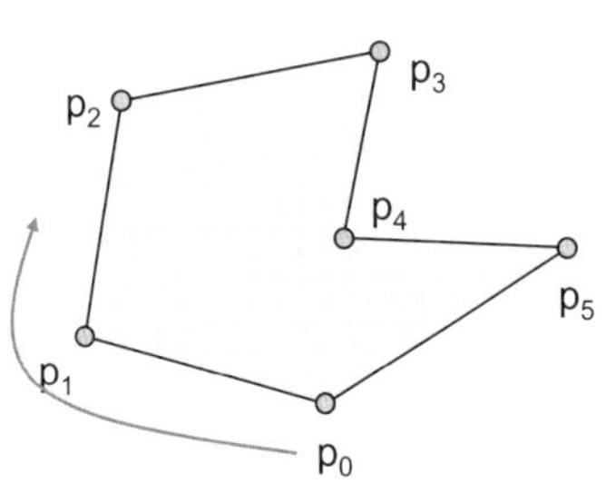

(나)

이차원 평면에서 n 개의 점이 주어졌을 때, 이 점들을 연속적으로 연결한 단순다각형의 면적의 2배를 계산하고, 이 점들이 시계 방향으로 나열되었는지 혹은 반시계 방향으로 나열되었는지를 판별하는 프로그램을 작성하시오.

입력

입력 파일의 이름은 "input.txt" 이다. 입력은 t 개의 테스트 케이스로 주어진다. 입력 파일의 첫 번째 줄에 테스트 케이스의 개수를 나타내는 정수 t 가 주어진다. 두 번째 줄부터 t 개의 줄에는 한 줄에 한 개의 테스트 케이스에 해당하는 데이터가 입력된다. 각 테스트 케이스의 데이터가 입력되는 각 줄에서 첫 번째로 입력되는 정수 n ($3 \le n \le 100$)은 단순 다각형을 구성하는 꼭지점의 개수를 나타낸다. 그 다음으로는 $2n$개의 정수가 입력되는데, 연속되는 두 개의 정수 x y ($-100 \le x, y \le 100$) 가 한 꼭지점의 좌표를 나타내는데, x 는 그 점의 X-좌표를 나타내고, y 는 그 점의 Y-좌표를 나타낸다. 각 정수들 사이에는 한 개의 공백이 있으며, 잘못된 데이터가 입력되는 경우는 없다. 또한, 입력되는 두 꼭지점의 좌표가 같은 경우는 없다.

출력

출력은 표준출력(standard output)을 사용한다. 입력되는 테스트 케이스의 순서대로 다음 줄에 이어서 각 테스트 케이스의 결과를 출력한다. 각 테스트 케이스에 해당하는 출력의 첫 줄에 입력되는 점들을 연속적으로 연결한 단순다각형 면적의 2배를 나타내는 정수를 출력하고, 이 점들이 시계 향향으로 나열된 경우에는 -1을 출력하고, 반시계 방향으로 나열된 경우에는 1을 출력한다. 두 정수들 사이에는 한 개의 공백을 둔다.

입력과 출력의 예

입력	출력
3 3 0 0 5 0 0 4 4 0 0 0 10 1 1 10 0 8 0 10 1 1 10 0 1 -1 0 -10 -1 -1 -10 0 -1 1	20 1 20 -1 80 -1

문제 20

약수의 합 구하기

정수 n 의 약수는 n 을 나누었을 때 나머지가 0 인 정수를 말한다. 예를 들어, 120 의 약수로는 1, 2, 3, 4, 5, 6, 8, 10, 12, 15, 20, 24, 30, 40, 60, 120 이 있다. 또한, n 의 약수 중에서 자신을 제외한 나머지 약수들을 진약수라고 한다. 양의 정수가 주어졌을 때, 이 정수의 모든 진약수의 개수와 모든 진약수의 합을 구하는 프로그램을 작성하시오.

예를 들어, 120의 진약수는 15개가 있으며, 그 합은 1+2+3+4+5+6+8+10+12+15+20+24+30+40+60 = 240 이다.

입력

입력 파일의 이름은 "input.txt" 이다. 입력은 t 개의 테스트 케이스로 주어진다. 입력 파일의 첫 번째 줄에 테스트 케이스의 개수를 나타내는 정수 t 가 주어진다. 두 번째 줄부터 t 개의 줄에는 한 줄에 한 개의 테스트 케이스에 해당하는 한 개의 정수 n ($2 \leq n \leq 10{,}000$)이 주어진다. 잘못된 데이터가 입력되는 경우는 없다.

출력

출력은 표준출력(standard output)을 사용한다. 입력되는 테스트 케이스의 순서대로 다음 줄에 이어서 각 테스트 케이스의 결과를 출력한다. 각 테스트 케이스에 해당하는 출력의 첫 줄에 입력되는 정수의 모든 진약수의 개수와 모든 진약수의 합을 순서대로 출력한다. 두 정수 사이에는 하나의 공백을 둔다.

입력과 출력의 예

입력	출력
3 2 12 120	1 1 5 16 15 240

```
/***********************************************************************
*                                                                      *
*       약수의 합 구하기                                                  *
*                                                                      *
***********************************************************************/

#include <iostream>
#include <fstream>
#include <cstdlib>
using namespace std;

void main(void)
{
    ifstream inStream;
    int numTestCases;

    inStream.open("input.txt");
    if (inStream.fail())
    {
        cerr << "Input file opening failed.\n";
        exit(1);
    }

    inStream >> numTestCases;

    for (int i=0; i<numTestCases; i++)
    {
        int value;        /* input number */
        int numDivisors = 1;            /* 약수의 개수 */
        int sumDivisors = 1;            /* 약수의 합   */

        inStream >> value;

        for(int divisor=2; divisor*divisor<=value; divisor++)
        {
            if (value % divisor == 0)
            {
             ................................................
             ................................................
            }
        }

        cout << numDivisors << " " << sumDivisors << endl;
    }

    inStream.close();
}
```

문제 21

소수

소수(prime number)란 1 보다 큰 자연수 가운데 1 과 자기 자신을 제외한 다른 약수가 없는 수를 말한다. 1 보다 큰 자연수가 주어졌을 때, 이 수가 소수인지를 판별하는 프로그램을 작성하시오.

예를 들어, 자연수 2, 3, 5, 7, 11, 13, 17, 19 등은 모두 소수이다.

입력

입력 파일의 이름은 "input.txt" 이다. 입력은 t 개의 테스트 케이스로 주어진다. 입력 파일의 첫 번째 줄에 테스트 케이스의 개수를 나타내는 정수 t 가 주어진다. 두 번째 줄부터 t 개의 줄에는 한 줄에 한 개의 테스트 케이스에 해당하는 한 개의 정수 n ($2 \le n \le 100{,}000$)이 주어진다. 잘못된 데이터가 입력되는 경우는 없다.

출력

출력은 표준출력(standard output)을 사용한다. 입력되는 테스트 케이스의 순서대로 다음 줄에 이어서 각 테스트 케이스의 결과를 출력한다. 각 테스트 케이스에 해당하는 출력의 첫 줄에 입력되는 자연수가 소수인 경우에는 1 을 출력하고, 그렇지 않은 경우에는 0 을 출력한다.

입력과 출력의 예

입력	출력
4 7 9 11 99877	1 0 1 1

실습목표

정수의 % 연산자에 대하여 실습한다.

```
/*********************************************************************
*                                                                    *
*        소수                                                        *
*                                                                    *
*********************************************************************/

#include <iostream>
#include <fstream>
#include <cstdlib>
using namespace std;

void main(void)
{
    ifstream inStream;
    int numTestCases;

    inStream.open("input.txt");
    if (inStream.fail())
    {
        cerr << "Input file opening failed.\n";
        exit(1);
    }

    inStream >> numTestCases;

    for (int i=0; i<numTestCases; i++)
    {
        int value;                          /* input number */
        bool isPrime = true;

        inStream >> value;

        for(int divisor = 2; divisor*divisor< = value; divisor++)
        {
            ..............................................................
            ..............................................................
            ..............................................................
        }

        cout << isPrime << endl;
    }

    inStream.close();
}
```

문제 22

0이 아닌 마지막 자리수 구하기

여러 개의 자연수가 주어졌을 때, 주어진 모든 자연수를 곱한 수의 끝자리가 0 이 아닌 가장 마지막 자리수를 계산하는 프로그램을 작성하시오. 또한, 곱한 수의 끝자리에 나타나는 연속적인 0 의 개수를 계산하시오.

예를 들어, 다음과 같은 자연수 6 개가 주어지면,

4 25 10 12 75 6

이 자연수의 곱은 $4 \times 25 \times 10 \times 12 \times 75 \times 6 = 5400000$ 이다. 따라서, 이 수의 끝에서 0 이 아닌 가장 마지막 자리수는 4 이며, 끝자리에 나타나는 연속된 0 의 개수는 5 개이다.

입력

입력 파일의 이름은 "input.txt" 이다. 입력은 t 개의 테스트 케이스로 주어진다. 입력 파일의 첫 번째 줄에 테스트 케이스의 개수를 나타내는 정수 t 가 주어진다. 두 번째 줄부터 t 개의 줄에는 한 줄에 한 개의 테스트 케이스에 해당하는 정수들이 주어진다. 각 줄의 첫 번째 정수 n $(1 \leq n \leq 100)$ 은 곱하여야 할 자연수의 개수를 나타내며, 그 다음에는 곱하여야 할 n 개의 자연수가 나타난다. 모든 정수들 사이에는 한 개의 공백이 있으며, 잘못된 데이터가 입력되는 경우는 없다.

출력

출력은 표준출력(standard output)을 사용한다. 입력되는 테스트 케이스의 순서대로 다음 줄에 이어서 각 테스트 케이스의 결과를 출력한다. 각 테스트 케이스에 해당하는 출력의 첫 줄에 입력되는 자연수를 곱한 수의 끝자리가 0 이 아닌 가장 마지막 자리수를 출력하고, 그 다음에는 끝자리에 나타나는 연속적인 0 의 개수를 출력한다. 두 정수 사이에는 한 개의 공백을 둔다.

입력과 출력의 예

입력	출력
5 6 4 25 10 12 75 6 1 1 1 70000000 16 9 9 9 9 9 9 9 9 2 5 4 25 8 125 16 625 2 33554432 9765625	4 5 1 0 7 7 1 10 8 10

(참고) 위 입력의 네 번째 예에서와 같이 입력되는 모든 수를 곱하게 되면, 컴퓨터 내부에서 표현할 수 있는 정수보다 큰 수가 만들어 질 수 있으므로, 모든 수를 곱해서 마지막 자리수를 계산할 수 없는 경우도 발생한다.

문제 23

패리티 비트 (Parity Bit)

컴퓨터 내부에서 데이터가 한 저장장치에서 다른 장소로 이동하거나, 혹은 통신 시스템을 통하여 컴퓨터들 간에 데이터가 전송될 때, 데이터가 손상(데이터 비트가 1 에서 0 으로 혹은 0 에서 1 로 변경되는 경우)되는 경우가 발생한다. 패리티 비트(parity bit)는 이와 같이 작은 단위의 데이터가 전송되는 동안 이 데이터가 손상되었는지를 검사하는 가장 기초적인 기술 중의 하나이다. 패리티 비트는 현재 전송되고 있는 작은 단위의 데이터에 있는 비트 1 의 개수가 홀수 개인지 혹은 짝수 개인지를 나타내는, 전송되고 있는 데이터에 포함되어 있는, 여분의 한 개의 비트를 말한다.

패리티 비트 기법에는 전송되는 데이터에(패리티 비트를 포함하여) 비트 1 의 개수가 짝수 개가 되도록 패리티 비트의 값을 0 혹은 1 로 만드는 짝수 패리티 기법과, 비트 1 의 개수가 홀수 개가 되도록 패리티 비트를 조정하는 홀수 패리티 기법이 있다. 예를 들어, 32-비트 단위로 1 개의 패리티 비트를 포함시켜 데이터를 전송한다고 가정하고, 또한 패리티 비트를 가장 높은 자리수에 위치시킨다고 가정할 때, 아래의 예는 짝수 패리티 기법을 적용하여 패리티를 각각 1 과 0 으로 만든 예이다.

1000 1000 1110 1101 0000 0110 1000 1000
0000 0000 1100 1001 1101 1110 0110 1010

첫 번째 예에서는 패리티 비트를 제외한 나머지 데이터 부분에서 비트 1 이 11 개 즉 홀수 개 만큼 있으므로, 패리티 비트를 1 로 만들어 비트 1 의 총 개수가 12 개 즉 짝수 개가 되도록 만들었다. 또한 두 번째 예에서는 패리티 비트를 제외한 나머지 데이터 부분에서 비트 1 이 짝수 개 만큼 있으므로, 패리티 비트를 0 으로 만들어 비트 1 의 총 개수가 짝수 개가 되도록 하였다.

패리티 비트를 이용하는 데이터 통신 방법에서, 데이터를 보내는 송신측에서 데이터에 있는 모든 비트 1 의 개수를 짝수 개가 되도록 패리티 비트를 정하여서 데이터를 보낸다고 가정하면, 데이터 수신측에서는 데이터를 모두 수신한 다음 데이터에 있는 비트 1 의 개수가 짝수 개인지를 확인하여 데이터 손상 유무를 확인할 수 있다. 그러나, 패리티 비트를 이용하는 경우에는 단지 1 개의 데이터 비트만 손상이 되는 경우에는 확인할 수 있으나, 두 개의 비트가 손상이 되는 경우는 데이터 손상 확인이 불가능하다.

31-비트로 만들어진 데이터와 가장 높은 자리에 있는 1개의 패리티 비트를 포함하는 총 32-비트의 데이터를 송신하는 송신측에서 짝수 패리티 기법을 이용하여 패리티를 정하여 송신할 데이터를 만드는 프로그램을 작성하시오.

입력

입력 파일의 이름은 "input.txt" 이다. 입력은 t 개의 테스트 케이스로 주어진다. 입력 파일의 첫 번째 줄에 테스트 케이스의 개수를 나타내는 정수 t 가 주어진다. 두 번째 줄부터 t 개의 줄에는 한 줄에 한 개의 테스트 케이스에 해당하는 한 개의 정수 n ($0 \le n \le 2^{31}-1$) 이 주어진다. 잘못된 데이터가 입력되는 경우는 없다.

출력

출력은 표준출력(standard output)을 사용한다. 입력되는 테스트 케이스의 순서대로 다음 줄에 이어서 각 테스트 케이스의 결과를 출력한다. 각 테스트 케이스에 해당하는 출력의 첫 줄에 입력되는 데이터를 짝수 패리티 기법을 이용하여 가장 높은 자리에 위치해 있는 패리티 비트를 정하여 만든 새로운 (음수가 아닌) 정수 데이터를 출력한다.

입력과 출력의 예

입력	출력
4 0 1 149751432 13229674	0 2147483649 2297235080 13229674

문제 24

시험 점수 분포

컴퓨터 프로그래밍 강의에서 교수님은 중간고사 시험 점수를 모든 학생들에게 알려 주시면서, 같은 시험점수를 받은 학생의 수에 관한 데이터도 알려 주시기로 하였다.

예를 들어, 아래와 같이 20명의 학생의 점수가 주어졌을 때,

95, 60, 88, 70, 75, 95, 88, 70, 75, 82, 88, 82, 82, 75, 82, 88, 75, 88, 90, 82

60점을 받은 학생의 수는 1 명, 70 점은 2 명, 75 점은 4 명, 82 점은 5 명, 88 점은 5 명, 90 점은 1 명, 그리고 95 점은 2 명이다.

학생의 수와 각 학생의 시험 점수가 주어졌을 때, 같은 시험 점수를 받은 학생의 수를 계산하는 프로그램을 작성하시오.

입력

입력 파일의 이름은 "input.txt" 이다. 입력은 t 개의 테스트 케이스로 주어진다. 입력 파일의 첫 번째 줄에 테스트 케이스의 개수를 나타내는 정수 t 가 주어진다. 두 번째 줄부터 t 개의 줄에는 한 줄에 한 개의 테스트 케이스에 해당하는 데이터가 입력된다. 각 줄에서 첫 번째로 입력되는 데이터는 학생의 수를 나타내는 정수 n ($1 \le n \le 100$)이다. 그 다음으로는 각 학생의 중간고사 성적을 나타내는 n 개의 데이터가 입력되는데, 이 데이터는 0 ~ 100 사이의 정수이다. 각 정수들 사이에는 한 개의 공백이 있으며, 잘못된 데이터가 입력되는 경우는 없다.

출력

출력은 표준출력(standard output)을 사용한다. 입력되는 테스트 케이스의 순서대로 다음 줄에 이어서 각 테스트 케이스의 결과를 출력한다. 각 테스트 케이스에 해당하는 출력의 첫 번째 줄에 시험 점수와 그 시험 점수를 받은 학생의 수를 낮은 점수부터 높은 점수의 순서대로 출력한다. 각 정수들 사이에는 한 개의 공백을 둔다.

입력과 출력의 예

입력

```
3
20 95 60 88 70 75 95 88 70 75 82 88 82 82 75 82 88 75 88 90 82
10 90 90 90 90 90 85 85 85 85 85
1 95
```

출력

```
60 1 70 2 75 4 82 5 88 5 90 1 95 2
85 5 90 5
95 1
```

문제 25

최빈값

여러 개의 숫자가 주어졌을 때, 이 숫자들 중에서 가장 많이 나타나는 수를 통계학에서는 최빈값(mode)이라고 한다. 주어진 여러 개의 정수 중에서 최빈값을 계산하는 프로그램을 작성하시오. 최빈값이 하나 이상인 경우에는, 모든 최빈값을 점점 증가하는 순서대로 출력한다.

예를 들어, 아래와 같은 정수가 주어졌을 때,

1 -1 3 5 1 3 1 -1 9 2 -1

1 과 -1 이, 각각 세 번씩, 가장 많이 나타나므로 최빈값은 -1 과 1이다.

입력

입력 파일의 이름은 "input.txt" 이다. 입력은 t 개의 테스트 케이스로 주어진다. 입력 파일의 첫 번째 줄에 테스트 케이스의 개수를 나타내는 정수 t 가 주어진다. 두 번째 줄부터 t 개의 줄에는 한 줄에 한 개의 테스트 케이스에 해당하는 정수들이 주어진다. 각 줄의 첫 번째 정수 n ($1 \le n \le 100$) 은 최빈값을 계산하여야 할 주어진 정수의 개수를 나타낸다. 그 다음에는 최빈값을 계산할 할 n 개의 정수가 나타난다. 모든 정수들 사이에는 한 개의 공백이 있으며, 잘못된 데이터가 입력되는 경우는 없다.

출력

출력은 표준출력(standard output)을 사용한다. 입력되는 테스트 케이스의 순서대로 다음 줄에 이어서 각 테스트 케이스의 결과를 출력한다. 각 테스트 케이스에 해당하는 출력의 첫 줄에 먼저 최빈값의 개수를 출력하고, 그 다음에는 최빈값이 나타난 횟수를 나타내는 정수를 출력하며, 그 다음에 모든 최빈값을 점점 증가하는 순서대로 같은 줄에 출력한다. 모든 정수들 사이에는 한 개의 공백을 둔다.

입력과 출력의 예

입력	출력
4 11 1 -1 3 5 1 3 1 -1 9 2 -1 5 1 1 1 1 1 5 5 4 3 2 1 2 -123456789 123456789	2 3 -1 1 1 5 1 5 1 1 2 3 4 5 2 1 -123456789 123456789

숫자 맞추기 게임

초등학교 시절에 많이 하던 숫자 맞추기 게임 중에는, 다음과 같이 두 사람이 질문과 대답을 하면서, 한 사람이 정해 놓은 네 자리 숫자를 맞추는 게임이 있다. 먼저 한 사람이 네 자리수 0000 ~ 9999 까지의 숫자 중에서 한 숫자를 정해 놓는다. 이 숫자는 네 자리수로 만들기 위하여, 필요 시 앞자리에 0을 붙여서 만든다. 예를 들어, 0은 0000으로, 1은 0001로, 999는 0999 등으로 만드는 식이다. 상대방 사람은 이 사람이 정해 놓은 숫자를 맞추기 위하여, 임의로 하나의 숫자(마찬가지로 네 자리수)를 제시한다. 그러면, 숫자를 정해 놓은 사람은 상대방이 제시한 숫자와 자기가 정해 놓은 숫자를 비교하여, 같은 자리에 같은 숫자가 몇 개 있는지와 자리는 다르지만 같은 숫자가 몇 개 있는 지를 알려준다. 보통은 야구의 용어를 채용하여, 같은 자리에 같은 숫자가 있는 경우의 수를 스트라익의 수라고 하고, 스트라익에 해당하는 자리수를 제외한 자리는 다르지만 같은 숫자가 있는 경우의 수를 볼의 수라고 부른다.

예를 들어, 정해진 숫자가 1357 이고 제시된 숫자가 1235인 경우에 천의 자리수에 모두 1이 있으므로, 1스트라익이 된다. 또한 숫자 3과 5는 1357에서는 각각 백의 자리와 십의 자리에 있고, 1235 에서는 각각 십의 자리와 일의 자리에 있으므로, 서로 다른 자리에 있게 되어서, 2볼이 된다. 또 다른 예로는, 정해진 숫자가 0011이고 제시된 숫자가 1001 인 경우에는 2스트라익 2볼이 된다.

숫자 맞추기 게임에서, 숫자를 맞추고자 하는 사람은 네 자리수를 계속 제시하고, 상대방에서 대답하는 스트라익과 볼의 수를 이용하여, 정해놓은 숫자에 근접해 가면서 최종적으로는 그 숫자를 맞추게 된다.

다음은 이 게임을 진행하는 과정에서의 질문과 대답으로서 최종적으로 정해진 숫자(해답이라고 부름)를 맞추는 예를 보여주고 있다.

예	질문	대답
예 1	1133	2 스트라익
	3322	2 스트라익
	1234	1 스트라익 1볼
	정답은 1122 입니다.	

예 2	1234	2 볼
	5678	1 스트라익 1 볼
	7812	2 볼
	3456	2 볼
	2561	2 스트라익
	4738	2 볼
	정답은 2573 입니다.	

이 숫자 맞추기 게임에서 정해진 숫자를 찾아내는 알고리즘 중의 하나는 다음과 같다.

1. 먼저, 가능성이 있는 해답의 집합 S의 초기값으로 0000 ~ 9999 를 모두 포함시킨다.
2. 각각의 질문과 대답을 바탕으로, 다음 단계 3을 수행시켜서, S에 속하는 숫자의 수를 줄여나간다.
3. 하나의 질문과 대답에 대하여, 집합 S에 속하는 모든 숫자 s를 질문에서 제시된 숫자와 비교하여 같은 자리에 같은 숫자가 있는 경우의 수인 스트라익과 다른 자리에 같은 숫자가 있는 경우의 수인 볼을 계산한다. 이 스트라익과 볼의 숫자가 질문의 대답에서 제시된 스트라익과 볼의 수가 다른 경우에 s는 해답의 가능성이 없으므로 집합 S에서 제거한다.
4. 모든 질문과 대답에 대하여 위 단계3을 수행시켜서, 최종적으로 집합 S에 하나의 원소만 남은 경우에는, 그 숫자가 찾고자 하는 숫자이다. 그러나, 집합 S에 하나 이상의 원소가 있는 경우에는 아직까지 숫자를 찾지 못한 경우이다. 또한, 집합 S에 원소가 하나도 남아 있지 않은 경우에는 질문과 대답에 대하여 일치하는 해답이 하나도 없는 경우로서, 이 경우는 주로 잘못 대답한 경우가 존재하는 경우이다.

숫자 맞추기 게임에서 질문과 대답이 주어졌을 때, 위 알고리즘을 바탕으로 정해진 숫자를 찾아내는 프로그램을 작성하시오.

입력

입력 파일의 이름은 “input.txt” 이다. 입력은 t 개의 테스트 케이스로 주어진다. 입력 파일의 첫 번째 줄에 테스트 케이스의 개수를 나타내는 정수 t 가 주어진다. 두 번째 줄부터 각 테스트 데이터에 관한 데이터가 입력된다. 각 테스트 케이스에 해당하는 첫 번째 줄에 한 개의 정수 m ($1 \leq m \leq 20$) 이 주어진다. 이 정수는 질문과 대답의 개수이다. 다음 m 개의 줄에는 한 줄에 하나의 질문과 대답에 대한 데이터가 입력된다. 각 줄의 첫 번째 데이터는 질문으로 제시된 4 자리 십진수로서 가장 앞자리에는 여러 개의 0이 올 수도 있다. 그 다음에는 두 개의 정수 b s ($0 \le b, s \le 4$) 가 입력되는데, 이 정수들은 앞에서 제시된 질문에 대한 대답이며, 첫 번째 정수 s 는 스트라익의 개수를, 두 번째 정수 b 는 볼의 개수를 나타낸다. 모든 정수들 사이에는 한 개의 공백이 있으며, 잘못된 데이터가 입력되는 경우는 없다.

출력

출력은 표준출력(standard output)을 사용한다. 입력되는 테스트 케이스의 순서대로 다음 줄에 이어서 각 테스트 케이스의 결과를 출력한다. 각 테스트 케이스에 해당하는 출력의 첫 줄에 입력되는 질문과 대답을 통하여 문제에서 제시된 알고리즘에 따라 찾아낸 네 자리수가 한 개 있을 경우에는, 이 네 자리수를 출력한다. 네 자리를 맞추기 위하여 이 수의 제일 앞에 0을 붙일 필요는 없다. 만약, 질문과 대답에 맞는 네 자리수가 여러 개 있는 경우에는 -1을 출력하고, 질문과 대답에 맞는 네 자리수가 없는 경우에는 -2를 출력한다.

입력과 출력의 예

입력	출력
5 3 1133 2 0 3322 2 0 1234 1 1 6 1234 0 2 5678 1 1 7812 0 2 3456 0 2 2561 2 0 4738 0 2 1 0011 4 0 2 0123 2 2 2301 2 1 2 0123 2 1 4567 1 1	1122 2573 11 -1 -2

문제 27

집합 연산

두 집합 A, B 가 있을 때, A 와 B 에 모두 속하는 원소의 집합을 A 와 B 의 교집합이라고 하고, $A \cap B$ 로 나타낸다. 또한 집합 A 에 속하거나 B 에 속하는 원소의 집합을 A 와 B 의 합집합이라고 하고, $A \cup B$ 로 나타낸다. 그리고, 집합 A 에는 속하지만 집합 B 에는 속하지 않는 모든 원소의 집합을 A 와 B 의 차집합이라고 하고, $A - B$ 로 나타낸다.

자연수 n 에 대하여, 0 ~ $(n-1)$ 사이의 정수를 원소로 하는 집합을 표현하는 방법 중의 하나는 n-비트 배열(혹은 n-비트 벡터)을 사용하는 것이다. 정수 k ($0 \leq k < n$)가 어떤 집합에 속할 경우에는 그 집합을 표현하는 비트 배열의 k-번째 비트를 1로 만들고, 그렇지 않는 경우에는 k-번째 비트가 0이 되도록 만든다. 이렇게 집합의 원소를 한 개의 비트로 표현하는 비트 배열은 매우 작은 메모리를 사용하고서도 집합을 표현할 수 있는 장점이 있으며, 그 집합에 원소를 새로 추가하거나 제거하는 연산을 특정 비트의 값을 1로 만들거나 0으로 만드는 연산을 통하여 쉽게 구현할 수 있다. 또한, 비트 배열로 표현된 두 집합의 교집합, 합집합 등의 집합 연산을 프로그래밍 언어에서 제공하는 비트 연산자를 사용하여 쉽게 구현할 수 있다.

예를 들어, 0 ~ 31 사이의 정수를 원소로 하는 집합 A 와 B 가 다음과 같이 주어졌을 때,

$$A = \{0, 3, 4, 5, 7, 9, 16, 31\}$$
$$B = \{1, 2, 3, 7, 9, 10, 12, 16, 25, 31\}$$

이 두 집합을 32-비트 배열로 표현하면 다음과 같다. 여기에서 32-비트의 가장 오른쪽(가장 낮은 자리) 비트를 0-번째 비트로 정하고, 가장 왼쪽(가장 높은 자리) 비트를 31-번째 비트로 정한다.

	31			0
A	1 0 0 0 0 0 0 0	0 0 0 0 0 0 0 1	0 0 0 0 0 0 1 0	1 0 1 1 1 0 0 1

	31			0
B	1 0 0 0 0 0 1 0	0 0 0 0 0 0 0 1	0 0 0 1 0 0 1 0	1 0 0 0 1 1 1 0

이와 같은 32-비트 배열은 C++ 프로그래밍 언어에서는 "unsigned int" 데이터 타입으로 정의할 수 있으며, 32-비트 배열로 표현된 두 집합의 교집합과 합집합의 연산은 각각 비트 연산자 '&'와 '|'로 수행할 수 있다. 또한, 32-비트 이상의 비트가 필요한 집합은 C++ 프로그래밍 언어에서 "unsigned int" 데이터 타입의 배열로서 구현할 수 있다.

0 ~ 131 사이의 정수를 원소로 하는 두 개의 집합이 주어졌을 때, 이 집합의 교집합, 합집합, 차집합을 비트 배열을 사용하여 구현하는 프로그램을 작성하시오.

입력

입력 파일의 이름은 "input.txt" 이다. 입력은 t 개의 테스트 케이스로 주어진다. 입력 파일의 첫 번째 줄에 테스트 케이스의 개수를 나타내는 정수 t 가 주어진다. 두 번째 줄부터 두 줄마다 한 개의 테스트 케이스에 해당하는 데이터가 입력되는데, 각 줄에는 한 개의 집합을 나타내는 데이터가 입력된다. 각 줄에서 첫 번째로 입력되는 정수 m ($0 \le m \le 132$)은 집합에 속하는 원소의 개수를 나타내는 정수이다. 그 다음에는 그 집합에 속하는 m 개의 정수가 입력되는데, 이 정수들은 모두 0 ~ 131 사이의 정수이며, 같은 정수는 두 번 이상 입력되지 않는다. 각 정수들 사이에는 한 개의 공백이 있으며, 잘못된 데이터가 입력되는 경우는 없다.

출력

출력은 표준출력(standard output)을 사용한다. 입력되는 테스트 케이스의 순서대로 다음 줄에 이어서 각 테스트 케이스의 결과를 출력한다. 각 테스트 케이스의 첫 번째 줄에 입력되는 집합을 A 로 나타내고, 두 번째 줄에 입력되는 집합을 B 로 나타낼 때, 각 테스트 케이스에 해당하는 출력의 첫 줄에는 입력되는 두 집합의 교집합($A \cap B$)을, 두 번째 줄에는 합집합($A \cup B$)을, 세 번째 줄에는 차집합($A - B$)에 관한 데이터를 출력한다. 각 줄에 출력되는 집합을 나타내는 데이터에서 첫 번째로는 그 집합에 속하는 원소의 개수를 나타내는 정수를 출력하고, 그 다음에는 그 집합에 속하는 원소인 모든 정수를 출력한다. 단, 각 집합에 속하는 원소들은 작은 수부터 큰 수까지 오름차순으로 출력한다. 각 정수들 사이에는 한 개의 공백을 둔다.

입력과 출력의 예

<table>
<tr><th>입력</th><th>출력</th></tr>
<tr><td>4
5 5 3 7 9 4
6 1 9 7 2 3 10
5 2 4 6 8 10
5 9 7 5 3 1
10 10 9 8 7 6 5 4 3 2 1
5 1 2 3 4 5
5 1 2 3 4 5
0</td><td>3 3 7 9
8 1 2 3 4 5 7 9 10
2 4 5
0
10 1 2 3 4 5 6 7 8 9 10
5 2 4 6 8 10
5 1 2 3 4 5
10 1 2 3 4 5 6 7 8 9 10
5 6 7 8 9 10
0
5 1 2 3 4 5
5 1 2 3 4 5</td></tr>
</table>

문제 28

해밍 수 (Hamming Number)

해밍(Richard W. Hamming)이 최초로 다루었다고 해서 이름이 해밍 수(Hamming number)라고 불리는 수는 소수 2, 3, 5 이외의 다른 소수를 약수로 가지지 않는 자연수를 말한다. 예를 들면, 60은 60=2×2×3×5 이므로 해밍 수이다. 그러나 42는 소수 7로 나누어지므로 해밍 수가 아니다.

이러한 해밍 수로는 1, 2, 3, 4, 5, 6, 8, 9, 10, 12, 15, 16, … 등이 있다. 이러한 작은 해밍 수의 예를 보면, 해밍 수의 숫자 많아 보지지만 실제로는 그렇게 많지 않다. 예를 들어, 10^9 (10억) 보다 작은 해밍 수의 개수의 범위는 대략 다음과 같이 계산할 수 있다. 해밍 수는 항상 $2^i3^j5^k$ $(i, j, k \geq 0)$로 나타낼 수 있고, 109보다 작은 해밍 수는 수식 $2^i3^j5^k < 10^9$을 만족하는 (i, j, k)의 개수와 동일하다. 여기에서, 식 $2^n < 10^9$을 만족하는 가장 큰 n 은 29이고, $3^n < 10^9$ 을 만족하는 가장 큰 n 은 18이며, $5^n < 109$ 을 만족하는 가장 큰 n 은 12이므로, 10^9 보다 작은 해밍 수는 30×19×13=7,410개를 넘지 않는다.

해밍 수를 가장 작은 수인 1부터 점점 큰 수 순서로 나열하는 방법은 다음과 같은 아이디어를 사용하여 구할 수 있다.

1. 자연수 1은 해밍 수이다.
2. H가 해밍 수이면, 2H, 3H, 5H도 또한 해밍 수이다.
3. 다음으로 큰 해밍 수를 계산하기 위해서는, 이전에 만들어진 해밍 수들의 2배, 3배, 5배 수들 중에서 아직까지 선택되지 않은 수 중에서 가장 작은 것을 선택한다.

해밍 수를 가장 작은 수인 1부터 점점 큰 수 순서로 나열할 때, k-번째 해밍 수를 계산하는 프로그램을 작성하시오.

입력

입력 파일의 이름은 "input.txt" 이다. 입력은 t 개의 테스트 케이스로 주어진다. 입력 파일의

첫 번째 줄에 테스트 케이스의 개수를 나타내는 정수 t 가 주어진다. 두 번째 줄부터 t 개의 줄에는 한 줄에 한 개의 테스트 케이스에 해당하는 한 개의 정수 k ($1 \le k \le 1{,}350$) 가 주어진다. 잘못된 데이터가 입력되는 경우는 없다.

출력

출력은 표준출력(standard output)을 사용한다. 입력되는 테스트 케이스의 순서대로 다음 줄에 이어서 각 테스트 케이스의 결과를 출력한다. 각 테스트 케이스에 해당하는 출력의 첫 줄에 입력되는 정수 k에 대하여 k-번째 해밍 수를 출력한다.

입력과 출력의 예

입력	출력
4 1 5 10 1350	1 5 12 398580750

(참고) 최대 수행시간은 0.1초이다. 따라서, 모든 정수에 대하여 해밍 수인지를 검사하여 그 순서를 정하는 방법은 시간이 너무 많이 소요되므로 좀 더 빠르게 해밍 수를 계산하는 방법이 필요하다.

문제 29

요일 계산하기

현재 우리가 사용하고 있는 달력은 그레고리언(Gregorian) 방법을 이용하여 만들어진다. 이 방법은 1582년 교황 그레고리 13세가 그 당시에 사용하던 기원전 로마 황제 시이저가 만든 방법의 문제점을 보완하여 처음 시행하도록 한 방법이다. 그레고리언 방법에서는 일년이 365일인 평년과 366일인 윤년을 두었고, 윤년은 다음과 같은 방법으로 계산한다.

1. 년도가 4로 나누어지면 윤년이다.
2. 그러나, 년도가 100으로 나누어지면 평년이다.
3. 그러나, 년도가 400으로 나누어지면 다시 윤년이 된다.

예를 들어, 1584, 2004년은 윤년이며, 1700, 1800, 1900, 2100, 2200년은 평년이며, 1600, 2000, 2400년은 윤년이다.

그레고리언 방법으로 달력을 제작할 경우에, 주어진 날짜(몇년 몇월 몇일)에 해당하는 요일을 계산하는 프로그램을 작성하시오. 그레고리언 방법이 제정된 1582년 1월 1일은 금요일이라고 가정한다.

입력

입력 파일의 이름은 "input.txt" 이다. 입력은 t 개의 테스트 케이스로 주어진다. 입력 파일의 첫 번째 줄에 테스트 케이스의 개수를 나타내는 정수 t 가 주어진다. 두 번째 줄부터 t 개의 줄에는 한 줄에 한 개의 테스트 케이스에 해당하는 세 개의 정수 $Y\ M\ D$ 가 입력된다. 입력되는 세 개의 정수 중에서, 첫 번째 정수 Y ($1{,}582 \le N \le 99{,}999$)는 년도를, 두 번째 정수 M ($1 \le M \le 12$)은 월을, 그리고 세 번째 정수 D ($1 \le D \le 31$)는 일을 나타낸다. 각 정수 사이에는 한 개의 공백이 있으며, 잘못된 날짜가 입력되는 경우는 없다.

출력

출력은 표준출력(standard output)을 사용한다. 입력되는 테스트 케이스의 순서대로 다음 줄에 이어서 각 테스트 케이스의 결과를 출력한다. 각 테스트 케이스에 해당하는 출력의 첫 줄에 입력되는 날짜의 요일을 출력하는데, 해당하는 요일이 일요일이면 0을, 월요일이면 1을, 화요일이면 2를, 수요일이면 3을, 목요일이면 4를, 금요일이면 5를, 그리고 토요일이면 6을 출력한다.

입력과 출력의 예

입력	출력
4 1584 1 10 2004 2 15 2400 11 11 99999 12 31	2 0 6 5

문제 30

달력 출력하기

그레고리언 방법으로 달력을 제작할 경우 주어진 달(몇년 몇월)에 해당하는 달력을 출력하는 프로그램을 작성하시오. 그레고리언 방법이 제정된 1582년 1월 1일은 금요일이라고 가정한다.

입력

입력 파일의 이름은 "input.txt" 이다. 입력은 t 개의 테스트 케이스로 주어진다. 입력 파일의 첫 번째 줄에 테스트 케이스의 개수를 나타내는 정수 t 가 주어진다. 두 번째 줄부터 t 개의 줄에는 한 줄에 한 개의 테스트 케이스에 해당하는 두 개의 정수 Y M 이 입력된다. 입력되는 첫 번째 정수 Y (1,582 ≤ Y ≤ 99,999)는 년도를 나타내고, 두 번째 정수 M (1 ≤ M ≤ 12)은 월을 나타낸다. 두 정수 사이에는 한 개의 공백이 있으며, 잘못된 데이터가 입력되는 경우는 없다.

출력

출력은 표준출력(standard output)을 사용한다. 입력되는 테스트 케이스의 순서대로 다음 줄에 이어서 각 테스트의 결과를 출력한다. 각 테스트 케이스에 해당하는 출력의 첫 줄에는 입력되는 달의 년도와 달을 나타내는 정수를 입력 형식과 동일하게 출력한다. 그 다음 줄부터는 한 줄에 한 주에 해당하는 날짜를 일요일부터 토요일까지 차례대로 출력한다. 단, 첫 줄에서 주어진 달의 첫째 날의 요일이 일요일이 아닌 경우에는 첫째 날의 요일 전까지 해당되는 요일에 모두 0을 출력한다. 또한 마지막 날짜의 요일이 토요일이 아닌 경우에는 마지막 날의 요일 다음부터 토요일까지 모두 0을 출력한다. 따라서, 한 주에 관한 데이터를 출력하는 한 개의 줄에는 모두 7개의 정수가 출력된다.

입력과 출력의 예

입력	출력
3 1582 1 2003 9 99999 12	1582 1 0 0 0 0 0 1 2 3 4 5 6 7 8 9 10 11 12 13 14 15 16 17 18 19 20 21 22 23 24 25 26 27 28 29 30 31 0 0 0 0 0 0 2003 9 0 1 2 3 4 5 6 7 8 9 10 11 12 13 14 15 16 17 18 19 20 21 22 23 24 25 26 27 28 29 30 0 0 0 0 99999 12 0 0 0 1 2 3 4 5 6 7 8 9 10 11 12 13 14 15 16 17 18 19 20 21 22 23 24 25 26 27 28 29 30 31 0

문제 31

소인수분해

소수(prime number)란 1보다 큰 자연수 가운데 1과 자기자신을 제외한 다른 약수가 없는 수를 말한다. 1 보다 큰 자연수는 항상 이러한 소수의 곱으로 표현할 수 있음이 알려져 있으며, 1보다 큰 자연수를 소수의 곱으로 나타내는 것을 소인수분해(prime factorization)라고 한다.

예를 들어, 자연수 1,138,845,708을 소인수 분해하면,

$$1,138,845,708 = 2^2 3^2 7^1 11^2 13^3 17^1$$

이다. 또한, 소수 7을 소인수분해하면,

$$7 = 7^1$$

이다. 임의의 자연수를 소인수분해할 때, 소인수들의 순서를 생각하지 않으면, 그 자연수는 오직 한 가지 방법으로만 소인수분해할 수 있다. 즉, 1보다 큰 자연수 n 에 대하여

$$n = {p_1}^{d_1} {p_2}^{d_2} \cdots {p_k}^{d_k}$$

로 표현할 수 있다. 여기서 $p_1 < p_2 < \cdots < p_k$ 는 소수이며, $d_1, d_2, \cdots, d_k$ 는 각각 $p_1, p_2, \cdots, p_k$ 의 지수이다. 단, 지수는 0보다 큰 정수이다.

1보다 큰 자연수가 주어졌을 때, 이 자연수를 소인수 분해하는 프로그램을 작성하시오.

입력

입력 파일의 이름은 "input.txt" 이다. 입력은 t 개의 테스트 케이스로 주어진다. 입력 파일의

첫 번째 줄에 테스트 케이스의 개수를 나타내는 정수 t 가 주어진다. 두 번째 줄부터 t 개의 줄에는 한 줄에 한 개의 테스트 케이스에 해당하는 한 개의 정수 n ($2 \le n \le 2^{31}-1$) 이 주어진다. 잘못된 데이터가 입력되는 경우는 없다. 단, 문제를 간단히 하기 위하여, 입력되는 모든 정수는 10,000 보다 큰 소인수를 가지지 않는다고 가정한다.

출력

출력은 표준출력(standard output)을 사용한다. 입력되는 테스트 케이스의 순서대로 다음 줄에 이어서 각 테스트의 결과를 출력한다. 각 테스트 케이스에 해당하는 출력의 첫 줄에 입력되는 자연수 n 을

$$n = {p_1}^{d_1} {p_2}^{d_2} \cdots {p_k}^{d_k}$$

로 소인수분해하였을 때, 다음과 같은 순서로 $2k+1$ 개의 정수를 순서대로 출력한다.

$$k \ p_1 \ d_1 \ p_2 \ d_2 \cdots p_k \ d_k$$

여기서, k 는 소인수분해에 사용된 소수의 개수를 나타내며, 각 소인수들은 점점 증가하는 순서대로 (즉, $p_1 < p_2 < \cdots < p_k$) 출력한다. 각 정수들 사이에는 한 개의 공백을 둔다.

입력과 출력의 예

입력	출력
4 7 16 36 1138845708	1 7 1 1 2 4 2 2 2 3 2 6 2 2 3 2 7 1 11 2 13 3 17 1

문제 32

이동 평균 (Moving Average)

n 개의 숫자 만들어진 수열 $x_1, x_2, x_3, \cdots, x_n$ 이 주어졌을 때, 주기가 k ($0 < k \le n$)인 k-이동 평균(k-moving average)은 다음과 같은 식으로 계산된다.

$$
\begin{aligned}
y_1 &= \frac{1}{k}(x_1 + x_2 + \cdots + x_k) \\
y_2 &= \frac{1}{k}(x_2 + x_3 + \cdots + x_{k+1}) \\
y_3 &= \frac{1}{k}(x_3 + x_4 + \cdots + x_{k+2}) \\
&\vdots \\
y_{n-k+1} &= \frac{1}{k}(x_{n-k+1} + x_{n-k+2} + \cdots + x_n)
\end{aligned}
$$

또한, k-이동 평균 수열은 모두 $n-k+1$개의 숫자로 만들어진 $y_1, y_2, y_3, \cdots, y_{n-k+1}$ 를 나타낸다. 이러한 이동평균은 주식시장의 주가의 변동을 분석하는 방법 중의 하나인 5일, 15일, 25일, 100일 등을 주기로 하는 이동평균 주가를 계산하는데 응용된다.

예를 들어, 10개의 숫자로 만들어진 수열 10, 20, 30, 40, 50, 60, 70, 80, 90, 100 에서 주기가 4인 4-이동 평균 수열은 다음과 같이 25, 35, 45, 55, 65, 75, 85 의 일곱 개의 숫자로 만들어 진다.

y_1 = (10+20+30+40)/4 = 25

y_2 = (20+30+40+50)/4 = 35

y_3 = (30+40+50+60)/4 = 45

…

y_7 = (70+80+90+100)/4 = 85

자연수들의 수열이 주어졌을 때, 이 수열의 이동평균 수열을 계산하는 프로그램을 작성하시오.

입력

입력 파일의 이름은 "input.txt" 이다. 입력은 t 개의 테스트 케이스로 주어진다. 입력 파일의 첫 번째 줄에 테스트 케이스의 개수를 나타내는 정수 t 가 주어진다. 두 번째 줄부터 두 줄마다 한 개의 테스트 케이스에 해당하는 데이터가 입력된다. 각 테스트 케이스의 첫 번째 줄에는 주어진 자연수의 수열에 대한 데이터가 입력된다. 이 줄에서 첫 번째로 입력되는 정수 n $(1 \leq n \leq 256)$은 수열에 나타나는 자연수의 개수를 나타낸다. 그 다음으로는 n 개의 자연수가 입력된다. 각 정수들 사이에는 한 개의 공백이 있다. 각 테스트 케이스의 두 번째 줄에는 이동평균을 계산하여야 할 주기를 나타내는 정수 k $(0 < k \leq n)$가 입력된다. 잘못된 데이터가 입력되는 경우는 없다.

출력

출력은 표준출력(standard output)을 사용한다. 입력되는 테스트 케이스의 순서대로 다음 줄에 이어서 각 테스트 케이스의 결과를 출력한다. 각 테스트 케이스에 해당하는 출력의 첫 줄에 입력되는 자연수의 수열에 대한 k-이동 평균의 수열에 대한 데이터를 출력한다. 먼저 평균이동 수열에 속하는 모든 숫자의 개수를 나타내는 정수를 출력하고, 그 다음으로는 이동평균 값을 순서대로 출력한다. 단, 이동평균이 실수 값을 가지는 경우에는 소수점 이하의 모든 자리수를 없앤 정수로 출력한다. 각 정수들 사이에는 한 개의 공백을 둔다.

입력과 출력의 예

입력	출력
3 10 10 20 30 40 50 60 70 80 90 100 4 10 1 2 3 4 5 6 7 8 9 10 2 1 100 1	7 25 35 45 55 65 75 85 9 1 2 3 4 5 6 7 8 9 1 100

문제 33

행렬 (Matrix) 덧셈

행렬(matrix)은 숫자를 사각형 꼴로 배열한 것으로서, 배열된 숫자를 그 행렬의 원소(element)라고 부른다. 행렬의 가로 줄을 행이라고 하고, 세로 줄을 열이라고 한다. 아래의 행렬에는 행(row) 이 세 개 있으며, 열(column) 이 다섯 개 있다. 각 행은 위에서 아래로 첫 번째 행, 두 번째 행, … 등으로 부르고, 각 열은 왼쪽에서 오른쪽으로 첫 번째 열, 두 번째 열, … 등으로 부른다.

$$A = \begin{bmatrix} -2 & 3 & 5 & 2 & -4 \\ 3 & 1 & 10 & -5 & 3 \\ 0 & 3 & 6 & 3 & -1 \end{bmatrix}$$

행렬의 크기는 그 행렬의 행의 개수와 열의 개수의 곱으로 표시하며, 어떤 행렬이 m 개의 행과 n 개의 열로 구성되어 있으면, 이 행렬을 $m \times n$ 행렬이라고 부른다. 따라서, 위 행렬은 크기는 3×5 인 행렬이다. 행렬 A 에서 i-번째 행과 j-번째 열에 있는 원소는 $a_{i,j}$ 로 표시한다. 예들 들어, 위 행렬 A 에서 원소 $a_{2,3}$ 은 10 이며, 원소 $a_{3,4}$ 는 3 이다.

크기가 $r \times s$ 인 두 개의 행렬 A, B 가 주어졌을 때, 두 행렬의 덧셈은 다음과 같이 같은 위치에 있는 원소들의 합으로 정의한다.

$$A = \begin{bmatrix} a_{11} & a_{12} & \cdots & a_{1s} \\ a_{21} & a_{22} & \cdots & a_{2s} \\ \cdots & \cdots & \cdots & \cdots \\ a_{r1} & a_{r2} & \cdots & a_{rs} \end{bmatrix}, \quad B = \begin{bmatrix} b_{11} & b_{12} & \cdots & b_{1s} \\ b_{21} & b_{22} & \cdots & b_{2s} \\ \cdots & \cdots & \cdots & \cdots \\ b_{r1} & b_{r2} & \cdots & b_{rs} \end{bmatrix}$$

$$A + B = \begin{bmatrix} a_{11}+b_{11} & a_{12}+b_{12} & \cdots & a_{1s}+b_{1s} \\ a_{21}+b_{21} & a_{22}+b_{22} & \cdots & a_{2s}+b_{2s} \\ \cdots & \cdots & \cdots & \cdots \\ a_{r1}+b_{r1} & a_{r2}+b_{r2} & \cdots & a_{rs}+b_{rs} \end{bmatrix}$$

예를 들어, 아래와 같은 두 개의 행렬이 주어졌을 때,

$$A = \begin{bmatrix} -2 & 3 & 5 & 2 & -4 \\ 3 & 1 & 10 & -5 & 3 \\ 0 & 3 & 6 & 3 & -1 \end{bmatrix}, \quad B = \begin{bmatrix} 1 & 2 & 3 & 4 & 5 \\ 6 & 7 & 8 & 9 & 0 \\ 1 & 2 & 3 & 4 & 5 \end{bmatrix}$$

두 행렬의 합은 다음과 같다.

$$A + B = \begin{bmatrix} -1 & 5 & 8 & 6 & 1 \\ 9 & 8 & 18 & 4 & 3 \\ 1 & 5 & 9 & 7 & 4 \end{bmatrix}$$

정수의 원소를 가지는 같은 크기의 두 개의 행렬이 주어졌을 때, 두 행렬의 합을 계산하는 프로그램을 작성하시오.

입력

입력 파일의 이름은 "input.txt" 이다. 입력은 t 개의 테스트 케이스로 주어진다. 입력 파일의 첫 번째 줄에 테스트 케이스의 개수를 나타내는 정수 t 가 주어진다. 두 번째 줄부터 각 테스트 케이스에 해당하는 데이터가 입력된다. 각 테스트 케이스의 첫 번째 줄에는 합을 구하고자 하는 두 행렬의 크기를 나타내는 두 개의 자연수 m n ($1 \le m, n \le 100$) 이 주어진다. 첫 번째 정수 m 은 행렬의 행의 개수를 나타내며, 두 번째 정수 n 은 열의 개수를 나타낸다. 두 정수 사이에는 한 개의 공백이 있다. 두 번째 줄부터 그 다음 m 개의 줄에는 첫 번째 행렬의 원소의 값이 첫 번째 행부터 마지막 행까지 한 줄에 한 행씩 주어진다. 각 줄에는 하나의 행에 속하는 정수가 n 개 주어지는데, 그 행에 속하는 첫 번째 열의 원소부터 n 번째 열에 속하는 원소까지 순서대로 주어진다. 각 정수들 사이에는 하나의 공백이 있다. 첫 번째 행렬에 해당하는 데이터가 주어지고, 그 다음 m 개의 줄에는 두 번째 행렬에 해당하는 데이터가 첫 번째 행렬에 해당하는 데이터와 같은 형식으로 주어진다. 잘못된 데이터가 입력되는 경우는 없다.

출력

출력은 표준출력(standard output)을 사용한다. 입력되는 테스트 케이스의 순서대로 다음 줄에 이어서 각 테스트 케이스의 결과를 출력한다. 각 테스트 케이스의 출력되는 첫 줄부터 입력되는 두 행렬의 합을 나타내는 행렬을 입력에서 주어진 행렬의 원소가 입력되는 형식과 같은 형식이 되도록 출력한다. 단, 행렬의 크기를 나타내는 데이터는 출력하지 않는다.

입력과 출력의 예

입력	출력
2 3 5 -2 3 5 2 -4 3 1 10 -5 3 0 3 6 3 -1 1 2 3 4 5 6 7 8 9 0 1 2 3 4 5 2 4 0 0 0 0 0 0 0 0 1 2 3 4 5 6 7 8	-1 5 8 6 1 9 8 18 4 3 1 5 9 7 4 1 2 3 4 5 6 7 8

```
/***********************************************************************
*                                                                      *
*       행렬(Matrix) 덧셈                                              *
*                                                                      *
***********************************************************************/

#include <iostream>
#include <fstream>
#include <cstdlib>
using namespace std;

const int MAX_SIZE = 100;

void multiplyMatrix(const int a[][MAX_SIZE], const int b[][MAX_SIZE], int c[][MAX_SIZE], int
row, int mid, int col);
void readMatrix(ifstream &iStream, int m[][MAX_SIZE], int row, int col);
void printMatrix(const int m[][MAX_SIZE], int row, int col);

void main(void)
{
    ifstream inStream;
    int numTestCases;

    inStream.open("input.txt");
    if (inStream.fail())
    {
        cerr << "Input file opening failed.\n";
        exit(1);
    }

    inStream >> numTestCases;

    while (numTestCases--)
    {
        int m1[MAX_SIZE][MAX_SIZE], m2[MAX_SIZE][MAX_SIZE], m3[MAX_SIZE][MAX_SIZE];
        int row, col;

        inStream >> row >> col;

        readMatrix(inStream, m1, row, col);
        readMatrix(inStream, m2, row, col);
        addMatrix(m1, m2, m3, row, col);
        printMatrix(m3, row, col);
    }

    fclose(inFile);
}

/* 두 행렬을 더하는 함수 : C = A + B */
```

```
void addMatrix(int a[][MAX_SIZE], int b[][MAX_SIZE], int c[][MAX_SIZE], int row, int col)
{
}

/* 행렬을 입력하는 함수 */
void readMatrix(ifstream &iStream, int m[][MAX_SIZE], int row, int col)
{
    for (int i=0; i<row; i++)
        for (int j=0; j<col; j++)
            iStream >> m[i][j];
}

/* 행렬을 출력하는 함수 */
void printMatrix(const int m[][MAX_SIZE], int row, int col)
{
    for (int i=0; i<row; i++)
    {
        for (int j=0; j<col; j++)
            cout << m[i][j] << " ";

        cout << endl;
    }
}
```

문제 34

행렬 (Matrix) 곱셈

행렬(matrix)은 숫자를 사각형 꼴로 배열한 것으로서, 배열된 숫자를 그 행렬의 원소(element)라고 부른다. 행렬의 가로 줄을 행이라고 하고, 세로 줄을 열이라고 한다. 아래의 행렬에는 행(row) 이 세 개 있으며, 열(column) 이 다섯 개 있다. 각 행은 위에서 아래로 첫 번째 행, 두 번째 행, … 등으로 부르고, 각 열은 왼쪽에서 오른쪽으로 첫 번째 열, 두 번째 열, … 등으로 부른다.

$$A = \begin{bmatrix} -2 & 3 & 5 & 2 & -4 \\ 3 & 1 & 10 & -5 & 3 \\ 0 & 3 & 6 & 3 & -1 \end{bmatrix}$$

행렬의 크기는 그 행렬의 행의 개수와 열의 개수의 곱으로 표시하며, 어떤 행렬이 m 개의 행과 n 개의 열로 구성되어 있으면, 이 행렬을 $m \times n$ 행렬이라고 부른다. 따라서, 위 행렬은 크기는 3×5 인 행렬이다. 행렬 A 에서 i-번째 행과 j-번째 열에 있는 원소는 $a_{i,j}$ 로 표시한다. 예들 들어, 위 행렬 A 에서 원소 $a_{2,3}$ 은 10 이며, 원소 $a_{3,4}$ 는 3 이다.

크기가 $r \times s$ 인 행렬 A 와 크기가 $s \times t$ 인 B 가 주어졌을 때, 두 행렬의 곱셈의 결과는 크기가 $r \times t$ 인 행렬이 되며,

$$A = \begin{bmatrix} a_{11} & a_{12} & \cdots & a_{1s} \\ a_{21} & a_{22} & \cdots & a_{2s} \\ \cdots & \cdots & \cdots & \cdots \\ a_{r1} & a_{r2} & \cdots & a_{rs} \end{bmatrix}, \quad B = \begin{bmatrix} b_{11} & b_{12} & \cdots & b_{1t} \\ b_{21} & b_{22} & \cdots & b_{2t} \\ \cdots & \cdots & \cdots & \cdots \\ b_{s1} & b_{s2} & \cdots & b_{st} \end{bmatrix}$$

$$A \times B = \begin{bmatrix} c_{11} & c_{12} & \cdots & c_{1t} \\ c_{21} & c_{22} & \cdots & c_{2t} \\ \cdots & \cdots & \cdots & \cdots \\ c_{r1} & c_{r2} & \cdots & c_{rt} \end{bmatrix}$$

두 행렬 A, B 의 곱의 각 원소는 다음과 같은 식으로 계산된다.

$$c_{ij} = \sum_{k=1}^{s} a_{ik} b_{kj}$$

예를 들어, 아래와 같은 두 개의 행렬이 주어졌을 때,

$$A = \begin{bmatrix} -2 & 3 & 5 & 2 & -4 \\ 3 & 1 & 10 & -5 & 3 \\ 0 & 3 & 6 & 3 & -1 \end{bmatrix}, \quad B = \begin{bmatrix} 1 & 2 \\ 3 & 4 \\ 5 & 1 \\ 2 & 3 \\ 4 & 5 \end{bmatrix}$$

두 행렬의 곱은 다음과 같다.

$$A \times B = \begin{bmatrix} 20 & -1 \\ 58 & 20 \\ 41 & 22 \end{bmatrix}$$

정수의 원소를 가지는 두 개의 행렬이 주어졌을 때, 두 행렬의 곱을 계산하는 프로그램을 작성하시오.

입력

입력 파일의 이름은 "input.txt" 이다. 입력은 t 개의 테스트 케이스로 주어진다. 입력 파일의 첫 번째 줄에 테스트 케이스의 개수를 나타내는 정수 t 가 주어진다. 두 번째 줄부터 각 테스트 케이스에 해당하는 데이터가 입력된다. 각 테스트 케이스의 첫 번째 줄에는 곱을 구하고자 하는 두 행렬의 크기를 나타내는 세 개의 자연수 $r\ s\ t$ $(1 \le r,\ s,\ t \le 100)$ 가 주어지는데, 첫 번째 행렬의 크기는 $r \times s$ 이고, 두 번째 행렬의 크기는 $s \times t$ 이다. 각 정수 사이에는 하나의 공백이 있다. 두 번째 줄부터 그 다음 r 개의 줄에는 첫 번째 행렬의 원소의 값이 첫 번째 행부터 마지막 행까지 한 줄에 한 행씩 주어진다. 각 줄에는 하나의 행에 속하는 정수가 s 개 주어지는데, 그 행에 속하는 첫 번째 열의 원소부터 s 번째 열에 속하는 원소까지 순서대로

주어진다. 각 정수들 사이에는 하나의 공백이 있다. 첫 번째 행렬에 해당하는 데이터가 주어지고, 그 다음 *s* 개의 줄에는 두 번째 행렬에 해당하는 데이터가 첫 번째 행렬에 해당하는 데이터와 같은 형식으로 주어진다. 즉, 두 번째 행렬에 해당하는 데이터는 행렬의 원소가 행의 개수가 *s* 개, 열의 개수가 *t* 개 만큼 입력된다. 잘못된 데이터가 입력되는 경우는 없다.

출력

출력은 표준출력(standard output)을 사용한다. 입력되는 테스트 케이스의 순서대로 다음 줄에 이어서 각 테스트 케이스의 결과를 출력한다. 각 테스트 케이스의 출력되는 첫 줄부터 입력되는 두 행렬의 곱을 나타내는 행렬을 입력에서 주어진 행렬의 원소가 입력되는 형식과 같은 형식이 되도록 출력한다. 단, 행렬의 크기를 나타내는 데이터는 출력하지 않는다.

입력과 출력의 예

입력	출력
2 3 5 2 -2 3 5 2 -4 3 1 10 -5 3 0 3 6 3 -1 1 2 3 4 5 1 2 3 4 5 3 3 3 1 0 0 0 1 0 0 0 1 1 2 3 4 5 6 7 8 9	20 -1 58 20 41 22 1 2 3 4 5 6 7 8 9

```
/**********************************************************************
*                                                                     *
*        행렬(Matrix) 곱셈                                             *
*                                                                     *
**********************************************************************/

#include <iostream>
#include <fstream>
#include <cstdlib>
using namespace std;

const int MAX_SIZE = 100;

void multiplyMatrix(const int a[][MAX_SIZE], const int b[][MAX_SIZE], int c[][MAX_SIZE], int
row, int mid, int col);
void readMatrix(ifstream &iStream, int m[][MAX_SIZE], int row, int col);
void printMatrix(const int m[][MAX_SIZE], int row, int col);

void main(void)
{
    ifstream inStream;
    int numTestCases;

    inStream.open("input.txt");
    if (inStream.fail())
    {
        cerr << "Input file opening failed.\n";
        exit(1);
    }

    inStream >> numTestCases;

    while (numTestCases--)
    {
        int m1[MAX_SIZE][MAX_SIZE], m2[MAX_SIZE][MAX_SIZE], m3[MAX_SIZE][MAX_SIZE];
        int row, mid, col;

        inStream >> row >> mid >> col;
        readMatrix(inStream, m1, row, mid);
        readMatrix(inStream, m2, mid, col);
        multiplyMatrix(m1, m2, m3, row, mid, col);
        printMatrix(m3, row, col);
    }

    inStream.close();
}

/* 두 행렬을 곱하는 함수 : C = A * B */
void multiplyMatrix(const int a[][MAX_SIZE], const int b[][MAX_SIZE], int c[][MAX_SIZE], int
row, int mid, int col)
{
}
```

문제 35

로또 6/45

전 세계적으로 가장 많이 시행되고 있는 복권사업 중에서 가장 인기 있는 것 중의 하나는 로또6/45 (lotto 6/45)이다. 이 로또는 현재 우리나라에서도 시행되고 있다. 이 복권은 다음과 같이 진행된다.

1. 복권에 참여하고 싶은 사람은 1~45까지의 번호 중에서 서로 중복되지 않는 6개의 번호를 선택하여 복권을 구입한다.
2. 복권을 추첨하는 날에 복권사업 회사는 1~45까지의 번호 중에서 당첨번호 6개를 추첨하고, 또한 여분으로 보너스 번호 한 개를 추첨한다. 이 숫자들은 서로 중복되지 않는다.
3. 복권의 등수는 1등에서 5등까지의 등위를 다음과 같은 기준으로 정한다.
   - 3.1 1등은 자신이 선택한 6개의 번호가 모두 당첨번호 6개와 일치하는 경우이다.
   - 3.2 2등은 자신이 선택한 6개의 번호 중에서 5개의 숫자는 당첨번호 6개 중의 5개의 숫자와 일치하며, 또한 자신이 선택한 나머지 한 개의 숫자는 보너스 숫자와 일치하는 경우이다.
   - 3.3 3등은 자신이 선택한 6개의 번호 중에서 5개의 숫자가 당첨번호 6개 중의 5개의 숫자와 일치하는 경우이다.
   - 3.4 4등은 자신이 선택한 6개의 번호 중에서 4개의 숫자가 당첨번호 6개 중의 4개의 숫자와 일치하는 경우이다.
   - 3.5 5등은 자신이 선택한 6개의 번호 중에서 3개의 숫자가 당첨번호 6개 중의 3개의 숫자와 일치하는 경우이다.

복권 당첨번호 6개와 보너스 번호 1개 및 자신이 구입한 복권의 6개의 번호가 주어졌을 때, 구입한 복권의 등수를 계산하는 프로그램을 작성하시오.

입력

입력 파일의 이름은 "input.txt" 이다. 입력은 *t* 개의 테스트 케이스로 주어진다. 입력 파일의 첫 번째 줄에 테스트 케이스의 개수를 나타내는 정수 *t* 가 주어진다. 두 번째 줄부터 *t* 개의 줄에는 한 줄에 한 개의 테스트 케이스에 해당하는 13개의 정수가 입력된다. 각 정수는 1~45 사이의 정수이다. 각 테스트 케이스에서 입력되는 첫 번째 정수부터 여섯 번째 정수까지는 당첨번호를 나타내고, 일곱 번째 정수는 보너스 번호를 나타낸다. 그 다음 여섯 개의 번호는 자신이 구입한 복권의 번호를 나타낸다. 각 정수들 사이에는 한 개의 공백이 있으며, 당첨번호와 보너스 번호가 중복되는 등의 잘못된 데이터가 입력되는 경우는 없다.

출력

출력은 표준출력(standard output)을 사용한다. 입력되는 테스트 케이스의 순서대로 다음 줄에 이어서 각 테스트 케이스의 결과를 출력한다. 각 테스트 케이스에 해당하는 출력의 첫 줄에 자신이 구입한 복권의 등수에 해당하는 정수를 출력한다. 등수에 들지 않는 경우에는 0을 출력한다.

입력과 출력의 예

입력	출력
4 3 27 9 45 32 13 25 13 45 9 27 3 32 3 27 9 45 32 13 25 27 45 32 13 9 25 45 3 32 13 9 27 25 7 9 25 32 13 27 45 3 32 13 9 27 25 23 27 19 25 7 32	1 2 4 0

문제 36

1차원 라이프(Life) 게임

1차원 라이프 게임은 1×n 크기의 격자판에서 이루어지며, 격자판에서 셀(cell)이라 부르는 각 정사각형 격자에 현재 그 셀에서 살아있는 박테리아의 수를 표시한다. 여기에서 n 을 격자판의 크기라고 부른다. 예를 들어, 아래는 크기가 10인 격자판에 1번 셀에는 박테리아가 두 마리 살고 있으며, 2번 셀에는 아홉 마리가, 그리고 10번 셀에는 박테리아가 일곱 마리 살고 있음을 나타낸다.

셀 번호	1	2	3	4	5	6	7	8	9	10
셀	2	9	3	1	0	2	2	3	8	7

가장 왼쪽 셀과 가장 오른쪽 셀을 제외하고서는 각 셀은 인접해 있는 두 이웃이 있으며, 가장 왼쪽 셀과 오른쪽 셀은 각각 하나의 이웃을 가지고 있다. 예를 들어, 5번 셀은 4번과 6번 셀과 이웃하고 있으며, 1번 셀은 2번 셀과, 10번은 9번 셀과 이웃하고 있다.

각 셀에 있는 박테리아들의 수는 단위 시간마다 이웃하고 있는 셀의 상태에 따라 아래 규칙에 따라 바뀌게 된다.

1. 각 셀에 대하여, 이 셀의 이웃해 있는 셀에 살아있는 박테리아 수의 합이 3보다 적으면(< 3), 이 셀에 있는 박테리아 중에서 한 마리가 외로워서 죽게 된다. 예를 들어, 위의 예에서 6번 셀의 이웃에는 모두 2마리의 박테리아가 있으므로, 6번 셀에 있는 박테리아 중 한 마리는 외로워서 죽게 된다. 그러나 5번 셀과 같이 현재 박테리아가 없는 경우에는 박테리아의 수는 변하지 않는다.
2. 각 셀에 대하여, 이 셀의 이웃해 있는 셀에 살아있는 박테리아 수의 합이 7보다 크면(>7), 이 셀에 있는 박테리아 중에서 한 마리가 갑갑해서 죽게 된다. 예를 들어, 10번 셀의 이웃에는 모두 8마리의 박테리아가 있으므로, 10번 셀에 있는 박테리아 중에서 한 마리가 죽게 된다.
3. 각 셀에 대하여, 이 셀의 이웃해 있는 셀에 살아있는 박테리아 수의 합이 4, 5, 6 혹은

7이면, 그 셀에 있는 박테리아가 활발하게 활동을 하여, 그 셀에 한 마리의 박테리아가 늘게 된다. 그러나 셀에 있는 총 박테리아의 수는 9보다 커지지 않는다. 예를 들어 7번 셀의 이웃에는 모두 5마리의 박테리아가 있으므로, 이 셀에는 박테리아가 한 마리 늘게 된다. 그러나, 2번 셀의 이웃에는 모두 5마리의 박테리아가 있으므로, 이 셀의 박테리아가 한 마리 늘어날 수 있지만 현재 이 셀에는 모두 아홉 마리의 박테리아가 있으므로 더 이상 박테리아의 수가 늘지 않는다.

4. 각 셀에 대하여, 이 셀의 이웃해 있는 셀에 살아있는 박테리아 수의 합이 정확하게 3이면, 이 셀에 있는 박테리아의 수는 변화하지 않는다.

예를 들어, 위와 같은 격자판에 다음 단위 시간에 각 셀에 살아있는 박테리아의 수는 다음과 같다.

1	9	2	1	0	1	3	2	7	6

또한, 그 다음 단위 시간에 살아 있는 박테리아의 수는 다음과 같다.

0	9	1	0	0	1	3	1	6	7

격자판의 크기와, 그 격자판의 초기에 각 셀에 살아있는 박테리아의 수가 주어졌을 때, 주어진 시간 이후에 각 셀에 살아있는 박테리아의 수를 계산하는 프로그램을 작성하시오.

입력

입력 파일의 이름은 "input.txt" 이다. 입력은 t 개의 테스트 케이스로 주어진다. 입력 파일의 첫 번째 줄에 테스트 케이스의 개수를 나타내는 정수 t 가 주어진다. 두 번째 줄부터 두 줄마다 한 개의 테스트 케이스에 해당하는 데이터가 입력된다. 각 테스트 케이스의 첫 번째 줄에는 두 개의 정수 n k ($3 \le n \le 50$, $1 \le k \le 500$)가 입력되는데, 첫 번째 정수 n은 격자판의 크기를 나타내며, 두 번째 정수 k 는 k-단위 시간 후에 각 셀에 살아있는 박테리아의 수를 계산해야 할 시간을 나타낸다. 두 번째 줄에는 1번 셀부터 n 번 셀까지 초기에 살아 있는 박테리아의 수를 나타내는 정수가 순서대로 주어진다. 이 정수들의 최소값은 0이며, 최대값은 9이다. 각 정수들 사이에는 하나의 공백이 있으며, 잘못된 데이터가 입력되는 경우는 없다.

출력

출력은 표준출력(standard output)을 사용한다. 입력되는 테스트 케이스의 순서대로 다음 줄에 이어서 각 테스트 케이스의 결과를 출력한다. 각 테스트 케이스의 출력되는 첫 번째 줄에 1번 셀부터 n 번 셀까지 k-단위 시간 후에 살아있는 박테리아의 수를 순서대로 출력한다. 각 숫자들 사이에는 하나의 공백을 둔다.

입력과 출력의 예

입력	출력
3 10 2 2 9 3 1 0 2 2 3 8 7 10 10 9 9 9 9 9 9 9 9 9 9 10 10 0 1 2 3 4 5 6 7 8 9	0 9 1 0 0 1 3 1 6 7 6 0 5 1 5 5 1 5 0 6 4 8 0 7 0 0 1 1 0 5

문제 37

그림의 대칭

디지털 영상(digital image)은 색을 표현하는 최소 단위인 픽셀(pixel, picture element)을 2차원적으로 배열한 것이다. 디지털 영상은 픽셀이 나타낼 수 있는 색의 종류에 따라서 이진영상(binary image), 흑백영상(gray image), 혹은 컬러영상(color image)로 나눌 수 있다. 이진영상은 영상 내의 모든 픽셀이 나타낼 수 있는 색상이 흰색과 검은색의 두 가지 색인 경우를 말한다.

이진영상이 주어졌을 때, 이 영상이 좌우로 대칭인지 혹은 상하(위아래)로 대칭인지를 판별하는 프로그램을 작성하시오.

예를 들어, 아래 왼쪽의 경우는 좌우로 대칭인 이진영상이며, 가운데 이진영상은 상하로 대칭이며, 오른쪽 영상은 대칭인 영상이 아닌 경우이다. 여기에서, 각 픽셀의 색을 나타내는 문자 'X'는 검은색을 나타내며, 문자 'O'는 흰색을 나타낸다.

```
             XOXXOX     XOXXOX
XOXOX        XOXXOO     OOXXOO
OOXOO        OOXXOO     OOXXOO
XXXXX        XXOOXX     XXOXXX
OXXXO        OOXXOO     OOXXOO
OOXOO        XOXXOO     XOXXOX
             XOXXOX     XOXXOX
```

입력

입력 파일의 이름은 "input.txt" 이다. 입력은 t 개의 테스트 케이스로 주어진다. 입력 파일의 첫 번째 줄에 테스트 케이스의 개수를 나타내는 정수 t 가 주어진다. 두 번째 줄부터 각 테스트 케이스에 해당하는 데이터가 입력된다. 각 테스트 케이스의 첫 번째 줄에는 이진영상의 크기를 나타내는 두 개의 정수 m n ($3 \le m, n \le 100$) 이 주어진다. 첫 번째 정수 m 은 이진영상의 높이(세로로 나열된 픽셀의 개수)를 나타내며, 두 번째 정수 n 은 너비(가로로 나열된 픽셀의 개수)를 나타낸다. 두 정수 사이에는 한 개의 공백이 있다. 두 번째 줄부터 m 개의 줄에는 한 줄에 이진영상의 한 개의 가로 줄에 위치하는 n 개의 픽셀 값들이 주어지는데, 이 픽셀

값들은 그 가로 줄의 가장 왼쪽 픽셀부터 가장 오른쪽 픽셀까지 순서대로 주어진다. 각 픽셀 값에 해당되는 문자('X' 혹은 'O')들 사이에는 공백은 없다. 이진영상의 가로 줄은 가장 위의 가로 줄부터 가장 아래의 가로 줄까지 한 줄에 한 개씩 순서대로 주어진다. 잘못된 데이터가 입력되는 경우는 없다.

출력

출력은 표준출력(standard output)을 사용한다. 입력되는 테스트 케이스의 순서대로 다음 줄에 이어서 각 테스트 케이스의 결과를 출력한다. 각 테스트 케이스의 출력되는 첫 번째 줄에 입력되는 이진영상이 상하로 대칭이면 1을 출력하고, 좌우로 대칭이면 2를 출력하고, 상하/좌우 모두 대칭이면 3을 출력하며, 그 이외의 모든 경우에는 0을 출력한다.

입력과 출력의 예

입력	출력
3 5 5 XOXOX OOXOO XXXXX OXXXO OOXOO 7 6 XOXXOX XOXXOO OOXXOO XXOOXX OOXXOO XOXXOO XOXXOX 7 6 XOXXOX OOXXOO OOXXOO XXOXXX OOXXOO XOXXOX XOXXOX	2 1 0

문제 38

화재

바둑판처럼 나누어진 평원에 여러 곳에서 화재가 발생하여 주위지역으로 번지고 있다. 이 불길이 번져나가서 피해가 발생한 영역을 계산하기 위한 시뮬레이션 프로그램을 작성하기로 하였다. 평원을 바둑판처럼 나누었을 때, 작은 정사각형의 영역을 셀이라고 부르기로 한다. 문제를 간단히 하기 위하여 다음과 같은 조건을 가정하기로 하였다.

1. 각 셀에 발생한 화재는 하루 동안 셀을 모두 불 태우고, 다음 날은 이웃 셀로 번져나간다.
2. 한 셀에서 발생한 화재는, 그 셀의 왼쪽, 오른쪽, 위, 아래에 인접한 네 개의 셀로 번져나가지만, 대각선으로 이웃하는 셀로는 번져나가지 않는다.
3. 다 타버린 셀에는 불이 다시는 재발하지 않는다.

예를 들면, 아래 그림 (가) 와 같이 첫째날 'O' (영문자 대문자) 로 표시된 평원의 셀에서, 화재가 발생한 셀은 문자 '*'로 표시하였다. 둘째 날 부터는 다 타버린 셀들이 만들어 지는데, 이러한 셀은 문자 '+'로 표시한다. 이 불은 둘째 날 (나) 와 같이 번져 나가고, 셋째 날에는 (다) 와 같이, 그리고 넷째 날에는 (라)와 같이 번져나간다.

(가)	(나)	(다)	(라)
0000000000	00*0000000	0*+*0*0000	*+++*+*000
00*0000000	0*+*0*0000	*+++*+*000	+++++++*00
00000*0000	00*0*+*000	0*+*+++*00	*+++++++*0
0000000000	00000*0000	00*0*+*000	0*+*+++*00
0000000000	0000000000	00000*0000	00*0*+**00
0000000000	0000000000	0000000*00	00000**+*0
0000000000	0000000*00	000000*+*0	00000*+++*
0000000*00	000000*+*0	00000*+++*	0000*+++++
0000000000	0000000*00	000000*+*0	00000*+++*

이렇게 바둑판 모양의 평원에 화재가 발생하였을 때, 몇 일이 지난 후 현재 불 타고 있는 셀과 다 타버린 셀을 계산하는 프로그램을 작성하시오.

입력

입력 파일의 이름은 "input.txt" 이다. 입력은 t 개의 테스트 케이스로 주어진다. 입력 파일의 첫 번째 줄에 테스트 케이스의 개수를 나타내는 정수 t 가 주어진다. 두 번째 줄부터 각 테스트 케이스에 해당하는 데이터가 입력된다. 각 테스트 케이스의 첫 줄에는 세 개의 정수 m n d ($3 \le m, n, d \le 100$) 가 주어진다. 세 정수 사이에는 하나의 공백이 있다. 여기서 m 은 바둑판 모양의 평원의 가로의 길이를 나타내고, n 은 세로의 길이를 나타내며, 단위 길이는 셀의 개수를 나타낸다. 두 번째 줄부터 n 개의 줄에는 바둑판 모양의 평원에서 하나의 가로 줄에 해당하는 셀의 상태를 나타내는 m 개의 문자로 만들어진 스트링이 입력된다. 이 스트링에서 현재 불이 붙은 셀은 문자 '*'로 나타나며, 불이 붙지 않은 셀은 문자 'O' 로 표시된다. 첫 번째 줄의 세 번째 정수 d-번째 날에 평원에서 현재 불타고 있는 셀과 다 타버린 셀을 계산한다. 잘못된 데이터가 입력되는 경우는 없다.

출력

출력은 표준출력(standard output)을 사용한다. 입력되는 테스트 케이스의 순서대로 다음 줄에 이어서 각 테스트 케이스의 결과를 출력한다. 입력되는 각 테스트 케이스의 첫 줄에 두 개의 정수 s t 를 출력하는데, s 와 t 는 각각 d-번째 날에 평원에서 현재 불타고 있는 셀과 다 타버린 셀의 개수를 나타낸다. 두 번째 줄부터 n 개의 줄에는 입력되는 바둑판 모양의 평원에서 하나의 가로 줄에 해당하는 셀의 상태를 나타내는 m 개의 문자로 만들어진 스트링을 출력한다. 이 스트링에서 현재 불이 붙은 셀은 문자 '*'로 나타나며, 다 타버린 셀은 '+'로 나타내고, 아직 불이 붙지 않은 셀은 문자 'O' 로 표시한다.

입력과 출력의 예

입력	출력
2 10 9 1 0000000000 00*0000000	3 0 0000000000 00*0000000 00000*0000

00000*0000 0000000000 0000000000 0000000000 0000000000 0000000*00 0000000000 10 9 4 0000000000 00*0000000 00000*0000 0000000000 0000000000 0000000000 0000000000 0000000*00 0000000000	0000000000 0000000000 0000000000 0000000000 0000000*00 0000000000 21 35 *+++*+*000 +++++++*00 *+++++++*0 0*+*+++*00 00*0*+**00 00000**+*0 00000*+++* 0000*+++++ 00000*+++*

문제 39

절단 대각선 (Broken Diagonal)

크기가 $n \times n$ 인 정방 행렬(square matrix)에서 가장 왼쪽 위에 있는 원소와 가장 오른쪽 아래에 있는 원소를 연결하는 직선 상에 있는 원소를 주 대각선 원소라고 한다. 예를 들어, 아래 왼쪽 행렬에서 주 대각선 원소들은 굵은 직선 상에 있는 원소들이다. 주 대각선 위쪽이나 아래쪽에 있는 원소들은 여러 개의 주 대각선과 평행한 대각선 상에 있다. 이렇게 주 대각선에 있는 n개의 원소들처럼 행렬의 원소들을 n개씩 묶는 방법으로는 주 대각선과 평행한 대각선 중에서 원소의 개수의 합이 n 이 되는, 즉 원소의 개수가 각각 $(1, n-1)$, $(2, n-2)$, ⋯, $(n-1,1)$ 개인 두 대각선 상에 있는 원소들끼리 묶으면 된다. 이렇게 하나의 쌍으로 묶게 되는 두 개의 대각선을 절단 대각선(broken diagonal)이라고 한다.

아래 왼쪽 행렬에서 주 대각선 상에 있는 원소는 {15, 14, 13, 12, 11}이며 네 개의 절단 대각선 상에 있는 원소들은 각각 {17, 16, 20, 19, 18}, {23, 24, 22, 21, 25}, {4, 5, 1, 3, 2}, {10, 6, 7, 8, 9} 이다. 또한 아래 오른쪽 행렬에서와 같이, 역방향의 주 대각선과 그 역 대각선 방향에 평행한 절단 대각선을 정의할 수 있다. 주 대각선, 역방향의 주 대각선, 그리고 이들 대각선에 평행한 $2(n-1)$개의 절단 대각선을 모두 대각선이라 부르자.

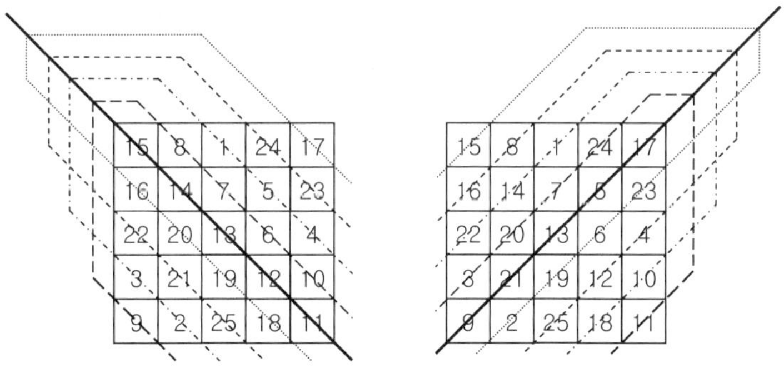

크기가 $n \times n$ 인 주어진 정방 행렬에서 주 대각선, 역방향의 주 대각선, 그리고 $2(n-1)$개의 절단 대각선 상에 있는 원소들의 합이 가장 큰 대각선을 계산하는 프로그램을 작성하시오. 위 그림의 예에서는 주 대각선과 평행한 절단 대각선 중의 하나인, 원소가 {23, 24, 22, 21, 25} 인 절단 대각선이 최대 원소의 합(115)을 가진다.

입력

입력 파일의 이름은 "input.txt" 이다. 입력은 t 개의 테스트 케이스로 주어진다. 입력 파일의 첫 번째 줄에 테스트 케이스의 개수를 나타내는 정수 t 가 주어진다. 두 번째 줄부터 각 테스트 케이스에 해당하는 데이터가 입력된다. 각 테스트 케이스의 첫 번째 줄에는 한 개의 자연수 n ($1 \le n \le 100$) 이 주어지는데, 이 정수는 입력되는 정방 행렬의 행과 열의 크기를 나타낸다. 두 번째 줄부터 그 다음 n 개의 줄에는 행렬의 원소의 값이 한 줄에 한 행씩, 첫 번째 행부터 n-번째 행까지 순서대로 주어진다. 각 줄에는 하나의 행에 속하는 n 개의 원소의 정수 값이, 첫 번째 열의 원소부터 n-번째 열의 원소까지 순서대로 주어진다. 각 정수들 사이에는 하나의 공백이 있다. 잘못된 데이터가 입력되는 경우는 없다.

출력

출력은 표준출력(standard output)을 사용한다. 입력되는 테스트 케이스의 순서대로 다음 줄에 이어서 각 테스트 케이스의 결과를 출력한다. 각 테스트 케이스의 출력되는 첫 줄부터 입력되는 행렬에서 원소의 합이 가장 큰 대각선 상의 원소의 합을 출력한다.

입력과 출력의 예

<table>
<tr><th>입력</th><th>출력</th></tr>
<tr><td>2
5
15 8 1 24 17
16 14 7 5 23
22 20 13 6 4
3 21 19 12 10
9 2 25 18 11
4
1 1 1 1
1 1 1 1
1 1 1 1
1 1 1 1</td><td>115
4</td></tr>
</table>

문제 40

포커(Poker) 게임

서양 카드는 스페이드(spade, ♠), 하트(heart, ♥), 다이아몬드(diamond, ◆), 클로버(clover, ♣)의 네 종류의 무늬(suit)와, 크기의 순서가 2, 3, …, 8, 9, 10, J, Q, K, A 인 13가지 번호(rank)를 조합한 모두 52 개의 카드로 구성되어 있다. 각 카드는 무늬와 번호의 조합으로 이름이 붙여져 있으며, XY 형식으로 표현된다. 여기서, X 는 문자 'S'(pade), 'H'(eart), 'D'(iamond), 'C'(lover) 중의 하나이며, Y 는 13가지 번호 중의 하나를 나타내며, 번호 10은 문자 'T'로 표시한다. 예를 들어, 무늬가 스페이드이며 번호가 2 인 카드는 S2, 무늬가 하트이며 번호가 10 인 카드는 HT, 무늬가 다이아몬드이며 번호가 Q 인 카드는 DQ, 무늬가 클로버이며 번호가 A 인 카드는 CA 등으로 표현된다.

포커(poker) 게임은 서양 카드로 할 수 있는 여러 가지 게임 중의 하나이다. 포커 게임에서는 5 장의 카드로 만들 수 있는 계급(ranking)의 우선 순위에 따라서 승패를 결정짓는다. 포커게임의 계급에는 대략 9 개의 계급이 있으며, 계급이 낮은 순서부터 높은 순서로 나열하면 다음과 같다.

(1) 페어 (Pair)
번호가 같은 카드가 두 장 있는 경우
(예) S5, H3, DK, CA, HK

(2) 투 페어 (Two Pairs)
번호가 같은 두 장의 카드가 두 종류 있는 경우
(예) SK, H5, DK, C2, D5

(3) 트리플 (Three of a Kind)
세 장의 카드의 번호가 같은 경우
(예) SJ, DA, CJ, D2, HJ

(4) 스트레이트 (Straight)
다섯 장의 번호가 크기 순서로 연속인 경우 (번호 A는 1로 취급할 수도 있음)
(예) ST, S7, D9, CJ, H8 　　　H2, C4, H5, SA, D3

그러나, SJ, CQ, HK, DA, C2 인 경우는 번호의 크기가 연속이지 않으므로 스트레이트가 아님.

(5) 플러쉬 (Flush)

다섯 장의 무늬가 모두 같은 경우

(예) HQ, HA, H3, H9, HJ

(6) 풀 하우스 (Full House)

다섯 장의 카드 중에서 세 장이 같은 번호를 가지며, 나머지 두 장이 또 다른 같은 번호인 경우

(예) H3, SJ, HJ, S3, CJ

(7) 포 카드 (Four of a Kind)

네 장의 카드가 같은 번호인 경우

(예) HJ, SJ, SQ, CJ, DJ

(8) 스트레이트 플러쉬 (Straight Flush)

계급이 스트레이트이면서 플러쉬인 경우. 즉, 무늬가 모두 같으며, 5장의 카드의 번호가 모두 일렬인 경우

(예) HJ, H8, HQ, H9, HT,

(9) 로열 스트레이트 플러쉬 (Royal Straight Flush)

스트레이트 플러쉬이면서, 5장 카드의 번호가 A, K, Q, J, 10 인 카드의 조합인 경우

(예) SA, SJ, SK, SQ, ST

다섯 장의 카드가 주어졌을 때, 이 다섯 장으로 구성할 수 있는 가장 높은 계급을 출력하는 프로그램을 작성하시오.

예를 들어, 다섯 장의 카드가 다음과 같으면

H3 SJ HJ S3 CJ

투 페어도 되고 또한 풀 하우스도 된다. 이런 경우는 풀 하우스가 투 페어보다 높은 계급이므로, 이 다섯 장의 카드의 계급은 풀 하우스가 된다.

입력

입력 파일의 이름은 "input.txt" 이다. 입력은 *t* 개의 테스트 케이스로 주어진다. 입력 파일의

첫 번째 줄에 테스트 케이스의 개수를 나타내는 정수 *t* 가 주어진다. 두 번째 줄부터 *t* 개의 줄에는 한 줄에 한 개의 테스트 케이스에 해당하는 5장의 카드에 대한 데이터들이 주어진다. 각 카드 데이터는 한 장의 카드를 나타내는 두 개의 문자로 만들어진 스트링으로 구성된다. 두 문자 중에서 첫 번째 문자는 카드의 무늬를 나타내고, 두 번째 문자는 카드의 번호를 나타낸다. 카드의 무늬는 S (혹은 s), H (혹은 h), D (혹은 d), C (혹은 c)이며, 이는 각각 Space, Heart, Diamond, Clover 를 나타낸다. 카드의 번호는 각각 2, 3, 4, 5, 6, 7, 8, 9, T (혹은 t), J (혹은 j), Q (혹은 q), K (혹은 k), A (혹은 a) 문자로 나타낸다. 여기서 T(혹은 t)는 번호 10을 나타낸다. 각 카드를 나타내는 스트링 사이에는 한 개의 공백이 있으며, 잘못된 데이터가 입력되는 경우는 없다.

출력

출력은 표준출력(standard output)을 사용한다. 입력되는 테스트 케이스의 순서대로 다음 줄에 이어서 각 테스트의 결과를 출력한다. 각 테스트 케이스에 해당하는 출력의 첫 줄에 카드의 계급에 해당되는 다음과 같은 문자열을 출력한다. 출력될 문자열은 낮은 계급부터 순서대로 "Pair", "Two_Pairs", "Three_of_a_Kind", "Straight", "Flush", "Full_House", "Four_of_a_Kind", "Straight_Flush", "Royal_Flush" 이다. 어느 계급에도 속하지 않는 경우에는 "High_Cards" 를 출력한다.

입력과 출력의 예

입력	출력
11 H3 SJ HJ S3 CJ SA SJ SK SQ ST h8 h9 hT hJ hQ HJ SJ SQ CJ DJ H3 S3 HJ SJ D3 HQ HA H3 H9 HJ S7 H8 D9 ST CJ SJ DA CJ D2 HJ sK h5 dK c2 d5 S5 H3 DK CA HK SJ CQ HK DA C2	Full_House Royal_Flush Straight_Flush Four_of_a_Kind Full_House Flush Straight Three_of_a_Kind Two_Pairs Pair High_Cards

문제 41

쪽거리 들여다 보기

쪽거리는 옛날 우리 장신구의 일부에 있던 장식으로서 그 모양이 프랙탈(fractal) 문양 같아서 한국물리학회에서 공식적으로 프랙탈의 한글용어로 채택한 이름이다. 쪽거리는 작은 구조가 전체 구조와 비슷한 형태로 끝임 없이 반복되는 형태를 말하며, 매우 단순한 구조가 끊임없이 반복되면서 전체적으로 복잡하고 묘한 구조를 만든다. 쪽거리는 부분과 전체가 같은 모양을 하고 있다는 자기 유사성(self-similarity)과 작은 구조가 큰 구조의 형태로 반복된다는 순환성(recursiveness)이라는 속성을 가지고 있다. 아래 그림은 대표적인 쪽거리 구조를 나타낸 것이다. 왼쪽에 있는 구조는 코크 곡선(Koch curve)이며, 가운데 구조와 오른쪽 구조는 각각 시어핀스키 삼각형(Sierpinski triangle)과 시어핀스키 카펫(Sierpinski carpet)이다.

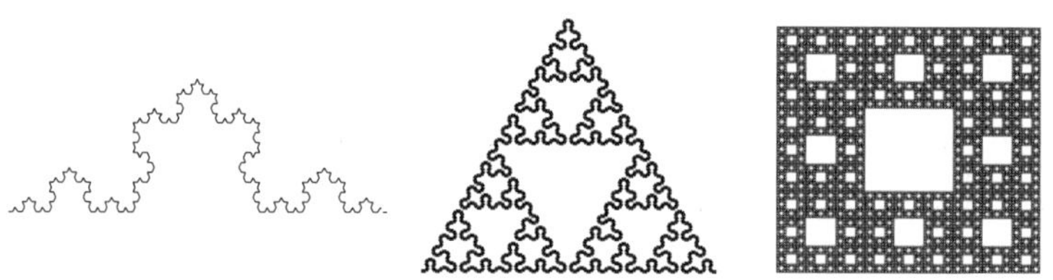

아래 그림은 코크 곡선과 시어핀스키 삼각형을 세밀하게 들여다 보면, 코크 곡선이나 시어핀스키 삼각형이 세밀하게 반복되어 나타나는 것을 보여준다.

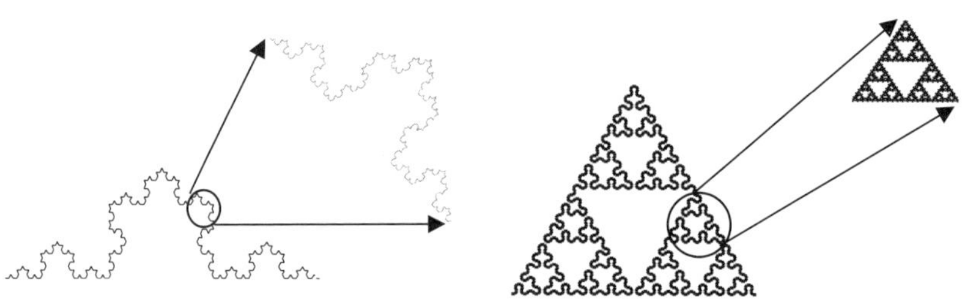

시어핀스키 카펫은 1910년경 시어핀스키에 의하여 만들어진 아주 단순한 프랙탈이다. 시어핀스키 카펫을 만드는 방법은 다음과 같다.

1. 정사각형이 하나 주어진다. 이 정사각형을 프랙탈의 0-세대(generation)라 부른다.
2. 정사각형의 각 변을 3등분해서 9개의 같은 크기의 정사각형으로 분할한 다음, 분할된 사각형 중에서 가운데 사각형은 제거한다. 이렇게 만들어진 모양을 프랙탈의 1-세대라 부른다.
3. 또한 1세대를 만들면서 남아 있는 8개의 분할된 각 사각형에 대하여 위 단계 2와 동일한 방법으로 9개의 정사각형으로 나눈 후 가운데 사각형을 제거한다. 이렇게 만들어진 모양을 2-세대라 부른다.
4. 단계 2, 3에서와 같이 앞 세대에서 제거되지 않고 남아있는 각 정사각형을 9개의 작은 같은 크기의 정사각형으로 분할하고, 가운데 있는 정사각형을 제거하는 작업을 무한히 반복한다. 이때 만들어지는 모양을 차례로 3-세대, 4-세대,… 프랙탈이라 부른다.

다음 그림은 시어핀스키 카펫을 만들어 가능 과정을 보여주는 그림이며, 제일 왼쪽 그림부터 각각 0세대, 1-세대, 2-세대, 3-세대, 4-세대 프랙탈들이다.

이와 같은 시어핀스키 카펫의 이미지를 만들기 위해서는 아래에서 제시된 C++ 프로그램에서와 같이 되부름(recursion)을 이용하면 쉽게 만들 수 있다. 이 프로그램에서 이미지(2차원 배열)의 가로, 세로 크기는 3^k $(1 \le k)$ 이며, 시어핀스키 카펫의 k-세대 프랙탈을 만든다. 프랙탈에서 제거된 사각형에 속하는 2차원 배열의 원소(혹은 이미지의 픽셀)는 문자 '.'로 표시되며, 제거되지 않고 남아있는 영역에 속하는 원소는 문자 'X'로 표시된다.

```
#define FRACTAL_DEPTH 4
#define FRACTAL_SIZE  81                          /* 3^4 */
char fractalImage[FRACTAL_SIZE][FRACTAL_SIZE];

void sierpinskiCarpet(int row, int col, int level);


void main(void)
{
    for (int i=0; i<FRACTAL_SIZE; i++)
```

```
        for (int j=0; j<FRACTAL_SIZE; j++)
            fractalImage[i][j] = 'X';

    sierpinskiCarpet(0, 0, FRACTAL_DEPTH);
}

void sierpinskiCarpet(int row, int col, int level)
{
    int n;

    if (level < 1) return;

    n = (int)pow(3, level-1);

    /* 9등분한 작은 사각형 중에서 한 가운데 정사각형을 제거한다 */
    for (int i=row+n; i<row+2*n; i++)
        for (int j=col+n; j<col+2*n; j++)
            fractalImage[i][j] = '.';

    /* 나머지 8개의 작은 사각형에 대해서는 되부름으로 카펫을 만든다 */
    sierpinskiCarpet(row,           col,        level - 1);
    sierpinskiCarpet(row,           col + n,    level - 1);
    sierpinskiCarpet(row,           col + 2 * n, level - 1);
    sierpinskiCarpet(row + n,       col,        level - 1);
    sierpinskiCarpet(row + n,       col + 2 * n, level - 1);
    sierpinskiCarpet(row + 2 * n,   col,        level - 1);
    sierpinskiCarpet(row + 2 * n,   col + n,    level - 1);
    sierpinskiCarpet(row + 2 * n,   col + 2 * n, level - 1);
}
```

그러나 매우 큰 세대의 시어핀스키 카펫 프랙탈을 나타내는 이미지는 그 크기가 일반 컴퓨터에서는 다루기에는 너무 크기 때문에 제작하기 불가능하다. 예를 들어, 19-세대의 시어핀스키 카펫 이미지를 만들기 위해서는 이미지의 각 변의 길이가 3^{19} = 1,162,261,467이고, 이미지의 크기(이미지를 저장하기 위한 이차원 배열의 원소의 수)는 약 $3^{38} \approx 1.4\times10^{18}$ 이다.

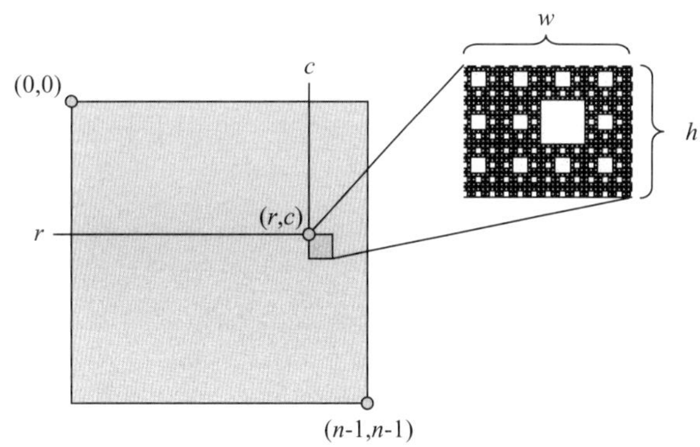

이러한 큰 프랙탈을 실제로 만들지 않고, 그 내부에 있는 일부분의 영역에 대한 이미지 만을 만들어서 카펫 모양이 반복되는지를 확인하고자 한다. 예를 들어, 앞의 그림은 각 변의 길이가 n (= 3^k)인 k-세대 시어핀스키 프랙탈 이미지를 나타낸다. 왼쪽 가장 위에 있는 원소(혹은 이미지 픽셀)의 위치를 (0, 0)으로 나타내고, 오른쪽 가장 아래에 있는 원소의 위치를 (n−1, n−1) 이라고 하자. 들여다 보고자 하는 영역 (윈도우라고 부름)은 가로의 크기가 w 이며 세로의 크기가 h 인 직사각형 모양으로서, 그 직사각형의 왼쪽 가장 위 원소의 좌표는 (r, c)이다. 좌표에서 r ($0 \le r < n$) 은 2차원 배열에서 행의 번호를 나타내고, c ($0 \le c < n$) 는 열의 번호를 나타낸다.

임의의 자연수 k 에 대하여, k-세대의 시어핀스키 카펫 프랙탈을 작은 윈도우를 통하여 들여다 볼 때, 작은 윈도우에 나타나는 시어핀스키 카펫 프랙탈의 이미지를 출력하는 프로그램을 작성하시오.

입력

입력 파일의 이름은 “input.txt” 이다. 입력은 t개의 테스트 케이스로 주어진다. 입력 파일의 첫 번째 줄에 테스트 케이스의 개수를 나타내는 정수 t 가 주어진다. 두 번째 줄부터 각 테스트 케이스에 해당하는 데이터가 매 두 줄마다 입력된다. 각 테스트 케이스의 첫 번째 줄에는 시어핀스키 카펫 프랙탈의 세대를 나타내는 자연수 k ($1 \le k \le 19$) 가 주어진다. 즉, 실제 프랙탈 이미지(혹은 2차원 배열)의 가로, 세로 크기는 모두 3^k 이다. 각 테스트 케이스의 두 번째 줄에는 프랙탈을 들여다 볼 윈도우의 위치와 크기를 나타내는 네 개의 정수 r c w h ($0 \le r, c < 3^k$, $1 \le w, h \le 100$, $1 \le c+w, r+h < 3^k$) 가 주어진다. 정수 r, c 는 각각 윈도우를 나타내는

직사각형이 프랙탈 이미지에서 위치할 가장 왼쪽 위 원소의 행, 열의 번호를 나타내며, 정수 *w*, *h* 는 각각 윈도우의 너비와 높이를 나타낸다. 윈도우는 프랙탈의 범위를 벗어나지 않는다. 각 정수들 사이에는 한 개의 공백이 있으며, 잘못된 데이터가 입력되는 경우는 없다.

출력

출력은 표준출력(standard output)을 사용한다. 입력되는 테스트 케이스의 순서대로 다음 줄에 이어서 각 테스트 케이스의 결과를 출력한다. 각 테스트 케이스의 출력되는 첫 줄부터 *h* 개의 줄에 윈도우를 통하여 들여다 본 시어핀스키 카페트 프랙탈을 출력한다. 윈도우의 가장 위쪽에 있는 행부터 아래쪽에 있는 행까지 순서대로, 한 줄에 한 행씩 출력한다. 출력의 각 줄에는 윈도우의 한 행에 해당하는 데이터를 그 행의 가장 왼쪽부터 가장 오른쪽 순서로 출력한다. 윈도우의 각 원소에 해당하는 부분이 프랙탈에서 잘려나간 부분이면 문자 '.'를 출력하고, 그렇지 않고 남아있는 부분이면 문자 'X'를 출력한다. 한 줄에 있는 각 문자들 사이에는 공백을 두지 않는다.

입력과 출력의 예

입력	출력
4 1 0 0 3 3 2 0 0 9 9 3 18 18 9 9 19 1162261458 1162261458 9 9	XXX X.X XXX XXXXXXXXX X.XX.XX.X XXXXXXXXX XXX...XXX X.X...X.X XXX...XXX XXXXXXXXX X.XX.XX.X XXXXXXXXX XXXXXXXXX X.XX.XX.X XXXXXXXXX XXX...XXX X.X...X.X

	XXX...XXX XXXXXXXXX X.XX.XX.X XXXXXXXXX XXXXXXXXX X.XX.XX.X XXXXXXXXX XXX...XXX X.X...X.X XXX...XXX XXXXXXXXX X.XX.XX.X XXXXXXXXX

문제 42

방의 크기 구하기

아래 왼쪽 그림과 같이 사각형으로 만들어진 어떤 건물의 평면도가 주어졌을 때, 이 건물의 내부에서 벽으로 분리된 여러 개의 방의 크기를 계산하는 프로그램을 작성하시오. 이 건물의 평면도는 문자로 그려져 있으며, 벽은 문자 '+'로 표시되어 있고, 사각형 건물의 가장 바깥은 항상 벽으로 둘러 쌓여져 있다. 이 건물에서 방이란 벽으로 둘러 쌓여져 있으며, 서로 아래/위, 왼쪽/오른쪽으로 연결된 연속적인 공간을 나타낸다. 예를 들어, 아래 오른쪽 그림에서와 같이, 같은 방에 속하는 공간을 같은 숫자로 채우면 방이 총 8개 있음을 알 수 있다.

```
+++++++++++++++++++++++++++++    +++++++++++++++++++++++++++++
+       +       +           +    +1111111+2222222+66666666666+
++++    +++++   +    ++++   +    ++++1111+++++222+6666++++666+
+  +        +   +    +  +   +    +11+11111111+222+6666+77+666+
+  +++++    +++++    ++++   +    +11+++++1111+++++6666++++666+
+           +   +    +  +   +    +11111111111+333+6666+88+666+
+  ++++++++++   ++++++  +   +    +11++++++++++333++++++88+666+
+  +         +++        +   +    +11+444444444+++88888888+666+
+  +         + +  +++   +   +    +11+444444444+5+88+++888+666+
+  +         + +  +++   +   +    +11+444444444+5+88+++888+666+
+   +        + +  +++   +   +    +111+44444444+5+88+++888+666+
+    +       + +        +   +    +1111+4444444+5+88888888+666+
+++++++++++++++++++++++++++++    +++++++++++++++++++++++++++++
```

이와 같이 건물의 평면도가 주어졌을 때, 이 건물 내부에 있는 방의 개수와 각 방의 크기를 구하는 프로그램을 작성하시오. 각 방의 크기는 위의 예에서와 같이 가로, 세로 한 칸으로 만들어진 공간의 개수를 나타내며, 오른쪽에서 각 숫자를 나타내는 문자의 개수와 일치한다. 따라서, 위의 건물에는 8 개의 방이 있으며, 각 방의 크기는 1번 방부터 8번 방까지 각각 차례로 53, 13, 6, 42, 4, 57, 2, 35 이다.

입력

입력 파일의 이름은 "input.txt" 이다. 입력은 *t* 개의 테스트 케이스로 주어진다. 입력 파일의

첫 번째 줄에 테스트 케이스의 개수를 나타내는 정수 *t* 가 주어진다. 두 번째 줄부터 각 테스트 케이스의 데이터가 주어진다. 각 테스트 케이스의 첫 번째 줄에는 두 개의 정수 *m n* ($3 \le m, n \le 100$) 이 주어지는데, 첫 번째 정수 *m* 은 사각형 건물의 가로의 길이를 나타내고, 두 번째 정수 *n* 은 세로의 길이를 나타낸다. 단위 길이로는, 위 그림의 예에서와 같이, 한 개의 문자가 가로 혹은 세로로 차지하는 단위 길이와 동일하다. 두 정수 사이에는 한 개의 공백이 있다. 각 테스트 케이스의 두 번째 줄부터 *n* 개의 줄에는 평면도에서 한 개의 가로 줄에 해당하는 데이터가 길이가 *m* 인 스트링으로 입력된다. 이 스트링은 문자 '+'와 '.'으로만 구성되어 있으며, 문자 '+'는 평면도에서의 벽을 나타내고, 문자 '.' (period) 은 평면도에서 방의 일부를 나타내는 빈 공간을 나타낸다. 방은 적어도 1개 있으며, 건물의 평면도로 잘못된 데이터가 입력되는 경우는 없다. 단, 건물에 속하는 방의 개수는 총 100개를 넘지 않는다.

출력

출력은 표준출력(standard output)을 사용한다. 입력되는 테스트 케이스의 순서대로 다음 줄에 이어서 각 테스트 케이스의 결과를 출력한다. 각 테스트 케이스에 해당하는 출력의 첫 줄에 입력되는 건물의 평면도에 나타나 있는 방의 개수를 나타내는 정수를 출력한다. 출력의 두 번째 줄에는 입력되는 건물의 각 방의 크기를 나타내는 정수를 크기가 큰 수에서 작은 순서대로 한 줄에 출력한다. 모든 정수 사이에는 한 개의 공백을 둔다.

입력과 출력의 예

<table>
<tr><th>입력</th><th>출력</th></tr>
<tr><td><pre>3
29 13
+++++++++++++++++++++++++++++
+.......+.......+...........+
++++....+++++...+....++++...+
+..+........+...+....+..+...+
+..+++++....+++++....++++...+
+...........+...+....+..+...+
+..++++++++++...++++++..+...+
+..+.........+++........+...+
+..+.........+.+..+++...+...+
+..+.........+.+..+++...+...+</pre></td><td><pre>8
57 53 42 35 13 6 4 2
1
3
1
1</pre></td></tr>
</table>

<table>
<tr>
<td>

```
+...+........+.+..+++...+...+
+....+.......+.+........+...+
+++++++++++++++++++++++++++++
5 3
+++++
+...+
+++++
3 3
+++
+.+
+++
```

</td>
<td></td>
</tr>
</table>

문제 43

와일드 카드 문자

복잡하지만 일정한 형식을 갖추고 있는 스트링(혹은 문자열)을 표현하는 방법 중의 하나는 메타문자(meta character)를 사용한 정규식(regular expression)이다. 메타문자는 스트링을 만드는 데 사용되는 문자가 아니라 다른 특수한 의미를 가지는 문자를 말한다. 와일드 카드 문자(wildcard character)는 대표적인 메타문자로서, 와일드카드 문자는 한 개 이상의 다른 문자들을 대표적으로 상징하는 메타문자이다. 예를 들어, 정규식을 표현하는데 많이 사용하는 와일드 카드 문자로는 다음과 같은 문자들이 있다.

1. * : 스트링에서 영(0) 개 이상의 문자를 나타낸다.
2. + : 스트링에서 한 개 이상의 문자를 나타낸다.
3. ? : 스트링에서 한 개의 문자만을 나타낸다.

일반적인 스트링을 나타내는데 사용하는 문자와 위에서 정의한 세 개의 와일드카드 문자를 섞어서 표현한 스트링을 "간단한 정규식"이라 정의하자.

예를 들어, sun*, sun+, sun?, *, +, ? 등은 간단한 정규식이다. 정규식 sun* 이 표현하는 스트링은 "sun"으로 시작하며, 그 다음에 영(0)개 이상의 문자가 있는 모든 스트링, 즉 "sun"으로 시작하는 모든 스트링을 나타낸다. 스트링 sun, suns, sunny, sunday, sunflower 등의 스트링은 sun*로 표현되는 스트링이다. 정규식 sun+ 이 표현하는 스트링은 "sun"으로 시작하며, 그 다음에 한 개 이상의 문자가 있는 스트링을 나타낸다. 스트링 suns, sunny, sunday, sunflower 등의 스트링은 sun+가 표현하는 스트링이다. 또한 정규식 sun? 는 스트링 "sun" 다음에 한 문자가 더 있은 스트링을 표현한다. 스트링 suns 는 sun? 가 표현하는 스트링이다. 또한 정규식 * 는 문자가 영(0)개 이상인 모든 스트링을 나타내며, 정규식 + 는 문자가 한 개 이상인 모든 스트링을 나타내고, 정규식 ? 는 오직 한 개의 문자로만 만들어진 스트링을 나타낸다.

영문자와 와일드카드 문자 *, +, ? 를 사용한 간단한 정규식과 영문자로만 만들어진 스트링이 주어졌을 때, 주어진 스트링이 간단한 정규식이 표현하는 스트링인지를 판별하는 프로그램을 작성하시오.

입력

입력 파일의 이름은 "input.txt" 이다. 입력은 t 개의 테스트 케이스로 주어진다. 입력 파일의 첫 번째 줄에 테스트 케이스의 개수를 나타내는 정수 t 가 주어진다. 두 번째 줄부터 t 개의 줄에는 한 줄에 하나의 테스트 케이스에 해당하는 두 개의 스트링 s r 이 주어진다. 첫 번째 스트링 s 는 영문자로만 만들어진 스트링이고, 두 번째 스트링 r 은 영문자와 와일드카드 문자 *, +, ? 를 사용한 간단한 정규식이다. 두 스트링의 길이는 최소 1이며, 최대 100이다. 두 스트링 사이에는 한 개의 공백이 있으며, 잘못된 데이터가 입력되는 경우는 없다.

출력

출력은 표준출력(standard output)을 사용한다. 입력되는 테스트 케이스의 순서대로 다음 줄에 이어서 각 테스트 케이스의 결과를 출력한다. 각 테스트 케이스에 해당하는 출력의 첫 줄에 영문자로 만들어진 스트링 s 가 간단한 정규식 r 이 표현하는 스트링인 경우에는 1을 출력하고, 그렇지 않는 경우에는 0을 출력한다.

입력과 출력의 예

입력	출력
7 sun* sun sun+ sun abcdefg abcdefg abcdefg ?ab+de**fg abcdefg ?b*de+ abcdefg +*?c*?e?+ ab +++	1 1 1 0 1 1 0

문제 44

괄호

수식에서 사용되는 괄호로는 소괄호 '(', ')', 중괄호 '{', '}', 대괄호 '[', ']' 가 있다. 이러한 괄호를 올바르게 사용하기 위해서는 다음과 같은 규칙을 따라야 한다.

1. 소괄호, 중괄호, 대괄호의 열린 괄호 문자 ('(', '{', '[') 와 이에 대응하는 닫힌 괄호 문자 (') ', '}', ']') 의 수가 같아야 한다.
2. 열린 괄호 문자가 먼저 나온 뒤에, 이 괄호와 쌍을 이루는 같은 괄호의 닫힌 괄호 문자가 나타나야 한다.
3. 한 괄호 쌍의 열린 괄호 문자와 닫힌 괄호 문자 사이에 다른 괄호가 올 수 있으며, 또한 한 괄호 쌍 다음에 다른 괄호가 올 수 있다.

괄호를 나타내는 문자로만 만들어진 스트링이 주어졌을 때, 이 스트링이 위와 같은 수식에 사용하는 괄호 사용의 규칙을 만족하는 스트링인지를 판별하는 프로그램을 작성하시오.

예를 들어,

(){}[], ((()[{}]{})), (((((())))))

등은 위의 규칙에 맞는 괄호이며,

()}{[], ((()[{}]{}}), ((((((())))))

등은 위의 규칙에 맞지 않는 괄호이다.

입력

입력 파일의 이름은 "input.txt" 이다. 입력은 *t* 개의 테스트 케이스로 주어진다. 입력 파일의 첫 번째 줄에 테스트 케이스의 개수를 나타내는 정수 *t* 가 주어진다. 두 번째 줄부터 *t* 개의 줄에는 한 줄에 한 개의 테스트 케이스에 해당하는 괄호 문자로만 구성된 스트링이 주어진다. 이 스트링의 길이는 최소 2이며, 최대 100 이다. 입력되는 스트링에는 공백 문자가 없으며, 잘못된 데이터가 입력되는 경우는 없다.

출력

출력은 표준출력(standard output)을 사용한다. 입력되는 테스트 케이스의 순서대로 다음 줄에 이어서 각 테스트 케이스의 결과를 출력한다. 각 테스트 케이스에 해당하는 출력의 첫 줄에 입력되는 괄호가 수식에 사용하는 괄호 사용의 규칙에 맞는 괄호이면 1을 출력하고, 그렇지 않으면 0을 출력한다.

입력과 출력의 예

입력	출력
6 (){}[] ((()[{}]{})) ((((((())))))) ()}{[] ((()[{}]{}}) ((((((()))))	1 1 1 0 0 0

문제 45

로마 숫자

십진법과 같은 숫자의 표현법은 아랍지역에 그 기원을 두고 있다. 십진법이 사용되기 이전 로마 시대에는 로마 문자를 사용하여 숫자를 표현하였는데, 그 표현법은 다음과 같다. 로마 문자가 나타내는 숫자는

M = 1000, D = 500, C = 100, L = 50, X = 10, V = 5, I = 1

이다. 이러한 로마문자 M, D, C, L, X, V, I 의 조합으로 만들어진 숫자는 왼쪽에서 오른쪽으로 읽어가면서 나타나는 문자의 값을 모두 더하면 되는데, 로마숫자를 표현하는 방법에는 다음과 같은 몇 가지의 규칙이 있다.

1. 큰 숫자를 나타내는 문자가 왼쪽에 먼저 나타난다. 예를 들어, 15 를 나타내기 위해서는 XV 를 사용하고, VX 는 사용하지 않는다. 이러한 방법으로 로마숫자 VIII 은 8 이고, MM 은 2000 이며, 십진수 1111 은 로마숫자 MCXI 로 표현된다.
2. 가능하면, 큰 숫자를 사용한다. 예를 들면, 15 를 나타내기 위해서 XV 를 사용하고, VVV, XIIIII 등은 사용하지 않는다.
3. 같은 문자는 연속으로 네 번 이상 사용하지 않는다. 따라서, 4, 9, 40, 90, 400, 900 은 IIII, VIIII, XXXX, LXXXX, CCCC, DCCCC 로 나타내지 않는다. 이를 위해서 큰 숫자보다 작은 숫자를 앞에 쓰고, 이러한 경우에는 뒤의 큰 숫자에서 앞의 작은 숫자를 빼도록 한다. 따라서, 4, 9, 40, 90, 400, 900 은 각각 IV, IX, XL, XC, CD, CM 으로 표현된다.
4. 그러나, 큰 숫자 앞에 올 수 있는 작은 숫자는 I, X, C 뿐이다. 따라서, 1950을 나타내기 위하여 MLM 으로 쓰지 않고, MCML로 쓴다.
5. 또한, 앞의 작은 숫자는 뒤의 큰 숫자의 1/10 이상이 되어야 한다. 따라서, 1999를 나타내기 위하여 MIM 으로 쓰지 않고, MCMXCIX로 쓴다.

이러한 규칙에 따라, 다음과 같은 십진수를 로마숫자로 표현하면 다음과 같다.

26	XXVI
94	XCIV
555	DLV
1998	MCMXCVIII

참고로, 이러한 규칙으로 나타낼 수 있는 가장 큰 수는 3,999이고, 그 이상의 수를 나타내는 방법으로는 통일된 한 가지만 존재하는 것이 아니라 여러 가지가 존재한다.

십진수를 로마숫자로 변환하거나, 로마숫자를 십진수로 변환하는 프로그램을 작성하시오

입력

입력 파일의 이름은 "input.txt" 이다. 입력은 t 개의 테스트 케이스로 주어진다. 입력 파일의 첫 번째 줄에 테스트 케이스의 개수를 나타내는 정수 t 가 주어진다. 두 번째 줄부터 두 개의 줄 마다 한 개의 테스트 케이스에 해당하는 데이터가 입력된다. 각 테스트 케이스의 첫 번째 줄에는 숫자 1 혹은 2 가 입력된다. 숫자가 1 인 경우에는 다음 줄에 십진수 자연수 m ($1 \le m \le 3,999$) 이 입력된다. 숫자가 2 인 경우에는 다음 줄에 로마 숫자를 나타내는 문자열이 주어진다. 로마 숫자는 영문자 대문자로만 표현되며 최대 3,999까지만 나타내며, 로마숫자를 나타내는 각 문자들 사이에는 공백이 없다. 잘못된 데이터가 입력되는 경우는 없다.

출력

출력은 표준출력(standard output)을 사용한다. 입력되는 테스트 케이스의 순서대로 다음 줄에 이어서 각 테스트 케이스의 결과를 출력한다. 각 테스트 케이스에 해당하는 출력의 첫 줄에 입력되는 데이터가 십진수인 경우에는 로마 숫자로 변환하여 출력하고, 로마 숫자가 입력되는 경우에는 십진수로 변환하여 출력한다.

입력과 출력의 예

입력	출력
4 1 26 1 94 2 DLV 2 MCMXCVIII	XXVI XCIV 555 1998

문제 46

실수 표현

C 혹은 C++ 프로그래밍 언어에서 사용되는 실수는 정수부(integral part), 소수점(decimal point), 소수부(fractional part), 그리고 지수부(exponent par) 의 네 부분으로 구성되어 있다. 예를 들어, 314.159E-2 에서 "314"는 정수부, " . "는 소수점, 소수점 아래 "159"는 소수부, 그리고 "E-2"는 지수부이다. 실수 표현에 있어서, 위의 네 부분이 모두 나타나야 되는 것은 아니며, 아래 규칙에 따라 부분적으로 생략될 수 있다.

1. 실수 표현에 있어서 정수부와 소수부는 십진수로 만들어져 있으며, 정수부 혹은 소수부는 생략될 수 있으나, 둘 다 모두 생략될 수는 없다.
2. 소수점과 지수부는 생략될 수 있지만, 둘 다 모두 생략될 수는 없다.
3. 지수부는 문자 'e' 혹은 'E' 다음에 부호 '+' 혹은 '-'가 올 수 있으며, 그 다음에 하나 이상의 십진수로 만들어진 정수로 구성되어 있다. 부호는 생략될 수 있다.

예를 들어, 아래 왼쪽 열에 있는 스트링은 위의 규칙에 맞는 실수 표현이고, 오른쪽 열에 있는 스트링은 위의 규칙에 맞지 않는 실수 표현이다.

00123.456	123456
0123.	12.34.56
.456	123,456
1.23456e+002	E+2
123456e-3	123.456e
123456.e-3	.e3
.123456e3	.

참고로 위의 규칙에 따르면, 위의 예 00123.456, 123.456e+002 에서와 같이 정수부나 지수부의 정수부분에서 제일 먼저 나오는 십진수가 0이어도 무방하다

주어진 스트링이 위에서 설명한 C/C++ 프로그래밍 언어에서 정의하는 실수 표현에 맞는 스트링인지를 판별하는 프로그램을 작성하시오.

입력

입력 파일의 이름은 "input.txt" 이다. 입력은 *t* 개의 테스트 케이스로 주어진다. 입력 파일의 첫 번째 줄에 테스트 케이스의 개수를 나타내는 정수 *t* 가 주어진다. 두 번째 줄부터 *t* 개의 줄에는 한 줄에 한 개의 테스트 케이스에 해당하는 문자 스트링이 주어진다. 입력되는 스트링은 C/C++에서 사용되는 문자들로만 만들어져 있으며, 공백문자(white space)는 포함되어 있지 않다. 입력되는 스트링의 최대 길이는 256이며, 잘못된 데이터가 입력되는 경우는 없다.

출력

출력은 표준출력(standard output)을 사용한다. 입력되는 테스트 케이스의 순서대로 다음 줄에 이어서 각 테스트 케이스의 결과를 출력한다. 각 테스트 케이스에 해당하는 출력의 첫 줄에 입력되는 문자 스트링이 C/C++ 프로그래밍 언어에서 정의하는 실수 표현의 규칙에 맞는 경우에는 1을 출력하고, 그렇지 않는 경우에는 0을 출력한다.

입력과 출력의 예

입력	출력
5 00123.456 123456.e-3 . 12.34.56 abc	1 1 0 0 0

문제 47

시이저 암호기법

문헌에 남아있는 기록으로서 최초로 암호기법을 사용한 인물은 시이저(Julius Caesar)이다. 갈리아와의 전쟁에서 군사용의 중요한 서신이나 키케로와 같은 친구들 그리고 친지들에게 비밀스러운 편지를 보낼 경우에는 편지의 내용을 암호화하여 전달했다고 전해진다. 시이저가 사용한 암호화 기법은 문자를 일정한 숫자만큼 이동시켜 암호화하는 단순한 치환암호 방식이었다. 시이저 암호화 기법이라고도 불리는 이 기법은 현재 가장 단순하면서도 많이 쓰이고 있는 암호화 기법 중의 하나이다. 예를 들어, 이동숫자를 3으로 정하는 경우, 아래 그림과 같이 영문자 A는 D로, B는 E로, C는 F로, …, X는 A로, Y는 B로, Z는 C로 치환하는 것이다.

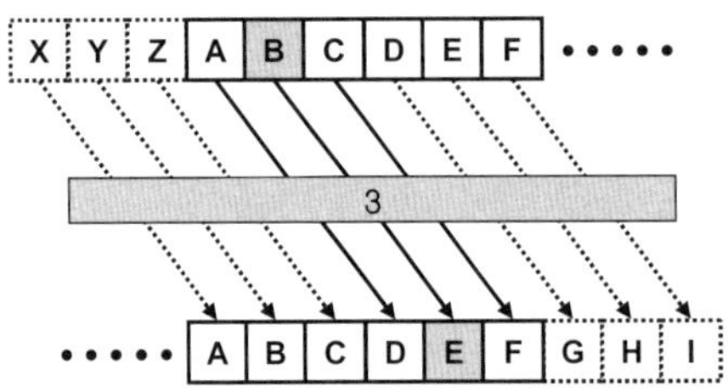

아래는 각 영문자 대문자가 이와 같이 이동숫자 3으로 치환되는 예를 나타낸다.

ABCDEFGHIJKLMNOPQRSTUVWXYZ
DEFGHIJKLMNOPQRSTUVWXYZABC

따라서 전달하고자 하는 메시지가 "SEE YOU NEXT TIME"이면, 암호문은 "VHH BRX QHAW WLPH"가 된다.

전달하고자 하는 메시지과 이동숫자가 주어졌을 때, 시이저가 사용한 암호화 기법에 따라 메시지를 암호문으로 바꾸는 프로그램을 작성하시오. 단, 메시지에서 영문자가 아닌 문자는 치환하지 않고 그대로 두며, 영문자 소문자는 소문자로, 대문자는 대문자로 치환한다. 다음은 원 메시지와 이동숫자가 5인 경우에 암호화한 메시지 예이다.

A Caesar cipher is to move each letter a number of places down the alphabet.
F Hfjxfw hnumjw nx yt rtaj jfhm qjyyjw f szrgjw tk uqfhjx itbs ymj fqumfgjy.

입력

입력 파일의 이름은 "input.txt" 이다. 입력은 t 개의 테스트 케이스로 주어진다. 입력 파일의 첫 번째 줄에 테스트 케이스의 개수를 나타내는 정수 t 가 주어진다. 두 번째 줄부터 매 두 개의 줄마다 시이저 암호화 기법을 적용할 데이터가 입력된다. 각 테스트 케이스의 첫 번째 줄에는 이동숫자를 나타내는 정수 n ($0 \le n \le 26$) 이 입력된다. 두 번째 줄에는 암호화하고자 하는 메시지가 입력된다. 메시지는 공백이 없는 스트링으로서 그 길이는 1과 100 사이이다. 잘못된 데이터가 입력되는 경우는 없다.

출력

출력은 표준출력(standard output)을 사용한다. 입력되는 테스트 케이스의 순서대로 다음 줄에 이어서 각 테스트 케이스의 결과를 출력한다. 각 테스트 케이스에 해당하는 출력의 각 줄에 시이저 암호화기법을 적용한 암호문을 출력한다. 이 때, 메시지에서 영문자가 아닌 문자는 치환하지 않고 그대로 두며, 영문자 소문자는 소문자로, 대문자는 대문자로 치환한다.

입력과 출력의 예

입력	출력
3 3 See-You-Next-Time 5 A_Caesar_cipher_is_to 1 1234567890~!@#$%^&*()	Vhh-Brx-Qhaw-Wlph F_Hfjxfw_hnumjw_nx_yt 1234567890~!@#$%^&*()

문제 48

시이저 암호문 복호기법

시이저가 사용한 암호화 기법(문제 "시이저 암호기법" 참조)은 문자를 일정한 숫자만큼 이동시켜 암호화하는 단순한 치환암호 방식이었다. 예를 들어, 이동숫자를 3으로 정하는 경우, 영문자 A는 D로, B는 E로, C는 F로, …, X는 A로, Y는 B로, Z는 C로 치환하는 것이다. 아래는 각 영문자 대문자가 이와 같이 이동숫자 3으로 치환되는 예를 나타낸다.

ABCDEFGHIJKLMNOPQRSTUVWXYZ
DEFGHIJKLMNOPQRSTUVWXYZABC

따라서 전달하고자 하는 메시지가 "SEE YOU NEXT TIME"이면, 암호문은 "VHH BRX QHAW WLPH"가 된다.

시이저 암호기법과 같은 암호화 방법에 따라 만들어진 암호문을 원문으로 복호하기 위해서는 암호문을 작성할 때 사용한 이동숫자(혹은 키, key)를 알면 된다. 그러나 키가 알려져 있지 않으므로, 1에서 25사이의 모든 키를 적용시켜서 복호화된 문장을 읽어 본 후, 의미 있는 문장으로 복호화한 키가 암호화할 때 사용한 키임을 알 수 있다. 예를 들어, 암호문이 "Wii Csy Ribx Xmqi" 인 경우, 1~25사이의 모든 키를 사용하여 복호화하면 다음과 같은 메시지를 구할 수 있다. 이때, 영문자 대문자는 대문자로 치환하며, 소문자는 소문자로 치환하였다.

키	복호된 메시지
0	Wii Csy Ribx Xmqi
1	Vhh Brx Qhaw Wlph
2	Ugg Aqw Pgzv Vkog
3	Tff Zpv Ofyu Ujnf
4	See You Next Time
5	Rdd Xnt Mdws Shld
…	…
23	Zll Fvb Ulea Aptl
24	Ykk Eua Tkdz Zosk
25	Xjj Dtz Sjcy Ynrj

따라서, 암호문을 작성할 때 사용한 키는 4임을 알 수 있다. 그러나, 복호화하는 작업을 컴퓨터를 이용하여 자동화하는 경우에는 복호된 메시지가 의미있는 문장임을 분석하는 것이 결코 쉬운 작업이 아니라는 문제점이 발생한다.

또 다른 복호방법으로서는 빈도수 분석(frequency analysis) 기법이 있으며, 이 기법은 9세기 경에 아랍에서 제일 먼저 개발되었다고 알려져 있다. 빈도수 분석에서는 그 알파벳을 사용하는 언어에서 알파벳의 각 문자가 사용되는 통계적인 분포(특히 각 문자의 사용 빈도수)를 이용하여, 시이저 암호문에서도 같은 형태의 통계적인 분포가 존재할 것이라는 사실을 이용하는 것이다. 예를 들어, 영어에서 가장 많이 나타나는 문자는 'E'이고 그 다음으로 빈번하게 나타나는 문자는 'T'이다. 따라서 어느 정도 긴 암호문에서 가장 많이 나타나는 문자가 있다면, 이 문자는 'E'가 암호화된 것으로 가정할 수 있고, 이 암호문자와 'E'사이의 문자의 수가 암호문을 작성하는데 사용된 키가 될 확률이 매우 높은 것이다.

이러한 빈도수 분석에 의하여 암호문을 해독하는 것은 셜록 홈즈의 "춤추는 인형그림의 비밀"편에서 사용되어 널리 알려지게 되었다. 아래 그림에서는 이 소설에서 나타나는 인형그림을 통한 암호문들이다.

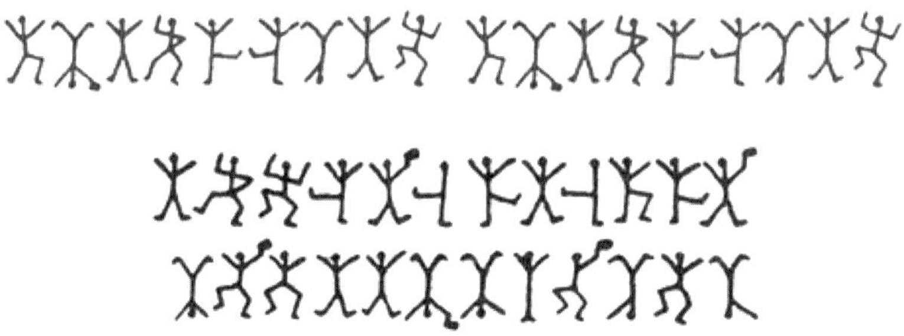

각 인형그림은 하나의 알파벳을 나타내는 것으로 가정하면, 가장 빈번하게 나타나는 그림이 'E'라고 가정할 수 있으며, 그 다음으로 자주 나타나는 그림은 'T'를 나타낸다고 생각할 수 있다. 이렇게 각 문자가 암호문에서 나타나는 빈도수를 실제 영어에서 사용되는 각 알파벳의 빈도수와 비교하면, 아래 그림과 같이 각 춤추는 그림에 대응하는 알파벳을 찾을 수 있다. 따라서, 각 춤추는 그림에 해당하는 알파벳을 대응시켜보면 암호문을 해독할 수 있다.

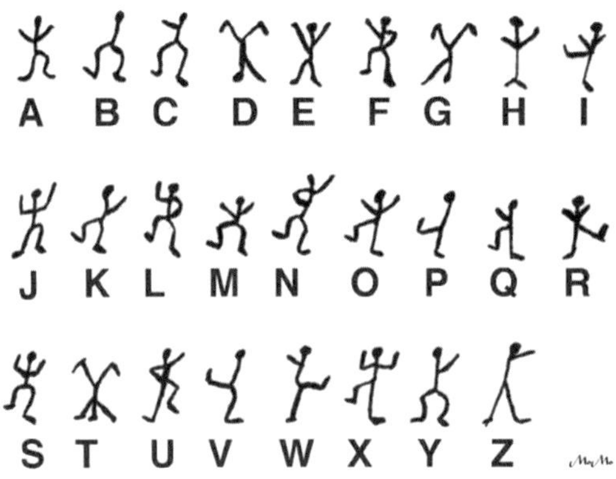

실제로 영어에서 나타나는 각 알파벳의 빈도수를 백분율(%)로 나타낸 것은 아래 표와 같다.

A = 8.167	J = 0.153	S = 6.327
B = 1.492	K = 0.772	T = 9.056
C = 2.782	L = 4.025	U = 2.758
D = 4.253	M = 2.406	V = 0.978
E = 12.702	N = 6.749	W = 2.360
F = 2.228	O = 7.507	X = 0.150
G = 2.015	P = 1.929	Y = 1.974
H = 6.094	Q = 0.095	Z = 0.074
I = 6.996	R = 5.987	

이 표에서 보면, 영어에서는 문자 E, T, A, O, I, N, S, H, … 순서로 자주 나타남을 알 수 있다.

빈도수 분석에 의하여 암호문을 복호하고자 할 경우에 사용되는 통계적인 방법은 다음과 같이 카이-제곱(Chi-square)을 이용하는 방법이 가장 널리 사용되고 있다. 이 방법에서는 먼저 모든 키(key)에 대하여 암호문을 복호한 다음, 복호된 메시지에서 각 문자의 빈도수를 위 표의 실제 알파벳의 빈도수와 비교하여, 그 카이-제곱 값이 작게 되는 키 값을 선택하는 것이다.

1. f_e(c)를 영어 알파벳의 각 문자 c 의 빈도수의 백분율이라 하자.
2. f_m(c)를 암호문에서 나타나는 알파벳의 각 문자 c 의 빈도수의 백분율이라 하자
3. 시이저 암호기법에 사용할 수 있는 키(key) 값으로는 0~25가 있다. 각 키 값에 대해서 다음을 수행한다.

3.1. 알파벳에 속하는 각 문자 c 에 대하여,

(1) c를 키 값만큼 이동시킨 문자가 암호문에서 나타나는 빈도수의 제곱을 c가 영어에서 나타나는 빈도수로 나눈 값을 계산한다.

(2) 위에서 각 문자에 대하여 계산된 값을 모두 더한다. 즉, 아래 값을 계산한다. 여기에서 함수 shift(c, key) 는 문자 c를 key 만큼 이동한 문자를 나타낸다.

$$\text{KaiSquare}(key) = \sum_c (f_m(\text{shift}(c, key)))^2 / f_e(c)$$

4. 암호문 작성에 사용된 키 값은 위의 식에서 KaiSquare( ) 값이 가장 적은 키 값이다.

예를 들어, 아래 암호화된 메시지에 나타나는 각 알파벳의 빈도수를 계산하면, 아래 표와 같다.

F Hfjxfw hnumjw nx yt rtaj jfhm qjyyjw f szrgjw tk uqfhjx itbs ymj fqumfgjy.

문자	A	B	C	D	E	F	G	H	I
빈도수	1	1	0	0	0	8	2	4	1
백분율	1.639	1.639	0.000	0.000	0.000	13.115	3.279	6.557	1.639

문자	J	K	L	M	N	O	P	Q	R
빈도수	10	1	0	4	2	0	0	3	2
백분율	16.393	1.639	0.000	6.557	3.279	0.000	0.000	4.918	3.279

문자	S	T	U	V	W	X	Y	Z	
빈도수	2	4	3	0	4	3	5	1	
백분율	3.279	6.557	4.918	0.000	6.557	4.918	8.197	1.639	

위 표를 보면 암호문에서 문자 J의 빈도수가 가장 높은 것을 알 수 있으며, 이는 문자 E임을 추측할 수 있다. 따라서 키는 5임을 추측할 수 있다.

가장 빈도수가 높은 한 문자를 문자 'E'로 대응시키는 위의 방법보다 더 정확하게 키 값을 계산하기 위해서는 카이-제곱 알고리즘을 적용해 보면 알 수 있다. 키 값이 5일 경우의 카이-제곱 값은

$$\text{KaiSquare}(5) = \frac{(13.115)^2}{8.167} + \frac{(3.279)^2}{1.492} + \frac{(6.557)^2}{2.782} + \cdots + \frac{(0.000)^2}{1.974} + \frac{(0.000)^2}{0.074} = 128.931$$

이며, 이 값이 어느 키 값보다 작음을 확인할 수 있다. 따라서, 키 값 5를 이용하여 위의 암호문을 복호하면 다음과 같다.

A Caesar cipher is to move each letter a number of places down the alphabet.

영어에서 각 알파벳의 빈도수와 카이-제곱 알고리즘을 이용하여 시이저 암호기법으로 암호화된 메시지를 복호하는 프로그램을 작성하시오.

입력

입력 파일의 이름은 "input.txt" 이다. 입력은 t 개의 테스트 케이스로 주어진다. 입력 파일의 첫 번째 줄에 테스트 케이스의 개수를 나타내는 정수 t 가 주어진다. 두 번째 줄부터 t 개의 줄에는 한 줄에 한 개의 테스트 케이스에 해당하는 시이저 암호화 기법을 적용한 암호문이 나타난다. 암호문의 길이는 최소 1이며, 최대 500이다. 암호문은 공백이 없는 스트링으로서, 이 암호문을 작성하는데 사용된 원 메시지에는 영어 알파벳 이외에도 숫자나 기타의 다른 문자가 포함되어 있다. 또한 암호문을 작성할 때, 알파벳 이외의 문자는 암호화하지 않고 영어 알파벳만 암호화하였으며, 영어 알파벳의 대문자는 대문자로, 소문자는 소문자로 치환하였다. 잘못된 데이터가 입력되는 경우는 없다.

출력

출력은 표준출력(standard output)을 사용한다. 입력되는 테스트 케이스의 순서대로 다음 줄에 이어서 각 테스트 케이스의 결과를 출력한다. 각 테스트 케이스에 해당하는 출력의 각 줄에 입력되는 암호문을 복호화한 원 메시지를 출력한다. 단, 카이-제곱을 이용하여 복호화할 경우에, 같은 카이-제곱을 값을 가지는 키 값이 여러 개 나오는 경우에는 가장 작은 키 값으로 복호한다.

입력과 출력의 예

입력
5 VHH_BRX_QHAW_WLPH F_Hfjxfw_hnumjw_nx_yt_rtaj_jfhm_qjyyjw_f_szrgjw_tk_uqfhjx_itbs_ymj_fqumfgjy. a abc abcd

출력
GSS_MCI_BSLH_HWAS A_Caesar_cipher_is_to_move_each_letter_a_number_of_places_down_the_alphabet. e rst rstu

비즈네르 암호기법

문제 "시이저 암호기법"에서 다루었던 시이저 암호기법을 통하여 만들어진 암호문에는 문자의 통계적인 정보가 암호문에 남아 있어서, 빈도수 분석(문제 "시이저 암호문 복호기법" 참조)과 같은 방법에 의하여 쉽게 복호될 수 있다. 이러한 통계적인 정보를 거의 없애는 암호기법이 1586년 프랑스 외교관 비즈네르(Blaise de Vigenere)의해서 개발되었다. 이 암호기법은 시이저 암호기법과 같이 매우 이해하기 쉽고, 또한 구현하기도 쉽다.

비즈네르 암호기법에서는 다음 그림과 같은 비즈네르 암호표를 사용하는데, 이 표에는 가로와 세로로 각각 26개의 영어 알파벳 대문자가 있으며, 한 행에 있는 알파벳은 이전 행에 있는 알파벳을 왼쪽으로 한 문자를 이동시킨 것과 동일하다.

암호키 문자

메시지 문자

	A	B	C	D	E	F	G	H	I	J	K	L	M	N	O	P	Q	R	S	T	U	V	W	X	Y	Z
A	A	B	C	D	E	F	G	H	I	J	K	L	M	N	O	P	Q	R	S	T	U	V	W	X	Y	Z
B	B	C	D	E	F	G	H	I	J	K	L	M	N	O	P	Q	R	S	T	U	V	W	X	Y	Z	A
C	C	D	E	F	G	H	I	J	K	L	M	N	O	P	Q	R	S	T	U	V	W	X	Y	Z	A	B
D	D	E	F	G	H	I	J	K	L	M	N	O	P	Q	R	S	T	U	V	W	X	Y	Z	A	B	C
E	E	F	G	H	I	J	K	L	M	N	O	P	Q	R	S	T	U	V	W	X	Y	Z	A	B	C	D
F	F	G	H	I	J	K	L	M	N	O	P	Q	R	S	T	U	V	W	X	Y	Z	A	B	C	D	E
G	G	H	I	J	K	L	M	N	O	P	Q	R	S	T	U	V	W	X	Y	Z	A	B	C	D	E	F
H	H	I	J	K	L	M	N	O	P	Q	R	S	T	U	V	W	X	Y	Z	A	B	C	D	E	F	G
I	I	J	K	L	M	N	O	P	Q	R	S	T	U	V	W	X	Y	Z	A	B	C	D	E	F	G	H
J	J	K	L	M	N	O	P	Q	R	S	T	U	V	W	X	Y	Z	A	B	C	D	E	F	G	H	I
K	K	L	M	N	O	P	Q	R	S	T	U	V	W	X	Y	Z	A	B	C	D	E	F	G	H	I	J
L	L	M	N	O	P	Q	R	S	T	U	V	W	X	Y	Z	A	B	C	D	E	F	G	H	I	J	K
M	M	N	O	P	Q	R	S	T	U	V	W	X	Y	Z	A	B	C	D	E	F	G	H	I	J	K	L
N	N	O	P	Q	R	S	T	U	V	W	X	Y	Z	A	B	C	D	E	F	G	H	I	J	K	L	M
O	O	P	Q	R	S	T	U	V	W	X	Y	Z	A	B	C	D	E	F	G	H	I	J	K	L	M	N
P	P	Q	R	S	T	U	V	W	X	Y	Z	A	B	C	D	E	F	G	H	I	J	K	L	M	N	O
Q	Q	R	S	T	U	V	W	X	Y	Z	A	B	C	D	E	F	G	H	I	J	K	L	M	N	O	P
R	R	S	T	U	V	W	X	Y	Z	A	B	C	D	E	F	G	H	I	J	K	L	M	N	O	P	Q
S	S	T	U	V	W	X	Y	Z	A	B	C	D	E	F	G	H	I	J	K	L	M	N	O	P	Q	R
T	T	U	V	W	X	Y	Z	A	B	C	D	E	F	G	H	I	J	K	L	M	N	O	P	Q	R	S
U	U	V	W	X	Y	Z	A	B	C	D	E	F	G	H	I	J	K	L	M	N	O	P	Q	R	S	T
V	V	W	X	Y	Z	A	B	C	D	E	F	G	H	I	J	K	L	M	N	O	P	Q	R	S	T	U
W	W	X	Y	Z	A	B	C	D	E	F	G	H	I	J	K	L	M	N	O	P	Q	R	S	T	U	V
X	X	Y	Z	A	B	C	D	E	F	G	H	I	J	K	L	M	N	O	P	Q	R	S	T	U	V	W
Y	Y	Z	A	B	C	D	E	F	G	H	I	J	K	L	M	N	O	P	Q	R	S	T	U	V	W	X
Z	Z	A	B	C	D	E	F	G	H	I	J	K	L	M	N	O	P	Q	R	S	T	U	V	W	X	Y

비즈네르 암호기법에서는 키 값으로 영어단어를 선택하고, 이 키를 메시지의 길이가 되도

록 반복한다. 예를 들어, 메시지가 "The Vigenre cipher is very simple and powerful."이고, 암호 키가 "Vigenre"인 경우에, 암호 키를 메시지 길이만큼 반복하면 다음 표와 같다. 비즈네르 암호기법에서는 메시지와 반복된 키의 같은 위치에 있는 두 문자를 이용하여, 위 암호표에서 하나의 암호문자를 추출하고, 그 문자를 암호문자로 사용한다. 위 암호표를 참조할 경우에는 키와 메시지에 있는 영문자는 모두 대문자로 바꾸어서 참조한다. 그러나, 메시지를 암호문을 바꿀 경우에는, 대문자는 대문자로, 소문자는 소문자로 바꾼다. 또한, 메시지에 영문자가 아닌 문자가 있는 경우에는, 바꾸지 않고 그대로 둔다.

메시지	The-Vigenre-cipher-is-very-simple-and-powerful.
반복된 키	VigenreVigenreVigenreVigenreVigenreVigenreViger
암호문	Opk-Izkzvxi-tmkpkv-zw-dkvl-wduvpr-eil-tbnimnap.

예를 들어, 메시지와 반복된 키의 제일 첫 번째 문자는 각각 'T'와 'V' 이다. 위 암호표에서 'T'행과 'V'열(혹은 'V'행과 'T'열)에 위치한 문자를 찾으면 'O'이고, 이 문자가 메시지 문자 'T'에 대응되는 암호 문자이다. 또한 메시지와 키의 두 번째 문자는 각각 'h'와 'i' 이며, 위 암호표에서 'H'행과 'I'열에 위치한 문자는 'P'이며, 메시지에서와 같이 소문자로 바꾼 'p'가 'h'에 대응되는 암호 문자이다. 이와 같은 방법으로 메시지를 암호화하면 위 표와 같다. 여기서, 영문자가 아닌 '-' 나 '.' 는 바꾸지 않고 그대로 둔다.

또한 암호문이 주어졌을 때, 키 값이 알려져 있는 경우에는, 키의 문자에 해당되는 열에서 암호문자를 만들어 내는 행에 해당되는 문자를 찾으면 된다. 예를 들어, 위의 표에서 키와 암호문의 첫 번째 문자는 각각 'V'와 'O'이다. 따라서, 위 암호표에서 'V'열에서 'O'문자가 위치하는 행은 'T'행 임을 알 수 있다. 따라서 'T' 가 원래 메시지의 첫 번째 문자이다. 또한 키와 암호문의 두 번째 문자는 각각 'i'와 'p' 이고, 위 암호표에서 'I'열에서 'P'문자가 위치하는 행은 'H' 행이다. 따라서 문자 'h'가 원래 메시지에서 두 번째 문자가 된다.

이러한 비즈네르 암호기법은 테이블을 참조하는 방식 대신에 수식으로 표현할 수 있다. 영문자 A~Z를 각각 숫자 0~25값을 가진다고 하면, 비즈네르 암호기법으로 메시지 문자 M_i 와 키 문자 K_i에 의한 암호문자 C_i 는, 다음 식으로 구할 수 있다.

$$C_i \equiv (M_i + K_i) \bmod 26$$

또한, 비즈네르 암호문을 복호하는 식은 다음과 같다.

$$M_i \equiv (C_i - K_i + 26) \mod 26$$

여기서, mod 는 정수의 나머지 연산으로서, C/C++에서 '%' 연산자와 동일하다.

메시지와 키가 주어졌을 때, 메시지를 위에서 설명한 비즈네르 암호기법에 의하여 암호문으로 바꾸거나, 비즈네르 암호기법으로 만들어진 암호문 과 키가 주어졌을 때 암호문을 원래의 메시지로 복호화하는 프로그램을 작성하시오.

입력

입력 파일의 이름은 "input.txt" 이다. 입력은 t 개의 테스트 케이스로 주어진다. 입력 파일의 첫 번째 줄에 테스트 케이스의 개수를 나타내는 정수 t 가 주어진다. 두 번째 줄부터 매 두 개의 줄마다 비즈네르 암호화 기법을 적용할 데이터가 입력된다. 각 테스트 케이스의 첫 번째 줄에는 암호키와 하나의 정수 k 가 주어진다. 암호키와 정수 사이에는 한 개의 공백이 있다. 암호키는 영문자로만 만들어진 스트링이며, 이 스트링의 길이는 최소 1이며 최대 100이다. 정수 k 가 1일 경우에는 암호키를 이용하여 다음 줄에서 입력되는 메시지를 암호문으로 바꾸며, 정수 k 가 2일 경우에는 암호키를 이용하여 다음 줄에 입력되는 암호문을 메시지로 복호한다. 두 번째 줄에는 암호화하고자 하는 메시지나 복호하고자 하는 암호문이 입력된다. 두 번째 줄에 입력되는 메시지 혹은 암호문은 공백이 없는 스트링으로서 그 길이는 1과 500사이이다. 잘못된 데이터가 입력되는 경우는 없다.

출력

출력은 표준출력(standard output)을 사용한다. 입력되는 테스트 케이스의 순서대로 다음 줄에 이어서 각 테스트 케이스의 결과를 출력한다. 각 테스트 케이스에 해당하는 출력의 첫 줄에 비즈네르 암호화 기법에 의하여 만들어진 암호문을 출력하거나, 암호문을 복호화한 메시지를 출력한다.

입력과 출력의 예

입력
3 Table 1 SeeYouNextTime Vigenre 1 The-Vigenre-cipher-is-very-simple-and-powerful. Vigenre 2 Opk-Izkzvxi-tmkpkv-zw-dkvl-wduvpr-eil-tbnimnap.

출력
LefJsnNfixMinp Opk-Izkzvxi-tmkpkv-zw-dkvl-wduvpr-eil-tbnimnap. The-Vigenre-cipher-is-very-simple-and-powerful.

문제 50

숫자의 진법 변환

우리는 일상생활에서 숫자를 표현할 때 십진법을 사용하고 있다. 십진법에서는 숫자를 '0', '1', '2', …, '9' 등 10 개의 문자를 사용하여 숫자를 표현한다. 컴퓨터에서는 이러한 십진법 이외에 문자 '0' 과 '1' 을 사용하여 숫자를 표현하는 2진법, 문자 '0', '1', …, '7' 등 7 개의 문자를 사용하여 숫자를 표현하는 팔진법도 많이 사용한다. 또한 십진법에서 사용하는 10 개의 문자 이외에 영문자 'a', 'b', 'c', 'd', 'e', 'f' 등의 6 개의 문자를 추가하여 총 16 개의 문자를 사용하는 16진법으로 숫자를 표현하기도 한다. 여기서 문자 'a'는 10을, 'b'는 11을 그리고 문자 'c', 'd', 'e', 'f' 는 각각 12, 13, 14, 15에 대응하는 문자이다.

이러한 숫자 표현법을 일반화하여 다음과 같이 k-진법($2 \le k \le 16$)을 정의할 수 있다. 10보다 작거나 같은 k에 대하여, k-진법에서는 숫자를 1부터 k까지만 사용한다. 또한 10보다 큰 k에 대하여, k-진법에서는 숫자를 1부터 10까지 사용하며, 그 이외에는 영문자 'a', 'b', 'c', 'd', 'e', 'f'를 순서대로 필요한 만큼 추가하여 사용한다. 예를 들어, 13진법에서는 처음의 영문자 'a', 'b', 'c'를 숫자 10, 11, 12에 대응하여 사용한다.

임의의 진법으로 표현된 숫자가 주어졌을 때, 그 수를 다른 진법의 수로 변환하는 프로그램을 작성하시오. 이를 위해서는 먼저 주어진 숫자를 10진수로 변환한 다음에 그 10진수를 다른 진법으로 변환하면 쉽게 해결할 수 있다.

입력

입력 파일의 이름은 "input.txt" 이다. 입력은 t 개의 테스트 케이스로 주어진다. 입력 파일의 첫 번째 줄에는 테스트 케이스의 개수를 나타내는 정수 t 가 주어진다. 두 번째 줄부터 t 개의 줄에는 한 줄에 한 개의 테스트 케이스에 해당하는 세 개의 정수 s n t 가 주어진다. 첫 번째와 세 번째 데이터는 몇 진법인지를 나타나내는 자연수 s t ($2 \le s, t \le 16$) 이고, 두 번째 데이터는 s-진법으로 표현한 정수 n ($1 \le n \le 2^{31}-1$)이다. s-진법으로 표현된 두 번째 정수 n 을 t-진법의 수로 변환하여야 한다. 입력되는 세 수들 사이에는 한 개의 공백이 있으며, 잘못된 데이터가 입력되는 경우는 없다.

출력

출력은 표준출력(standard output)을 사용한다. 입력되는 테스트 케이스의 순서대로 다음 줄에 이어서 각 테스트 케이스의 결과를 출력한다. 각 테스트 데이터의 결과는 입력되는 자연수를 주어진 진법의 자연수로 변환하여 출력한다.

입력과 출력의 예

입력	출력
3 2 11111111 10 2 111011111000101101001011 10 10 15698763 16	255 15698763 ef8b4b

문제 51

체크썸 (Checksum)

컴퓨터 내부에서 데이터가 한 저장장치에서 다른 장소로 이동하거나, 혹은 통신 시스템을 통하여 컴퓨터들 간에 데이터가 전송될 때, 데이터가 손상(데이터 비트가 1에서 0으로 혹은 0에서 1로 변경되는 경우)되는 경우가 발생한다. 이와 같이 데이터가 전송되는 동안 이 데이터가 손상되었는지를 검사하는 가장 기초적인 방법은 데이터 내부에 전송오류를 검출할 수 있는 작은 크기의 데이터를 추가하는 방법이다. 이러한 방법을 중복검사(redundancy check)라고 한다. 중복검사에서 가장 간단한 형태는 패리티 비트(parity bit), 체크썸(checksum), 해밍코드(Hamming code) 등이 있으며, 조금 더 복잡한 형태로는 CRC(cyclic redundancy check, 순환중복검사), MD5(message-digest algorithm 5), SHA(secure hash algorithm) 등이 있다.

체크썸은 중복검사 중에서 가장 단순한 형태로서, 전송될 데이터를 8-비트(바이트), 16-비트, 24-비트, 혹은 32-비트 등의 단위로 나누고, 나누어진 데이터 값을 모두 더한 값을 전송할 데이터의 끝부분에 추가하여 전송하는 기법이다. 데이터를 수신하는 측에서는 수신된 데이터를 송신측에서 작업한 것과 같은 작업을 반복하여 작은 단위로 나누어진 데이터의 합을 계산한다. 이 합이 수신된 데이터의 끝부분에 추가된 체크썸과 같은 지를 검사하여 수신된 데이터에 손상이 있는지의 여부를 판단하게 된다. 이 체크썸에도 구현 방법에 따라 여러가지의 변형이 있을 수 있다. 다음의 예는 그 중의 한 가지 방법이다.

1. 송/수신되는 데이터의 크기는 32-비트이며, 데이터를 8-비트(바이트) 단위로 나누어서 체크썸을 계산한다.
2. 32-비트 중에서 실제 데이터는 높은 자리를 차지하는 3-바이트이며, 체크썸은 가장 낮은 자리를 차지하는 한 바이트에 수록한다.
3. 체크썸을 계산할 때는 먼저 실제 데이터가 수록된 3-바이트를 바이트 단위로 나누고, 그 바이트 값을 모두 더한다.
4. 더한 값이 256보다 크거나 같은 경우에는, 그 값이 256 보다 작아질 때까지, 256을 계속해서 뺀다.
5. 최종적으로 단계 4에서 계산한 값을 255에서 뺀 값을 체크썸 값으로 정한다.

위의 체크썸을 계산하는 방법에서, 체크썸을 단순히 작은 단위로 나누어진 데이터 값을 모두 더한 값으로 정하지 않고, 위의 단계 5에서와 같이 그 단위에서 나타낼 수 있는 가장 큰 값에서 데이터를 모두 더한 값을 뺀 값을 체크썸으로 정하는 경우도 있다. 이와 같은 경우는, 수신되는 데이터가 모두 0으로 손상된 경우에도, 정상적인 데이터로 판단하는 것을 방지하기 위한 것이다.

예를 들어, 다음과 같은 경우는 오류가 없이 정상적으로 수신된 데이터이다. 왼쪽에 있는 숫자는 32-비트 데이터를 십진수로 나타낸 것이고, 오른쪽은 그 십진수를 4개의 바이트 단위로 나누고, 바이트 내부에 저장되어 있는 값을 십진수로 나타낸 것이다.

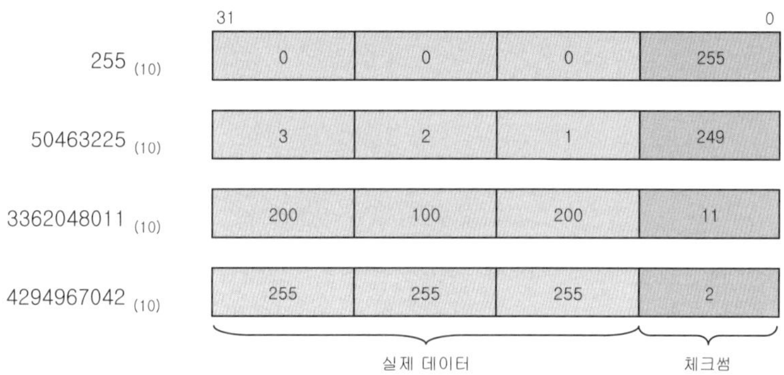

수신된 32-비트 데이터가 전송 도중에 손상되지 않고 전송되었는지를 판단하는 프로그램을 작성하시오. 단, 데이터의 구조와 체크썸 계산 방법은 위의 예에서 제시한 방법에 따른다.

입력

입력 파일의 이름은 "input.txt" 이다. 입력은 t 개의 테스트 케이스로 주어진다. 입력 파일의 첫 번째 줄에 테스트 케이스의 개수를 나타내는 정수 t 가 주어진다. 두 번째 줄부터 t 개의 줄에는 한 줄에 한 개의 테스트 케이스에 해당하는 십진수로 표현된 한 개의 정수 n ($0 \le n \le 2^{32}-1$) 이 주어진다. 잘못된 데이터가 입력되는 경우는 없다.

출력

출력은 표준출력(standard output)을 사용한다. 입력되는 테스트 케이스의 순서대로 다음 줄에 이어서 각 테스트 케이스의 결과를 출력한다. 각 테스트 케이스에 해당하는 출력의 첫 줄에 입력되는 데이터가 전송 도중에 손상되지 않고 전송된 경우는 1을 출력하고, 그렇지 않은 경우는 0을 출력한다.

입력과 출력의 예

입력	출력
3 0 50463225 3362048011	0 1 1

MyCheckSum.h

```
#ifndef _MY_CHECKSUM_H_
#define _MY_CHECKSUM_H_

class MyCheckSum
{
public:
    // constructors
    MyCheckSum ();
    MyCheckSum (unsigned int val);

    // accessor/mutator functions
    unsigned int getValue() const;
    void setValue(unsigned int val);

    // utility function
    bool isCorrect() const;

private:
    unsigned int value;
};

#endif // _MY_CHECKSUM_H_
```

MyCheckSum.cpp

```
#include "MyCheckSum.h"

// constructors
MyCheckSum::MyCheckSum ()
:value(0)
```

```
{
}

MyCheckSum::MyCheckSum (unsigned int val)
:value(val)
{
}

// accessor function
unsigned int MyCheckSum::getValue () const
{
    return value;
}

// mutator function
void MyCheckSum::setValue (unsigned int val)
{
    value = val;
}

// utility function
bool MyCheckSum::isCorrect() const
{
}
```

TestMyCheckSum.cpp

```
#include <iostream>
#include <fstream>
#include <cstdlib>
#include "MyCheckSum.h"
using namespace std;

void main()
{
    ifstream inStream;
    int numTestCases;

    inStream.open("input.txt");
    if (inStream.fail())
    {
        cerr << "Input file opening failed.\n";
        exit(1);
    }

    inStream >> numTestCases;

    for(int i=0; i<numTestCases; i++)
    {
        unsigned int num;

        inStream >> num;

        MyCheckSum checkValue(num);

        cout << checkValue.isCorrect() << endl;
    }

    inStream.close();
}
```

문제 52

해밍 거리 (Hamming Distance)

해밍(Richard W. Hamming)은 1940년대 중반부터 컴퓨터/정보이론, 통신이론 연구분야에 참여하여 많은 기초이론을 개발한 수학자로서, 해밍이 처음 개발한 정보이론이나 통신이론에는 해밍의 이름을 붙인 용어들이 많이 존재한다.

어떤 이진수가 주어졌을 때, 이 이진수에 있는 1의 개수를 해밍 무게(Hamming weight)라고 한다. 예를 들어, 이진수 111010110111100110100010101 의 해밍 무게는 16이다. 또한, 두 이진수가 주어졌을 때, 두 이진수에서 같은 자리수 0 또는 1의 값이 서로 다른 자리수의 개수를 해밍 거리(Hamming distance)라고 한다.

예를 들어, 다음 두 이진수의 해밍 거리는 15이다. 아래 이진수의 밑줄 친 부분이 두 이진수에서 같은 자리수의 0 또는 1의 값이 서로 다른 경우를 나타낸다.

$$123456789_{(10)} = 000111010110111100110100010101_{(2)}$$
$$987654321_{(10)} = 111010110111100110100010110001_{(2)}$$

두 개의 십진수가 주어졌을 때, 이 수를 이진수로 나타내었을 경우에, 이 두 이진수의 각각의 해밍 무게와 이 두 이진수 간의 해밍 거리를 계산하는 프로그램을 작성하시오.

입력

입력 파일의 이름은 "input.txt" 이다. 입력은 t 개의 테스트 케이스로 주어진다. 입력 파일의 첫 번째 줄에 테스트 케이스의 개수를 나타내는 정수 t 가 주어진다. 두 번째 줄부터 t 개의 줄에는 한 줄에 한 개의 테스트 케이스에 해당하는 두 개의 정수 m n $(0 \le m, n \le 2^{31}-1)$ 이 주어진다. 두 정수 사이에는 한 개의 공백이 있으며, 잘못된 데이터가 입력되는 경우는 없다.

출력

출력은 표준출력(standard output)을 사용한다. 입력되는 테스트 케이스의 순서대로 다음 줄에 이어서 각 테스트 케이스의 결과를 출력한다. 각 테스트 케이스에 해당하는 출력의 첫 줄에 입력되는 두 개의 십진수를 이진수로 표현하였을 때, 각 이진수의 해밍 무게를 입력되는 순서대로 출력하고, 또한 두 이진수 간의 해밍 거리를 출력한다. 출력되는 세 정수 사이에는 한 개의 공백을 둔다.

입력과 출력의 예

입력	출력
3 123456789 987654321 1 2 1 123456789	16 17 15 1 1 2 1 16 15

MyHammingDistance.h

```
#ifndef _MY_HAMMING_DISTANCE_H_
#define _MY_HAMMING_DISTANCE_H_

class MyBinaryNumber
{
public:
    // constructors
    MyBinaryNumber ();
    MyBinaryNumber (unsigned int val);

    // accessor/mutator functions
    unsigned int getValue() const;
    void setValue(unsigned int val);

    // utility function
    int getHammingWeight() const;
    int getHammingDistance(const MyBinaryNumber& bn) const;

private:
    unsigned int value;
    MyBinaryNumber xor(const MyBinaryNumber& bn) const;
};

#endif // _MY_HAMMING_DISTANCE_H_
```

MyHammingDistance.cpp

```
#include "MyHammingDistance.h"

#define XOR(a,b) (!(a)^!(b))

// constructors
MyBinaryNumber::MyBinaryNumber ()
:value(0)
{
}

MyBinaryNumber::MyBinaryNumber (unsigned int val)
:value(val)
{
}

// accessor functions
unsigned int MyBinaryNumber::getValue () const
{
    return value;
}

// mutator functions
void MyBinaryNumber::setValue (unsigned int val)
{
    value = val;
}

// 어떤 정수의 해밍 무게를 계산하는 함수
int MyBinaryNumber::getHammingWeight() const
{
}

// comptue Hamming Distance
int MyBinaryNumber::getHammingDistance(const MyBinaryNumber& bn) const

{
}
```

TestMyHammingDistance.cpp

```
#include <iostream>
#include <fstream>
#include <cstdlib>
#include "MyHammingDistance.h"
using namespace std;

void main()
{
    ifstream inStream;
    int numTestCases;

    inStream.open("input.txt");
    if (inStream.fail())
    {
        cerr << "Input file opening failed.\n";
        exit(1);
    }
```

```
    inStream >> numTestCases;

    for(int i=0; i<numTestCases; i++)
    {
        unsigned int num1, num2;

        inStream >> num1 >> num2;

        MyBinaryNumber bn1(num1), bn2(num2);

        cout << bn1.getHammingWeight() << " " << bn2.getHammingWeight() << " "
            << bn1.getHammingDistance(bn2) << endl;
    }

    inStream.close();
}
```

문제 53

해밍 코드 (Hamming Code)

컴퓨터 내부에서 데이터가 한 저장장치에서 다른 장소로 이동하거나, 혹은 통신 시스템을 통하여 컴퓨터들 간에 데이터가 전송될 때, 데이터가 손상(데이터 비트가 1에서 0으로, 혹은 0에서 1로 변경되는 경우 등)되는 경우가 발생한다. 이러한 데이터의 손상을 검출하는 가장 간단한 방법은 패리티 비트를 데이터에 추가하여 전송하는 방법이다(문제 "패리티 비트" 참조). 그러나 패리티 비트는 한 개의 비트에서 오류가 발생하면 그 오류를 검출할 수 있을 뿐이며, 두 개 이상 비트에서 오류가 발생하면 그 오류를 검출하지 못한다. 또한 전송된 데이터의 한 개의 비트에서 오류가 발생하였다는 것을 검출하더라도 어느 비트에서 오류가 발생하였는지는 판단하지 못한다. 이러한 패리티 비트의 단점을 보완하는 방법 중에는 해밍(Richard W. Hamming)이 개발한 해밍 코드(Hamming code)가 있다. 해밍 코드를 이용하면 하나의 비트에서 오류가 발생하는 경우에는 그 비트의 위치를 정확하게 알 수 있으며, 또한 두 개의 비트에서 오류가 발생하는 경우에도 그 오류를 검출할 수 있다.

다음 그림에서와 같이 해밍 코드에는 데이터 내부에 여러 개의 패리티 비트가 첨가되어 있다. 다음은 일반적인 해밍 코드에서 패리 비트를 사용하는 방법에 대하여 설명한다. 데이터에서 가장 낮은 자리의 비트의 위치를 1로 정하고, 자리가 한 자리씩 높아질수록 그 위치를 2, 3, 4, … 으로 부여한다.

1. 데이터에서 2의 거듭제곱이 되는 위치(예를 들어, 1, 2, 4, 8, 16, 32, 64 등)의 비트는 모두 패리티 비트로 사용된다.
2. 다른 모든 위치의 비트는 실제 데이터를 위하여 사용된다.
3. 각 위치의 패리티 비트는 해밍 코드의 특정 위치에 있는 비트들의 패리티를 나타낸다. 위치가 1, 2, 4, 8, 16 등에 있는 패리티 비트를 P_1, P_2, P_4, P_8, P_{16} 등으로 나타낼 때, 이 패리티 비트가 검사하는 비트의 위치는 다음과 같다(아래 그림 참조).
   3.1. P_1 : 위치가 1인 비트에서 시작하여, 한 비트를 검사하고, 한 비트를 건너 뛰고, 한 비트를 검사하고, 한 비트를 건너 뛰어 검사하는 것을 반복한다. 단, 위치가 1인 비트(P_1 자신)는 검사하지 않는다.

3.2. P_2 : 위치가 2인 비트에서 시작하여, 두 비트를 검사하고, 두 비트를 건너 뛰고, 두 비트를 검사하고, 두 비트를 건너 뛰어 검사하는 것을 반복한다. 단, 위치가 2인 비트(P_2 자신)는 검사하지 않는다.

3.3. P_4 : 위치가 4인 비트에서 시작하여, 네 비트를 검사하고, 네 비트를 건너 뛰고, 네 비트를 검사하고, 네 비트를 건너 뛰어 검사하는 것을 반복한다. 단, 위치가 4인 비트(P_4 자신)는 검사하지 않는다.

3.4. P_8 : 위치가 8인 비트에서 시작하여, 여덟 비트를 검사하고, 여덟 비트를 건너 뛰고, 여덟 비트를 검사하고, 여덟 비트를 건너 뛰어 검사하는 것을 반복한다. 단, 위치가 8인 비트(P_8 자신)는 검사하지 않는다.

3.5. P_{16} : 위치가 16인 비트에서 시작하여, 열 여섯 비트를 검사하고, 열 여섯 비트를 건너 뛰고, 열 여섯 비트를 검사하고, 열 여섯 비트를 건너 뛰어 검사하는 것을 반복한다. 단, 위치가 16인 비트(P_{16} 자신)는 검사하지 않는다.

3.6. 다른 위치에 있는 패리티 비트들도 이와 같은 방법으로 패리티를 계산한다.

아래 그림은 32-비트 해밍 코드에서 각 패리티 비트의 위치와 각 패리티 비트 P_1, P_2, P_4, P_8, P_{16} 이 검사하는 비트의 위치를 • 으로 표시한 것이다. 이 그림의 예에서 보듯이 각 패리티 비트가 검사하는 비트에는 자신을 포함한 어떠한 다른 패리티 비트도 포함되어 있지 않으며, 패리티 비트를 제외한 실제 데이터에 속하는 비트만을 검사하는 것을 알 수 있다. 32-비트 해밍 코드에서는 아래 그림에서와 같이 패리티 비트를 제외한 실제 데이터는 최대 26-비트만을 사용할 수 있다.

32	31	30	29	28	27	26	25	24	23	22	21	20	19	18	17	16	15	14	13	12	11	10	9	8	7	6	5	4	3	2	1	비트위치
P																P								P				P		P	P	패리티비트 위치 및 데이터 위치
	•		•		•		•		•		•		•		•		•		•		•		•		•		•		•		P	P_1 에서 검사하는 비트
	•	•			•	•			•	•			•	•			•	•			•	•			•	•			•	P		P_2 에서 검사하는 비트
	•	•	•	•					•	•	•	•					•	•	•	•					•	•	•	P				P_4 에서 검사하는 비트
	•	•	•	•	•	•	•	•									•	•	•	•	•	•	•	P								P_8 에서 검사하는 비트
	•	•	•	•	•	•	•	•	•	•	•	•	•	•	•	P																P_{16} 에서 검사하는 비트

예를 들어, 전송하고자 하는 실제 데이터가 다음과 같은 경우에 있어서

$$47367638_{(10)} = 10\ 1101\ 0010\ 1100\ 0101\ 1101\ 0110_{(2)}$$

짝수 패리티 기법을 사용할 경우 각 패리티 비트를 계산하면 다음 그림과 같다. 짝수 패리티 기법은 패리티 비트를 포함하여 검사하고자 하는 비트에서 비트 1의 개수가 짝수 개가 되도록 패리티 비트를 정하는 경우를 말한다. 따라서, 패리티 비트 P_1이 검사하는 비트에서 비트 1의 개수는 9개이므로 P_1은 1이 되어야 한다. 같은 방법으로 계산하면, P_2, P_4, P_8, P_{16} 이 검사하는 비트에서 비트 1의 개수는 각각 6, 11, 9, 7개 이므로, 각 패리티 비트는 각각 0, 1, 1, 1이 되어야 한다.

32	31	30	29	28	27	26	25	24	23	22	21	20	19	18	17	16	15	14	13	12	11	10	9	8	7	6	5	4	3	2	1	비트위치
P	1	0	1	1	0	1	0	0	1	0	1	1	0	0	0	P	1	0	1	1	1	0	1	P	0	1	1	P	0	P	P	데이터 및 패리티비트 위치
	1		1		0		0		1		1		0		0		1		1		1		1		0		1		0		1	P_1 에서 검사하는 비트
	1	0			0	1			1	0			0	0			1	0			1	0			0	1			0	0		P_2 에서 검사하는 비트
	1	0	1	1					1	0	1	1					1	0	1	1					0	1	1	1				P_4 에서 검사하는 비트
	1	0	1	1	0	1	0	0									1	0	1	1	1	0	1	1								P_8 에서 검사하는 비트
	1	0	1	1	0	1	0	0	1	0	1	1	0	0	0	1																P_{16} 에서 검사하는 비트

그러므로, 패리티 비트를 고려한 실제 데이터를 해밍 코드로 변환하면

$$101\ 1010\ 0101\ 1000\ \underline{1}101\ 1101\ \underline{1}011\ \underline{1}0\underline{01}_{(2)} = 1515773369_{(10)}$$

이 된다. 위에서 밑줄 친 비트가 패리티 비트이며, 그 이외의 비트는 실제 데이터 비트이다.

32-비트 해밍 코드로 만들어진 데이터를 수신하는 수신 측에서 수신된 데이터에 데이터의 손상이 있는 지를 검사하는 방법은 다음과 같다.

1. 모든 패리티 비트 P_1, P_2, P_4, P_8, P_{16} 에 대하여, 각 패리티 비트가 검사하여야 하는 비트의 패리티가 정확한지를 검사한다.
2. 만약, 패리티 비트 P_1, P_2, P_4, P_8, P_{16} 중에서 한 개의 패리티 비트에서만 패리티 오류가 발생하면, 그 패리티 비트 자체에 손상이 있는 경우이다. 즉, 실제 데이터에는 손상이 일어나지 않은 경우이다.
3. 그렇지 않고, 한 개 이상의 패리티 비트에서 패리티 오류가 발생하면, 오류가 난 패리티 비트를 이용하여 손상된 비트의 위치를 계산할 수 있다. 예를 들어, 아래 그림에서와 같이 26번 비트가 손상이 되면, 26번 비트를 검사하여야 하는 모든 패리티 비트 P_2, P_8, P_{16} 에서 패리티 오류가 발생한다.

32	31	30	29	28	27	26	25	24	23	22	21	20	19	18	17	16	15	14	13	12	11	10	9	8	7	6	5	4	3	2	1	비트위치
P	1	0	1	1	0	0	0	0	1	0	1	1	0	0	0	P	1	0	1	1	1	0	1	P	0	1	1	P	0	P	P	데이터 및 패리티비트 위치
	1		1		0		0		1		1		0		0		1		1		1		1		0		1		0		1	P_1
	1	0			0	0			1	0			0	0			1	0			1	0			0	1			0	0		P_2 오류
	1	0	1	1					1	0	1	1					1	0	1	1					0	1	1	1				P_4
	1	0	1	1	0	0	0	0									1	0	1	1	1	0	1	1								P_8 오류
	1	0	1	1	0	0	0	0	1	0	1	1	0	0	0	1																P_{16} 오류

4. 오류가 발생한 패리티 비트 P_2, P_8, P_{16}을 이용하면, 다음과 같이 손상된 비트의 위치를 알 수 있다. 즉, 패리티 오류가 발생한 패리티 비트의 위치인 2, 8, 16을 모두 더한 수 2+8+16=26이 오류가 발생한 비트의 위치가 된다.

	P_{16}	P_8	P_4	P_2	P_1	
이진수	1	1	0	1	0	
십진수	16	8		2		$\Sigma = 26$

5. 손상된 위치 26번의 비트를 0에서 1로 바꾸고, 패리티 비트를 모두 제거하면, 원래의 정확한 데이터 10 1101 0010 1100 0101 1101 $0110_{(2)}$을 구할 수 있다.
6. 다음으로는 두 개의 데이터 비트가 손상이 된 경우를 고려해보자. 예를 들어, 7번째 비트와 31번째 비트가 손상이 된 경우에는, 5번째 비트는 P_1, P_2, P_4 에 의하여 검사되고, 29번째 비트는 P_1, P_4, P_8, P_{16} 에 의하여 검사된다. 따라서, 7번째 비트와 29번째 비트를 동시에 검사하는 P_1, P_4 의 패리티 비트에는 오류가 발생하지 않고, P_2, P_8, P_{16} 에 패리티 오류가 발생한다. 그러나, 이 경우에서는 26번 한 개의 비트에 오류가 발생한 것과 동일 한 패리티 오류가 발생하므로, 오류가 발생한 것은 검출할 수 있으나, 한 비트에 오류가 발생한 것인시 두 개의 비트에서 오류가 발생한 것인 지를 구분할 수 없다.

32-비트 해밍 코드를 이용하여 데이터를 전송하는 경우에, 주어진 데이터를 32-비트 해밍 코드로 변환하거나, 32-비트 해밍 코드에서 실제 데이터를 추출하는 프로그램을 작성하시오. 단, 해밍 코드에서 오류가 있는 경우에는, 하나의 비트에 손상이 된 경우를 가정하여, 손상된 해밍 코드를 복구하여 실제 데이터를 추출한다. 또한 해밍 코드의 패리티 비트는 짝수 패리티 기법을 사용하여 그 값을 결정한다고 가정한다.

입력

입력 파일의 이름은 “input.txt” 이다. 입력은 t 개의 테스트 케이스로 주어진다. 입력 파일의 첫 번째 줄에 테스트 케이스의 개수를 나타내는 정수 t 가 주어진다. 두 번째 줄부터 t 개의 줄에는 한 줄에 한 개의 테스트 케이스에 해당하는 두 개의 정수 k n ($k \in \{0, 1\}$) 이 주어진다. 첫 번째 정수 k 가 0인 경우는 두 번째 데이터 n ($0 \le n \le 2^{26}-1$) 이 전송하여야 할 실제 데이터인 경우이고, 첫 번째 정수 k 가 1인 경우는 두 번째 데이터 n ($0 \le n \le 2^{31}-1$) 이 실제 데이터를 추출하여야 할 32-비트 해밍 코드인 경우이다. 두 정수 사이에는 한 개의 공백이 있으며, 잘못된 데이터가 입력되는 경우는 없다.

출력

출력은 표준출력(standard output)을 사용한다. 입력되는 테스트 케이스의 순서대로 다음 줄에 이어서 각 테스트 케이스의 결과를 출력한다. 각 테스트 케이스에 해당하는 첫 번째 정수 k 가 0인 경우는 두 번째 데이터 n 으로 부터 만들어진 32-비트 해밍 코드를 출력하고, 첫 번째 정수 k 가 1인 경우에는 두 번째 데이터인 32-비트 해밍 코드 n 으로 부터 26-비트의 실제 데이터를 추출한다. 해밍 코드에 오류가 있는 경우에는, 하나의 비트에 손상이 있는 경우를 가정하여, 손상된 해밍 코드를 복구하여 추출한 실제 데이터를 출력한다.

입력과 출력의 예

입력	출력
3 0 47367638 1 1515773369 1 1482218937	1515773369 47367638 47367638

MyHammingCode.h

```
#ifndef _MY_HAMMING_CODE_H_
#define _MY_HAMMING_CODE_H_

class MyHammingCode
{
public:
    // constructors
    MyHammingCode ();
    MyHammingCode (unsigned int val);

    // accessor/mutator functions
    unsigned int getEncodedValue();
    unsigned int getDecodedValue();

private:
    unsigned int value;
    unsigned int encodedValue;
    unsigned int decodedValue;

    unsigned int copyBits(unsigned int n, int from, int num, int to);
    unsigned int setParityBit(unsigned int n, int pos);
    unsigned int checkParityBit(unsigned int n);
    int hammingWeight(unsigned int n);
    unsigned int setBit(unsigned int n, int pos);
    unsigned int clearBit(unsigned int n, int pos);
    int checkBit(unsigned int n, int pos);
    unsigned int negateBit(unsigned int n, int pos);
    unsigned int xor(unsigned int x, unsigned int y);
};

#endif // _MY_HAMMING_CODE_H_
```

MyHammingCode.cpp

```
#include "MyHammingCode.h"

// constructors
MyHammingCode::MyHammingCode ()
:value(0)
{
}

MyHammingCode::MyHammingCode (unsigned int val)
:value(val)
{
}

// utility functions
unsigned int MyHammingCode::getEncodedValue ()
{
    encodedValue = 0;

    encodedValue |= copyBits(value, 0,  1,  2);
    encodedValue |= copyBits(value, 1,  3,  4);
    encodedValue |= copyBits(value, 4,  7,  8);
    encodedValue |= copyBits(value, 11, 15, 16);
```

```
    encodedValue = setParityBit(encodedValue, 1);
    encodedValue = setParityBit(encodedValue, 2);
    encodedValue = setParityBit(encodedValue, 4);
    encodedValue = setParityBit(encodedValue, 8);
    encodedValue = setParityBit(encodedValue, 16);

    return encodedValue;
}

unsigned int MyHammingCode::getDecodedValue ()
{
    int errorPos;

    decodedValue = 0;

    errorPos = checkParityBit(value);
    if (errorPos > 0)
        value = negateBit(value, errorPos-1);

    decodedValue |= copyBits(value, 2, 1, 0);
    decodedValue |= copyBits(value, 4, 3, 1);
    decodedValue |= copyBits(value, 8, 7, 4);
    decodedValue |= copyBits(value, 16, 15, 11);

    return decodedValue;
}

/*
 * 정수 n의 from-번째 비트부터 num개의 비트를
 * 다른 정수 num의 to-번째 비트로 복사하는 함수
 */
unsigned int MyHammingCode::copyBits(unsigned int n, int from, int num, int to)
{
    unsigned int mask = 0;
    unsigned int code = 0;

    /* num 비트 만큼의 mask 를 만듬 */
    do
    {
        mask <<= 1;
        mask |= 0x01;
    } while (--num);


    /* n의 from-번째 비트부터 num개의 비트를 골라내어 복사함 */
    n >>= from;
    n &= mask;
    code |= n;
    code <<= to;

    return code;
}

/* 패리티 비트를 만드는 함수 */
unsigned int MyHammingCode::setParityBit(unsigned int n, int pos)
{
    unsigned int mask[5] = { 0x55555554, 0x66666664, 0x74747470,
                             0x7F807F00, 0x7FFF0000 };
```

```
    int count;
    unsigned int checkBits;

    switch (pos)
    {
    case 1:
        checkBits = n & mask[0];
        break;
    case 2:
        checkBits = n & mask[1];
        break;
    case 4:
        checkBits = n & mask[2];
        break;
    case 8:
        checkBits = n & mask[3];
        break;
    case 16:
        checkBits = n & mask[4];
        break;
    }

    count = hammingWeight(checkBits);
    if (count % 2)
        n = setBit(n, pos-1);

    return n;
}

/*
 * 패리티 비트를 검사하는 함수
 * 단, 에러가 발생하는 경우에는 한 비트에서만 오류가 발생한 것을 가정하여,
 * 에러가 발생한 비트의 위치를 찾아서 리턴해준다.
 */
unsigned int MyHammingCode::checkParityBit(unsigned int n)
{
}

/* 정수에서 비트가 1인 자리수의 개수를 계산하는 함수 */
int MyHammingCode::hammingWeight(unsigned int n)
{
}

/* 정수의 pos 자리수의 비트를 1로 만드는 함수 */
unsigned int MyHammingCode::setBit(unsigned int n, int pos)
{
}

/* 정수의 pos 자리수의 비트를 0으로 만드는 함수 */
unsigned int MyHammingCode::clearBit(unsigned int n, int pos)
{
}

/* 정수의 pos 자리수가 0인지 1인지를 확인하는 함수 */
int MyHammingCode::checkBit(unsigned int n, int pos)
{
}
```

```
/* 정수의 pos 자리수를 반대로 만드는 함수 */
unsigned int MyHammingCode::negateBit(unsigned int n, int pos)
{
}

/* Exclusive OR 를 계산하는 함수 */
unsigned int MyHammingCode::xor (unsigned int x, unsigned int y)
{
    return !x ^ !y;
}
```

TestMyHammingCode.cpp

```
#include <iostream>
#include <fstream>
#include <cstdlib>
#include "MyHammingCode.h"
using namespace std;

void main()
{
    ifstream inStream;
    int numTestCases;

    inStream.open("input.txt");
    if (inStream.fail())
    {
        cerr << "Input file opening failed.\n";
        exit(1);
    }

    inStream >> numTestCases;

    for(int i=0; i<numTestCases; i++)
    {
        int type;
        unsigned int num;

        inStream >> type >> num;

        MyHammingCode hamCode(num);

        if (type == 0)
            cout << hamCode.getEncodedValue() << endl;
        else
            cout << hamCode.getDecodedValue() << endl;
    }

    inStream.close();
}
```

문제 54

IPv4 주소 변환

IPv4는 Internet Protocol version 4의 약어로서 인터넷 프로토콜(internet protocol)에서 주소를 표현하는 방법이다. IPv4의 주소는

xxx.xxx.xxx.xxx　　　123.234.111.222

와 같이 총 12자리 수로 표현되며, 12자리수는 문자 '.'(period)로 구분되는 세 자리수로 구성된 네 부분으로 나누어져 표현된다. 각 부분의 세 자리 정수는 0~255까지의 숫자를 나타낸다. 따라서, 각 부분은 8-비트, 즉 1-바이트로 나타낼 수 있고, IPv4 주소 전체는 32-비트로 나타낼 수 있다. 예를 들어, 아래의 예에서와 같이 IPv4의 주소에서 가장 왼쪽에 있는 부분을 32-비트 정수의 가장 높은 자리수에 해당하는 8-비트로 표현하며, 가장 오른쪽에 있는 부분을 32-비트 정수의 가장 낮은 자리수에 해당하는 8-비트로 표현하여, IPv4의 주소를 32-비트 정수로 나타낼 수 있다.

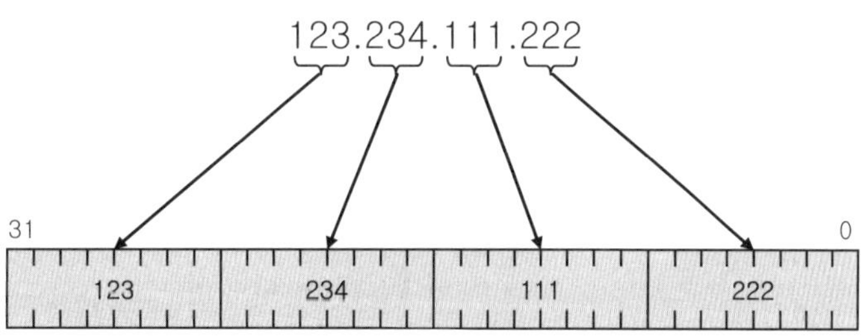

문자 '.'(period)로 구분된 IPv4 주소가 주어 졌을 때 이 주소를 위와 같은 방법으로 32-비트 정수로 변환하거나, 32-비트 정수가 주어졌을 때 이 정수를 IPv4 주소로 변환하는 프로그램을 작성하시오. 예를 들어, IPv4 주소 123.234.111.222는 정수 2078961630 로 변환된다.

입력

입력 파일의 이름은 "input.txt" 이다. 입력은 t 개의 테스트 케이스로 주어진다. 입력 파일의 첫 번째 줄에 테스트 케이스의 개수를 나타내는 정수 t 가 주어진다. 두 번째 줄부터 t 개의 줄에는 한 줄에 한 개의 테스트 케이스에 해당하는 데이터가 입력된다. 각 줄에서 첫 번째로 나타나는 데이터는 정수 k (k = 1, 2)로서, 정수 k 가 1인 경우는 같은 줄에 두 번째로 입력되는 데이터는 IPv4 주소를 나타내는 스트링이다. 정수 k 가 2인 경우는 같은 줄에 두 번째로 입력되는 데이터는 32-비트로 나타내어지는 정수 n ($0 \le n \le 2^{32}-1$)을 나타낸다. 두 데이터 사이에는 한 개의 공백이 있으며, 잘못된 데이터가 입력되는 경우는 없다.

출력

출력은 표준출력(standard output)을 사용한다. 입력되는 테스트 케이스의 순서대로 다음 줄에 이어서 각 테스트 케이스의 결과를 출력한다. 각 테스트 케이스에 해당하는 출력의 첫 줄에, 입력되는 데이터가 IPv4 주소인 경우에는 주소를 변환한 32-비트 정수를 십진수로 출력하고, 입력되는 데이터가 정수인 경우는 IPv4 주소로 변환한 스트링을 출력한다.

입력과 출력의 예

입력	출력
8 1 123.234.111.222 1 0.0.0.0 1 1.1.1.1 1 255.255.255.255 2 2078961630 2 0 2 16843009 2 4294967295	2078961630 0 16843009 4294967295 123.234.111.222 0.0.0.0 1.1.1.1 255.255.255.255

MyIpv4Address.h

```
#ifndef _MY_IPV4_ADDRESS_H_
#define _MY_IPV4_ADDRESS_H_

class MyIpv4Address
{
public:
    // constructors
    MyIpv4Address ();
    MyIpv4Address (unsigned int num);
    MyIpv4Address (char add[]);

    // utility functions
    void printAddress() const;
    void printNumber() const;

private:
    unsigned int addNumber;
    unsigned char address[4];

    void num2address();
    void address2num();
    void string2address(char add[]);
};

#endif // _MY_IPV4_ADDRESS_H_
```

MyIpv4Address.cpp

```
#include "MyIpv4Address.h"

// constructors
MyIpv4Address::MyIpv4Address ()
: addNumber(0)
{
        num2address();
}

MyIpv4Address::MyIpv4Address (unsigned int num)
: addNumber(num)
{
        num2address();
}

MyIpv4Address::MyIpv4Address (char add[])
{
        string2address(add);
        address2num();
}

// utility functions
void MyIpv4Address::printAddress() const
{
}

void MyIpv4Address::printNumber() const
```

```
{
}

// private functions
void MyIpv4Address::num2address()
{
}

void MyIpv4Address::address2num()
{
}

void MyIpv4Address::string2address(char add[])
{
}
```

TestMyIpv4Address.cpp

```
#include <iostream>
#include <fstream>
#include <cstdlib>
#include "MyIpv4Address.h"
using namespace std;

void main()
{
    ifstream inStream;
    int numTestCases;

    inStream.open("input.txt");
    if (inStream.fail())
    {
        cerr << "Input file opening failed.\n";
        exit(1);
    }

    inStream >> numTestCases;

    for (int i=0; i<numTestCases; i++)
    {
        unsigned int num;
        char add[16];
        int type;

        inStream >> type;
        if (type == 1)
        {
            inStream >> add;

            MyIpv4Address ipv4add(add);
            ipv4add.printNumber();
        }
        else if (type == 2)
        {
            inStream >> num;
```

```
            MyIpv4Address ipv4add(num);
            ipv4add.printAddress();
        }
    }

    inStream.close();
}
```

문제 55

국제표준 도서번호(ISBN)

국제표준 도서번호(International Standard Book Number, ISBN)는 전세계에서 발행된 책에 부여하는 고유번호로서, 스트링 “ISBN” 다음에 열 자리의 고유번호를 붙여서 만든다. 일반적으로 책의 속표지에는 번호만 적혀져 있고, 책 뒷면에는 아래 그림과 같이 바코드 위 혹은 아래 부분에 바코드와 함께 적혀져 있다. ISBN은 1966년 영국의 스미스라는 도서판매상이 상업적으로 이용하기 위하여 만들었으며, 1970년 국제표준기구(International Standard Organization, ISO)에 의하여 국제표준으로 채택되었다.

ISBN 0-14-025260-6

780140 252606

ISBN의 고유번호는 다음과 같이 네 개 부분으로 나누어져 있다.

1. 도서출판 국가 혹은 언어를 나타내는 번호
2. 출판사 번호
3. 도서번호
4. 체크썸(checksum) 숫자

위 네 부분은 적어도 한자리 이상의 숫자로 만들어져 있으며, 각 부분은 위 그림에서와 같이 하이픈(‘–’)으로 분리되어 있다. 첫 번째 부분은 국가번호로서 0 혹은 1은 영어권 국가, 2는 불어권, 3은 독어권 국가를 나타내고, 우리나라 국가번호는 89번이다. 국가번호는 최대 다섯 자리를 차지할 수 있다. 두 번째 부분은 첫 번째 부분에서 지정된 국가에 등록되어 있는 출판사 번호로서 최대 일곱 자리를 차지할 수 있다. 세 번째 부분은 그 출판사에서 출판한

책의 번호로서 최대 여섯 자리를 차지할 수 있다. 마지막 체크썸 숫자는 한 자리 숫자이다.

예를 들어, 아래의 번호는 이러한 자리 수에 관한 규칙에 잘 맞도록 만들어진 ISBN 번호이며 (숫자의 의미에 대해서는 무시하고),

0-14-025260-6	98765-43-21-0
9-8765432-1-0	9-87-654321-0

아래 번호는 잘못 만들어진 ISBN번호이다.

abc@#$-()*IUDXFY	숫자와 문자 '-' 이외의 문자가 있음
123-456-7890	세 부분으로 되어 있음
1-23-4567-89-0	다섯 부분으로 되어 있음
9876—54321-0	두 번째 부분에 해당하는 숫자가 없음
-9876-54321-0	첫 번째 부분에 해당하는 숫자가 없음
987654-32-1-0	첫 번째 부분의 자리수가 다섯 자리를 넘음
9-8-7654321-0	세 번째 부분의 자리수가 여섯 자리를 넘음
9-8-765432-10	네 번째 부분의 자리수가 한 자리를 넘음

체크썸 번호는 ISBN 번호에 오류가 있는지를 검사하기 위한 번호로서 다음과 같이 부여된다. 먼저 ISBN 번호의 첫 번째 숫자부터 아홉 번째 숫자까지 각각 차례로 10부터 2까지 서로 곱한 다음 모두 더한 숫자와 체크썸 숫자를 더한 숫자가 11의 배수가 되도록 체크썸 숫자를 지정한다. 예를 들어, 앞의 그림에서 나타난 ISBN 번호 0-14-025260-6 에서 체크썸 숫자를 구하기 위해서, 먼저 아래와 같이 ISBN의 모든 자리수에 대하여 10~2까지의 수를 곱한 다음에

ISBN 번호	0	1	4	0	2	5	2	6	0
곱하는 수	10	9	8	8	6	5	4	3	2
곱	0	9	32	0	12	25	8	18	0

그 곱을 모두 더한 수 0+9+32+0+12+0+12+25+8+18+0 = 104 를 구한다. 이 수 104 보다 큰 11의 배수 중에서 가장 작은 11의 배수는 110이 되며, 110 = 104+6 이므로, 체크썸은 6이어야 한다. 체크썸 값이 10이 되는 경우에는, 아래의 예에서와 같이, 영문자 대문자 'X'로 표시한다.

ISBN 0-330-28987-X

9 780330 289870

임의의 스트링이 주어졌을 때, 이 스트링이 위에서 설명한 조건을 만족하도록 부여된 ISBN 번호인지를 판별하는 프로그램을 작성하시오.

입력

입력 파일의 이름은 “input.txt” 이다. 입력은 *t* 개의 테스트 케이스로 주어진다. 입력 파일의 첫 번째 줄에 테스트 케이스의 개수를 나타내는 정수 *t* 가 주어진다. 두 번째 줄부터 *t* 개의 줄에는 한 줄에 한 개의 테스트 케이스에 해당하는 임의의 문자로 만들어진 스트링이 주어진다. 스트링의 길이는 최소 1이며, 최대 128이다. 잘못된 데이터가 입력되는 경우는 없다.

출력

출력은 표준출력(standard output)을 사용한다. 입력되는 테스트 케이스의 순서대로 다음 줄에 이어서 각 테스트 케이스의 결과를 출력한다. 각 테스트 케이스에 해당하는 출력의 첫 줄에 입력되는 스트링이 ISBN 번호를 부여하는 조건과 체크썸이 맞는 경우는 1을 출력하고, 그렇지 않는 경우는 0을 출력한다.

입력과 출력의 예

입력	출력
16 0-14-025260-6 98765-43-21-0 9-8765432-1-0 9-87-654321-0	1 1 1 1 0

abc@#$-()*IUDXFY	0
123-456-7890	0
1-23-4567-89-0	0
9876—54321-0	0
-9876-54321-0	0
987654-32-1-0	0
9-8-7654321-0	0
9-8-765432-10	0
0-330-28987-x	1
0-330-28987-X	0
0-14-025260-0	0
98765-43-21-1	

MyISBN.h

```
#ifndef _MY_ISBN_H_
#define _MY_ISBN_H_

const int max_length = 256;

class MyISBN
{
public:
    // constructors
    MyISBN ();
    MyISBN (char isbn_number[]);

    // utility functions
    bool isCorrectNumber() const;

private:
    char isbn[max_length+11];
    bool isSyntaxValid() const;
    bool isCheckSumValid() const;
};

#endif // _MY_ISBN_H_
```

MyISBN.cpp

```
#include "cstring"
#include "MyISBN.h"

// constructors
MyISBN::MyISBN ()
{
        isbn[0] = '\0';
}

MyISBN::MyISBN (char isbn_number[])
{
        strcpy(isbn, isbn_number);
```

```
}

// utility functions

bool MyISBN::isCorrectNumber() const
{
        if (isSyntaxValid() && isCheckSumValid())
                return true;
        else
                return false;
}

// private functions
bool MyISBN::isSyntaxValid() const
{
}

bool MyISBN::isCheckSumValid() const
{
}
```

TestMyISBN.cpp

```
#include <iostream>
#include <fstream>
#include <cstdlib>
#include "MyISBN.h"
using namespace std;

void main()
{
    ifstream inStream;
    int numTestCases;

    inStream.open("input.txt");
    if (inStream.fail())
    {
        cerr << "Input file opening failed.\n";
        exit(1);
    }

    inStream >> numTestCases;

    for (int i=0; i<numTestCases; i++)
    {
        char isbn[max_length+1];

        inStream >> isbn;

        MyISBN bookNumber(isbn);
        if(bookNumber.isCorrectNumber())
            cout << "1" << endl;
        else
            cout << "0" << endl;
    }

    inStream.close();
}
```

UPC 바코드

바코드(bar code)는 문자나 숫자 등의 데이터를 컴퓨터에 자동적으로 입력시키는 방법 중의 하나이다. 데이터를 바코드로 표현하기 위해서는 먼저 데이터를 1, 0의 이진수로 부호화하고, 부호화된 이진수 1, 0을 아래 그림의 예에서와 같이 검은색 막대모양의 바(bar)와 그 앞뒤의 흰색 여백으로 나타낸다. 또한 연속적으로 같은 이진수는 검은 선이나 여백의 굵기로 표현된다. 예를 들어, 가장 가는 검은색 막대모양은 1을 나타내고, 또한 가장 가는 흰색 여백은 0를 나타낸다. 또한 굵은 검은색 막대는 그 굵기에 비례하여 11, 111, 1111 등이 되며, 굵은 흰색 여백은 그 굵기에 따라 00, 000, 000등이 된다.

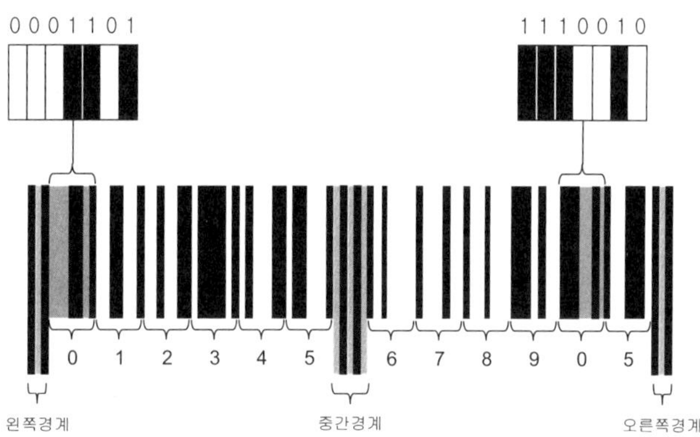

바코드가 가장 많이 활용되는 분야는 상품을 식별하기 위하여 상품에 부착되는 바코드이다. 이 바코드는 상품의 판매대에서 스캐너에 의하여 읽혀지고 분석되어 자동적으로 상품 가격을 계산할 수 있도록 해준다. 이와 같은 상품에 부착되는 바코드 중에서 가장 많이 사용되는 것이 미국과 캐나다 등에서 표준으로 사용하고 있는 UPC(universal product code) 코드이다.

UPC코드는 위의 그림에서와 같이 12개의 십진수를 SLLLLLLMRRRRRRE 형식으로 부호화한 것이다. 여기서, S(start)와 E(end)는 각각 바코드의 왼쪽과 오른쪽 경계를 나타내는 것으로 비트 패턴 101로 표현된다. 또한 M(middle)은 중간경계를 나타내며 비트 패턴 01010으로 표현된다. 그리고, L(left)과 R(right)은 각각 십진수로서 7비트로 표현된다. 따라서 UPC코드는 모두

95개의 비트로 구성된다. 가장 오른쪽 마지막 십진수는 검사숫자(check digit)로서 UPC코드를 읽어 들일 때 발생할 수 있는 오류를 검출하기 위한 것이다. UPC에서 검사숫자를 계산하는 방법은 다음과 같다.

1. 코드의 왼쪽에서부터 오른쪽으로 매 홀수 번째 십진수를 모두 더한 다음 3을 곱한다.
2. 코드의 왼쪽에서부터 오른쪽으로 매 짝수 번째의 십진수를 더한다.
3. 위에서 계산한 두 수를 더하여 십의 배수가 되면 검사숫자는 0이고, 그렇지 않는 경우에는 이 수보다 큰 10의 배수 중에서 가장 작은 배수에서 그 수를 뺀 나머지가 검사숫자가 된다.

예를 들면, 앞 그림에서 제시된 UPC코드 01234567890X (X는 검사숫자)에서 홀수 번째의 수를 모두 더하면 0+2+4+6+8+0 = 20 이고, 여기에 3을 곱하면 20×3 = 60이 된다. 짝수 번째의 수를 모두 더하면 1+3+5+7+9 = 25가 된다. 이 두 수를 더하면 60+25 = 85가 되고, 이 수보다 큰 가장 작은 10의 배수는 90이므로, 90−85 = 5가 되고, 5가 검사숫자가 된다.

바코드는 스캐너에 의해서 왼쪽에서부터 오른쪽으로, 혹은 오른쪽에서 왼쪽으로 읽혀질 수 있으므로, 이를 구분하기 위하여, 각 십진수는 중간경계의 왼쪽에 있을 경우(L)와 오른쪽에 있을 경우(R)를 구분하여 두 개의 비트패턴을 가진다. 아래 표는 각 십진수가 L일 경우와 R일 경우의 비트 패턴을 나타낸 것이다. 앞의 그림에서는 L에 해당하는 십진수 0은 0001101로 표현되었고, R에 해당하는 십진수 0은 1110010으로 표현되었음을 보여준다.

숫자	왼쪽(L)	오른쪽(R)
0	0001101	1110010
1	0011001	1100110
2	0010011	1101100
3	0111101	1000010
4	0100011	1011100
5	0110001	1001110
6	0101111	1010000
7	0111011	1000100
8	0110111	1001000
9	0001011	1110100

스캐너에 의하여 읽어 들여진 이진수 패턴이 정확한 UPC코드인지를 판별하고, UPC코드인

경우에는 검사숫자가 정확한 지를 검사하여 십진수 UPC코드 번호를 출력하는 프로그램을 작성하시오.

이진수 패턴이 정확한 UCP코드인지를 판별하는 방법은 다음과 같다.

1. 비트 패턴에서 총 비트의 수가 95비트인지 확인한다.
2. 비트 패턴에서 가장 왼쪽 3비트와 가장 오른쪽 3비트가 경계비트 패턴 101인지를 확인한다.
3. 비트 패턴의 가장 중앙에 있는 5비트가 중간경계 비트 패턴 01010인지를 확인한다.
4. 바깥쪽 경계비트와 중간경계 비트 사이에 있는 비트 패턴이 위의 표에 의한 십진수를 나타내는지를 확인하면서, 바코드를 왼쪽에서 오른쪽으로 스캔하였는지, 혹은 오른쪽에서 왼쪽으로 스캔하였는지를 확인한다.
5. 바코드를 왼쪽에서 오른쪽으로 스캔하였을 때의 십진수로 표현한 다음, 마지막 십진수인 검사숫자가 정확한지를 확인한다.

참고로, 앞의 그림에서 제시된 바코드를 스캐너에 의하여 오른쪽에서 왼쪽으로 읽어 들인 이진수 패턴은 다음과 같다.

101	0111001	0100111	0010111	0001001	0010001	0000101	01010
오른쪽경계	5	0	9	8	7	6	**중간경계**

1000110	1100010	1011110	1100100	1001100	1011000	101
5	4	3	2	1	0	**왼쪽경계**

위에서 오른쪽 경계(101)의 바로 다음의 십진수 5는 검사숫자로서 바코드를 왼쪽에서 오른쪽으로 읽었을 경우에는 R에 해당하는 코드이며, 십진수 5가 R일 경우에는 비트패턴이 1001110 이다. 그러나, 위의 경우에는 바코드를 오른쪽에서 왼쪽으로 스캔하였으므로 5에 해당하는 비트패턴이 0111001이 된 것이다.

입력

입력 파일의 이름은 "input.txt" 이다. 입력은 t 개의 테스트 케이스로 주어진다. 입력 파일의 첫 번째 줄에 테스트 케이스의 개수를 나타내는 정수 t 가 주어진다. 두 번째 줄부터 t 개의 줄에는 한 줄에 한 개의 테스트 케이스에 해당하는 0과 1로 만들어진 비트패턴 스트링이 주어진다. 스트링의 길이는 최소 1이며, 최대 100이다. 비트패턴 사이에는 공백이 없으며, 잘못된 데이터가 입력되는 경우는 없다.

출력

출력은 표준출력(standard output)을 사용한다. 입력되는 테스트 케이스의 순서대로 다음 줄에 이어서 각 테스트 케이스에 대한 결과를 출력한다. 각 테스트 케이스에 해당하는 출력의 첫 줄에 입력되는 0, 1 비트패턴이 UPC바코드인 경우에는 LLLLLL-RRRRRR형식으로 바코드의 번호를 출력한다. 여기서 LLLLLL은 바코드를 왼쪽에서 오른쪽으로 읽었을 경우에 중간경계의 왼쪽에 위치하는 여섯 자리의 십진수이고, RRRRRR은 중간경계의 오른쪽에 위치하는 여섯 자리의 십진수이다. 또한 UPC바코드의 형식을 모두 갖추었으나 마지막 검사숫자만 틀린 경우에는 LLLLLL-RRRRRR*C 형식으로 출력한다. 여기서 LLLLLL-RRRRRR은 입력된 바코드의 번호를 나타내고(검사숫자는 틀렸지만), C는 정확한 검사숫자를 나타낸다. 그 외의 모든 경우에는 ******-****** 을 출력한다.

입력과 출력의 예

```
입력
5
1010111001010011100101110001001001000100001010101 0 (다음 줄에 계속됨)
10001101100010101111011001001001100101100 0101
```

입력
5 10101110010100111001011100010010010001000010101010 (다음 줄에 계속됨) 1000110110001010111101100100100110010110001 01 10100011010011001001001101111010100011011000101010 (다음 줄에 계속됨) 1010000100010010010001110100111001010011 10101 10100100010100111001011100010010010001000010101010 (다음 줄에 계속됨) 1000110110001010111101100100100110010110001 01 10100011010011001001001101111010100011011000101010 (다음 줄에 계속됨) 1010000100010010010001110100111001010001 00101 10100011011011001001001101111010100011011000101010 (다음 줄에 계속됨) 1010000100010010010001110100111001010011 10101

출력
012345-678905 012345-678905 012345-678907*5 012345-678907*5 ******-******

MyUPCBarCode.h

```
#ifndef _MY_UPC_BARCODE_H_
#define _MY_UPC_BARCODE_H_

const int max_bit_length = 100;
const int max_num_length = 15;

class MyUPCBarCode
{
public:
    // constructors
    MyUPCBarCode ();
    MyUPCBarCode (char barCode[]);

    // utility functions
    const char *getBarNumber() const;


private:
    char barBit[max_bit_length+1];
    char barNumber[max_num_length+1];

    void converToBarNumber();

    static char decCode[10][2][8];
};

#endif // _MY_UPC_BARCODE_H_
```

MyUPCBarCode.cpp

```
#include "cstring"
#include "MyUPCBarCode.h"

char MyUPCBarCode::decCode[10][2][8] = {
        {"0001101", "1110010"}, {"0011001", "1100110"}, {"0010011", "1101100"},
        {"0111101", "1000010"}, {"0100011", "1011100"}, {"0110001", "1001110"},
        {"0101111", "1010000"}, {"0111011", "1000100"}, {"0110111", "1001000"},
        {"0001011", "1110100"} };

// constructors
MyUPCBarCode::MyUPCBarCode ()
{
    barBit[0] = barNumber[0] = '\0';
}

MyUPCBarCode::MyUPCBarCode (char barCode[])
{
    strcpy(barBit, barCode);
    converToBarNumber();
}

// utility functions
const char *MyUPCBarCode::getBarNumber() const
{
    return barNumber;
```

```
}

// private functions
void MyUPCBarCode::converToBarNumber()
{
}
```

MyUPCBarCode.cpp

```
#include <iostream>
#include <fstream>
#include <cstdlib>
#include "MyUPCBarCode.h"
using namespace std;

void main()
{
    ifstream inStream;
    int numTestCases;

    inStream.open("input.txt");
    if (inStream.fail())
    {
        cerr << "Input file opening failed.\n";
        exit(1);
    }

    inStream >> numTestCases;

    for (int i=0; i<numTestCases; i++)
    {
        char barBit[max_bit_length+1];

        inStream >> barBit;

        MyUPCBarCode barCode(barBit);
        cout << barCode.getBarNumber();
    }

    inStream.close();
}
```

문제 57

신용카드 번호

신용카드(credit card)의 번호는 국제 표준화 기구에서 제정한 번호체계(numbering scheme)에 따라 번호가 만들어진다. 예를 들어, 신용카드 번호에는 신용카드 발행회사(Visa, MasterCard, American Express, Diner's Club, Discover 등), 카드 등급(골드, 플레티넘 등), 계좌 번호 등의 정보가 수록되어 있으며, 카드 번호의 가장 마지막 십진수는 카드 번호의 오류를 검사하는 체크썸(checksum) 숫자이다.

신용카드 번호의 제일 앞자리 수는 신용카드 발행회사를 표시하는 번호이며, 신용카드 발행회사 별로는 카드번호의 길이가 서로 다를 수 있다. 신용카드 발행회사 별로 부여된 가장 앞자리 번호와 번호의 길이는 대략적으로 다음과 같다.

신용카드발행회사	가장 앞자리 번호	카드번호길이
American Express	3	15
Diner's Club	3	14
Discover	6	16
MasterCard	5	16
Visa	4	13 혹은 16

카드번호의 가장 마지막 자리수인 체크썸 숫자의 계산은 룬(Luhn)-알고리즘에 의하여 다음과 같이 이루어진다.

1. 가장 마지막 자리수에서 시작하여, 왼쪽으로 진행하면서, 매 짝수 번째에 있는 자리수 번호는 2배를 한다. 만약 각 자리수를 2배를 하여 10이 넘게 되면, 10이 넘는 숫자에서 9를 뺀 한 자리 숫자를 취한다.
2. 위에서 짝수 번째 자리수의 2배를 취한 숫자와 체크썸 숫자를 제외한 나머지 홀수 번째에 위치한 숫자를 모두 더한다.
3. 위에서 모두 합한 숫자와 체크썸 숫자를 더하여 10의 배수가 되도록 체크썸 숫자를 정한다.

예를 들어, 가상의 American Express 카드번호 3456-7890-1234-56X (X는 체크썸)이 정확한 카드번호가 되도록 체크썸을 정하기 위해서 체크썸을 제외한 번호에 위의 룬-알고리즘을 적용하여 번호의 합을 구하면,

카드번호	3	4	5	6	7	8	9	0	1	2	3	4	5	6
번호의2배		8		12		16		0		4		8		12
총합	3	8	5	3	7	7	9	0	1	4	3	8	5	3
	3+8+5+3+7+7+9+0+1+4+3+8+5+3 = 66													

66된다. 따라서, 체크썸 숫자로 4를 부여하면, 위에서 계산한 66과 체크썸 숫자 4를 더하여 총합이 66+4=70이 되고, 이 숫자는 10의 배수가 된다. 따라서 정확한 카드번호는 3456-7890-1234-564이다.

카드 번호가 주어졌을 때, 이 카드 번호가 위 표에서 제시한 카드 발행 회사에 따른 카드 번호의 길이에 맞으며, 또한 체크썸 번호도 정확한 지를 검사하는 프로그램을 작성하시오.

입력

입력 파일의 이름은 "input.txt" 이다. 입력은 t 개의 테스트 케이스로 주어진다. 입력 파일의 첫 번째 줄에 테스트 케이스의 개수를 나타내는 정수 t 가 주어진다. 두 번째 줄부터 t 개의 줄에는 한 줄에 한 개의 테스트 케이스에 해당하는 카드 번호를 나타내는 십진수로만 만들어진 스트링이 주어진다. 스트링의 길이는 최소 1이며, 최대 20이다. 카드 번호를 나타내는 십진수 사이에는 공백이 없으며, 잘못된 데이터가 입력되는 경우는 없다.

출력

출력은 표준출력(standard output)을 사용한다. 입력되는 테스트 케이스의 순서대로 다음 줄에 이어서 각 테스트 케이스의 결과를 출력한다. 각 테스트 케이스에 해당하는 출력의 첫 줄에 입력되는 카드 번호가 위 표에서 제시한 카드 발행회사에서 발행한 카드번호의 길이에 맞으며, 또한 체크썸 숫자도 맞으면 1을 출력하고, 그렇지 않는 경우에는 0을 출력한다.

입력과 출력의 예

입력	출력
4	1
345678901234564	0
345678901234568	0
34567890123454	0
745638901234564	

MyCreditCardNumber.h

```
#ifndef _MY_CREDIT_CARD_NUMBER_H_
#define _MY_CREDIT_CARD_NUMBER_H_

const int max_length = 20;

class MyCreditCardNumber
{
public:
    // constructors
    MyCreditCardNumber ();
    MyCreditCardNumber (char number[]);

    // utility functions
    bool isCorrectNumber() const;

private:
    char cardNumber[max_length+11];
    bool isCorrectLength() const;
    bool isCheckSumValid() const;
};

#endif // _MY_CREDIT_CARD_NUMBER_H_
```

MyCreditCardNumber.cpp

```
#include "cstring"
#include "MyCreditCardNumber.h"

// constructors
MyCreditCardNumber::MyCreditCardNumber ()
{
    cardNumber[0] = '\0';
}

MyCreditCardNumber::MyCreditCardNumber (char number[])
{
    strcpy(cardNumber, number);
}

// utility functions
bool MyCreditCardNumber::isCorrectNumber() const
```

```
{
    if (isCorrectLength() && isCheckSumValid())
        return true;
    else
        return false;
}

// private functions
bool MyCreditCardNumber::isCorrectLength() const
{

}

bool MyCreditCardNumber::isCheckSumValid() const
{
}
```

TestMyCreditCardNumber.cpp

```
#include <iostream>
#include <fstream>
#include <cstdlib>
#include "MyCreditCardNumber.h"
using namespace std;

void main()
{
    ifstream inStream;
    int numTestCases;

    inStream.open("input.txt");
    if (inStream.fail())
    {
        cerr << "Input file opening failed.\n";
        exit(1);
    }

    inStream >> numTestCases;

    for (int i=0; i<numTestCases; i++)
    {
        char number[max_length+1];

        inStream >> number;

        MyCreditCardNumber cardNumber(number);
        if(cardNumber.isCorrectNumber())
            cout << "1" << endl;
        else
            cout << "0" << endl;
    }

    inStream.close();
}
```

문제 58

숫자 읽기

찬용이는 영어로 쓰여진 소설을 읽어주는 프로그램을 개발하고 있다. 이 프로그램에서 현재 찬용이가 개발하고 있는 기능 중의 하나는 주어진 숫자를 영어로 읽어 주는 기능이다. 예를 들어, 정수 2012358750 가 주어졌을 때, 이 숫자를

Two Billion Twelve Million Three Hundred Fifty Eight Thousand Seven Hundred Fifty

와 같이 읽어준다. 단, 각 billion, million, thousand, hundred 등의 단위 사이에 "and" 는 생략한다고 가정한다.

영어에서는 자연수가 주어졌을 때, 매 세 자리 수마다 나누어서 읽는다. 가장 낮은 단위의 세 자리는 일의 단위, 그 다음 세 자리는 천(thousand)의 단위, 그 다음 세 자리는 백만(million)의 단위, 그 다음의 세 자리는 십억(billion)의 단위 등이다. 이러한 단위를 각 단위에 있는 세 자리수를 읽고 난 다음에 그 단위를 붙여주면 된다. 예를 들어, 열 두 자리수 aaabbbcccddd 가 주어졌을 때, 이 수를 AAA Billion BBB Million CCC Thousand DDD 로 읽으면 된다. 여기에서 AAA, BBB, CCC, DDD는 각각 세 자리수 aaa, bbb, ccc, ddd를 읽은 표현이다. 단, 세 자리수 aaa, bbb, ccc, ddd가 0인 경우에는 해당하는 세 자리수와 그 단위를 읽지 않는다.

영어에서 세 자리 수 1 ~ 999 를 읽은 예는 다음과 같다.

One	Eleven	Twenty	One Hundred	Six Hundred
Two	Twelve	Twenty One	One Hundred One	Seven Hundred
Three	Thirteen	Thirty	One Hundred Ten	Eight Hundred
Four	Fourteen	Forty	One Hundred Eleven	Nine Hundred
Five	Fifteen	Fifty	One Hundred Twenty	Nine Hundred Ninety Nine
Six	Sixteen	Sixty	One Hundred Ninety Nine	
Seven	Seventeen	Seventy	Two Hundred	
Eight	Eighteen	Eighty	Three Hundred	
Nine	Nineteen	Ninety	Four Hundred	
Ten			Five Hundred	

임의의 자연수가 주어졌을 때, 이 자연수를 읽을 수 있도록 영어로 변환하여 출력하는 프로그램을 작성하시오.

입력

입력 파일의 이름은 "input.txt" 이다. 입력은 t 개의 테스트 케이스로 주어진다. 입력 파일의 첫 번째 줄에 테스트 케이스의 개수를 나타내는 정수 t 가 주어진다. 두 번째 줄부터 t 개의 줄에는 한 줄에 한 개의 테스트 케이스에 해당하는 정수 n ($1 \le n \le 2^{32}-1$) 이 입력된다. 잘못된 데이터가 입력되는 경우는 없다.

출력

출력은 표준출력(standard output)을 사용한다. 입력되는 테스트 케이스의 순서대로 다음 줄에 이어서 각 테스트 케이스의 결과를 출력한다. 각 테스트 케이스에 해당하는 출력의 첫 줄에 입력되는 정수를 영어로 변환하여 출력한다. 단, 각 영어 단어의 첫째 문자는 대문자로 하며, 나머지 문자는 소문자로 한다. 또한 단어와 단어 사이에는 문자 '_'(underline)로 구분하여 출력한다.

입력과 출력의 예

입력

```
4
111
2012358750
1234567000
2000000002
```

출력

```
One_Hundred_Eleven
Two_Billion_Twelve_Million_Three_Hundred_Fifty_Eight_Thousand_Seven_Hundred_Fifty
One_Billion_Two_Hundred_Thirty_Four_Million_Five_Hundred_Sixty_Seven_Thousand
Two_Billion_Two
```

ReadNumber.h

```
#ifndef _READ_NUMBER_H_
#define _READ_NUMBER_H_

const int max_length = 20;

class ReadNumber
{
public:
    // constructors
    ReadNumber ();
    ReadNumber (unsigned int num);

    // mutator functions
    void setNumber (unsigned int num);

    // utility functions
    void read() const;

private:
    unsigned int number;

    static char digits[10][max_length];
    static char teens[20][max_length];
    static char ties[10][max_length];
    static char units[4][max_length];
};

#endif // _READ_NUMBER_H
```

ReadNumber.cpp

```
#include <cstdlib>
#include "ReadNumber.h"

char ReadNumber::digits[10][max_length] = { "",      "One", "Two",    "Three", "Four",
                    "Five", "Six", "Seven", "Eight", "Nine" };
char ReadNumber::teens[20][max_length] = { "","","","","","","","","","",
                    "Ten",      "Eleven", "Twelve",  "Thirteen",
                    "Fourteen", "Fifteen", "Sixteen", "Seventeen",
                    "Eighteen", "Nineteen" };
char ReadNumber::ties[10][max_length]   = { "",       "",      "Twenty", "Thirty", "Forty",
                    "Fifty", "Sixty", "Seventy", "Eighty", "Ninety" };
char ReadNumber::units[4][max_length] = {"Hundread", "Thousand", "Million", "Billion"
};

// constructors
ReadNumber::ReadNumber ()
: number(1)
{
}

ReadNumber::ReadNumber (unsigned int num)
: number(num)
{
}
```

```
// mutator functions
void ReadNumber::setNumber (unsigned int num)
{
    number = num;
}

// utility functions
void ReadNumber::read() const
{
}
```

TestReadNumber.cpp

```
#include <iostream>
#include <fstream>
#include <cstdlib>
#include "ReadNumber.h"
using namespace std;

void main()
{
    ifstream inStream;
    int numTestCases;

    inStream.open("input.txt");
    if (inStream.fail())
    {
        cerr << "Input file opening failed.\n";
        exit(1);
    }

    inStream >> numTestCases;
    ReadNumber numReading;

    for (int i=0; i<numTestCases; i++)
    {
        unsigned int num;

        inStream >> num;

        numReading.setNumber(num);
        numReading.read();
    }

    inStream.close();
}
```

문제 59

숫자 쓰기

이 문제는 “숫자 읽기”에 반대되는 문제이다. 즉, 영어로 읽어준 숫자를 십진수로 받아 쓰는 문제이다. 정수를 영어로 읽어 주었을 때, 해당되는 정수를 십진수로 변환하는 프로그램을 작성하시오.

영어에서는 숫자가 주어졌을 때, 매 세 자리 수마다 나누어서 읽는다. 가장 낮은 단위의 세 자리는 일의 단위, 그 다음 세 자리는 천(thousand)의 단위, 그 다음 세 자리는 백만(million)의 단위, 그 다음의 세 자리는 십억(billion)의 단위 등이다. 이러한 단위를 각 단위에 있는 세 자리수를 읽고 난 다음에 그 단위를 붙여주면 된다. 예를 들어, 열 두 자리수 aaabbbcccddd가 주어졌을 때, 이 수를 AAA Billion BBB Million CCC Thousand DDD 로 읽으면 된다. 여기에서 AAA, BBB, CCC, DDD는 각각 세 자리수 aaa, bbb, ccc, ddd를 읽은 표현이다. 단, 세 자리수 aaa, bbb, ccc, ddd가 0인 경우에는 해당하는 세 자리수와 그 단위를 읽지 않는다.

예를 들어,

Two Billion Twelve Million Three Hundred Fifty Eight Thousand Seven Hundred Fifty

는 십진수2012358750을 영어로 읽은 표현이다. 단, billion, million, thousand, hundred 등의 단위 사이에 “and” 는 생략한다고 가정한다.

입력

입력 파일의 이름은 “input.txt” 이다. 입력은 t 개의 테스트 케이스로 주어진다. 입력 파일의 첫 번째 줄에 테스트 케이스의 개수를 나타내는 정수 t 가 주어진다. 두 번째 줄부터 t 개의 줄에는 한 줄에 한 개의 테스트 케이스에 해당하는 스트링이 주어진다. 이 스트링은 어떤 정수 n ($1 \leq n \leq 2^{32}-1$) 을 영어로 읽은 것으로서, 각 단어들 사이에는 공백 문자 대신 문자

'_'(underline)으로 분리되어 있다. 스트링에 있는 모든 영어 단어의 첫 문자는 영문자 대문자로 시작하며, 다른 소문자로 만들어져 있다. 잘못된 데이터가 입력되는 경우는 없다.

출력

출력은 표준출력(standard output)을 사용한다. 입력되는 테스트 케이스의 순서대로 다음 줄에 이어서 각 테스트 케이스의 결과를 출력한다. 각 테스트 케이스에 해당하는 출력의 첫 줄에 입력되는 영어로 읽은 숫자를 십진수로 변환하여 출력한다. 십진수의 각 자리수 사이에는 공백이나 콤마(',')와 같은 분리 문자를 두지 않는다.

입력과 출력의 예

입력

```
4
One_Hundred_Eleven
Two_Billion_Twelve_Million_Three_Hundred_Fifty_Eight_Thousand_Seven_Hundred_Fifty
One_Billion_Two_Hundred_Thirty_Four_Million_Five_Hundred_Sixty_Seven_Thousand
Two_Billion_Two
```

출력

```
111
2012358750
1234567000
2000000002
```

문제 60

모르스 부호

디지털 시대 이전에도 모르스 부호라는 이진수와 유사한 코드를 사용하여 통신에 사용하였다. 모르스 부호에서는 각 문자들을 연속된 짧거나 혹은 긴 펄스 (각각 dot과 dash라 부름)들로 코드화하였다. 예를 들어, 다음 표는 알파벳 대문자를 모르스 부호로 나타낸 것으로, dot은 아스키(ASCII) 문자 '.' 로, dash 는 문자 '-'로 나타내었다.

A	.-	B	-...	C	-.-.	D	-..
E	.	F	..-.	G	--.	H	....
I	..	J	.---	K	-.-	L	.-..
M	--	N	-.	O	---	P	.--.
Q	--.-	R	.-.	S	...	T	-
U	..-	V	...-	W	.--	X	-..-
Y	-.--	Z	--..				

수신된 긴 모르스 신호를 영문으로 해석하기 위해서는, 각 알파벳 문자를 나타내는 신호들을 구분해 주어야 한다. 문자와 문자들 사이를 구분하지 않고서는 모르스 신호를 여러 종류의 서로 다른 연속된 알파벳 스트링으로 해석할 수 있다. 예를 들면, 모르스 신호 "-.-..--" 는 "CAT" 이나 "NXT"로 해석할 수 있다. 따라서, 모르스 신호를 보낼 경우에는 문자와 문자들 사이에는 dot 이 세 개 정도의 시간 간격으로 두며, 또한 단어와 단어 사이에는 dot이 다섯 개 정도의 시간 간격을 두게 된다. 이러한 모르스 부호 사이에 시간 간격을 두게 되면, 모르스 신호를 알파벳 문자로 변환하는 데에는 더 이상 혼선이 생기지 않게 된다.

은철이는 모르스 신호를 수신하여 자동적으로 컴퓨터에 입력해 주는 기계를 개발하였다. 이 기계에서는 모르스 신호의 dot은 문자 '.'로, dash는 문자 '-'로, 문자와 문자 사이의 간격은 문자 '|'로, 단어와 단어 사이의 간격은 문자 '#'로 표시한 문자 스트링으로 컴퓨터에 입력해 준다. 컴퓨터에서 는 이러한 모르스 신호를 영문자로 변환하는 프로그램이 필요한데, 이 기계로부터 입력되는 문자 스트링을 영문자로 변환하여 출력하는 프로그램을 작성하시오. 이 프로그램에서는 알파벳 문자 사이에는 공백을 두지 않고 출력하며, 단어와 단어 사이의 공백은

문자 '_'(underline)으로 대체하여 출력한다.

예를 들어, 은철이가 개발한 이 기계에서 수신된 모르스 신호를 변환하여 컴퓨터에 입력하는 스트링이 다음과 같은 경우에,

-.-.|.-|-#.-|-.|-..#-..|---|--.#..-.|..|--.|....|-

컴퓨터는 위 스트링을 영문 CAT_AND_DOG_FIGHT 로 변환한다.

입력

입력 파일의 이름은 "input.txt" 이다. 입력은 *t* 개의 테스트 케이스로 주어진다. 입력 파일의 첫 번째 줄에 테스트 케이스의 개수를 나타내는 정수 *t* 가 주어진다. 두 번째 줄부터 *t* 개의 줄에는 한 줄에 한 개의 테스트 케이스에 해당하는 문자 스트링이 입력된다. 이 문자 스트링은 은철이가 개발한 기계가 모르스 신호를 변환하여 컴퓨터에 입력해 주는 스트링으로서, 그 최대 길이는 2,000이고, 입력되는 스트링에는 적어도 하나의 영문자를 나타내는 모르스 부호를 포함한다고 가정한다. 또한, 입력되는 스트링에는 오류가 없다고 가정한다. 즉, 이 스트링으로부터는 항상 정확하게 영문자로 변환할 수 있다고 가정한다.

출력

출력은 표준출력(standard output)을 사용한다. 입력되는 테스트 케이스의 순서대로 다음 줄에 이어서 각 테스트 케이스의 결과를 출력한다. 각 테스트 케이스에 해당하는 출력의 첫 줄에 입력되는 모르스 신호를 나타내는 스트링을 변환한 영문자(알파벳은 대문자)들을 출력한다.

입력과 출력의 예

입력
3 -.-.|.-|-#.-|-.|-..#-..|---|--.#..-.|..|--.|....|- -.-.#.--.|.-.|---|--.|.-.|.-|--|--|..|-.|--.#.-..|.-|-.|--.|..-|.-|--.|. -.-.

출력
CAT_AND_DOG_FIGHT C_PROGRAMMING_LANGUAGE C

MyMorseCode.h

```
#ifndef _MY_MORSE_CODE_H_
#define _MY_MORSE_CODE_H_

const int max_length = 2000;
const int code_size = 26;

class MyMorseCode
{
public:
    // constructors
    MyMorseCode ();
    MyMorseCode (char code[]);

    // utility functions
    const char *getAsciiCode() const;


private:
    char morseCode[max_length+1];
    char asciiCode[max_length+1];

    void converToAsciiCode();

    static char morseString[code_size+1][5];
};

#endif // _MY_MORSE_CODE_H_
```

MyMorseCode.cpp

```
#include "cstring"
#include "MyMorseCode.h"

char MyMorseCode::morseString[code_size+1][5] = { "",
                ".-",   "-...", "-.-.", "-..",
                ".",    "..-.", "--.",  "....",
                "..",   ".---", "-.-",  ".-..",
                "--",   "-.",   "---",  ".--.",
                "--.-", ".-.",  "...",  "-",
                "..-",  "...-", ".--",  "-..-",
                "-.--", "--.." };

// constructors
MyMorseCode::MyMorseCode ()
{
    morseCode[0] = asciiCode[0] = '\0';
```

```
}

MyMorseCode::MyMorseCode (char code[])
{
    strcpy(morseCode, code);
    converToAsciiCode();
}

// utility functions
const char *MyMorseCode::getAsciiCode() const
{
    return asciiCode;
}

// private functions
void MyMorseCode::converToAsciiCode()
{
}
```

TestMyMorseCode.cpp

```
#include <iostream>
#include <fstream>
#include <cstdlib>
#include "MyMorseCode.h"
using namespace std;

void main()
{
    ifstream inStream;
    int numTestCases;

    inStream.open("input.txt");
    if (inStream.fail())
    {
        cerr << "Input file opening failed.\n";
        exit(1);
    }

    inStream >> numTestCases;

    for (int i=0; i<numTestCases; i++)
    {
        char code[max_length+1];

        inStream >> code;

        MyMorseCode morseCode(code);
        cout << morseCode.getAsciiCode();
    }

    inStream.close();
}
```

문제 61

라이프(Life) 게임

라이프 게임은 바둑판 모양의 격자판에서 이루어지며, 격자판에서 셀(cell)이라 부르는 각 정사각형 격자는 살아있거나 죽어있는 상태를 가진다. 각 셀은 자신 주위에 수평, 수직, 대각선 방향으로 이웃해 있는 여덟 개의 이웃 셀과 접촉할 수 있다. 게임은 단위 시간마다 모든 셀의 상태가 아래 규칙에 따라 바뀌면서 진행된다.

5. 각 셀의 여덟 개의 이웃 중에서 현재 한 개 이하의 이웃이 살아 있다면, 이 셀은 너무 외로워서 다음 시간에는 죽게 된다.
6. 각 셀의 여덟 개의 이웃 중에서 두 개 혹은 세 개의 이웃이 살아 있고, 현재 이 셀이 살아 있었으면, 이 셀은 다음 시간에도 계속 살아남게 된다.
7. 각 셀의 여덟 개의 이웃 중에서 현재 정확하게 세 개의 이웃만이 살아 있고, 현재 시각에 이 셀이 죽어 있던 셀이면, 다음 시간에 이 셀은 다시 살아나게 된다.
8. 각 셀의 여덟 개의 이웃 중에서 현재 네 개 이상의 이웃이 살아 있다면, 이 셀은 너무 갑갑해서 다음 시간에는 죽게 된다.

초기에 격자판에는 각 셀의 상태가 임의로 주어지며, 이 상태를 0번째 세대라고 부른다. 다음 시각에는 위의 규칙을 모든 셀에 동시에 적용하여 새로운 셀의 상태를 만들게 되고, 이 상태를 1번째 세대라고 부른다. 게임은 이와 같이 단위 시간마다 위의 규칙에 따라 셀의 상태가 바뀌면서 다음 세대의 셀 상태를 계속 만들어 나가게 된다.

예를 들어, 아래 그림에서 가장 왼쪽 위 격자판의 상태가 0 번째 세대를 나타낸다. 여기에서 회색은 살아 있는 셀을 나타내며, 흰색은 죽어있는 셀을 나타낸다. 그 오른쪽으로 1세대, 2세대, 3세대를 나타내며, 아래 쪽에는 왼쪽으로부터 4, 5, 6, 7 세대를 나타낸다.

격자판의 크기와 격자판에 초기 격자판의 각 셀의 상태를 나타내는 0세대의 상태가 주어졌을 때, 격자판에서 시시각각으로 이루어 지는 셀들의 상태 변화를 계산하는 프로그램을 작성하시오.

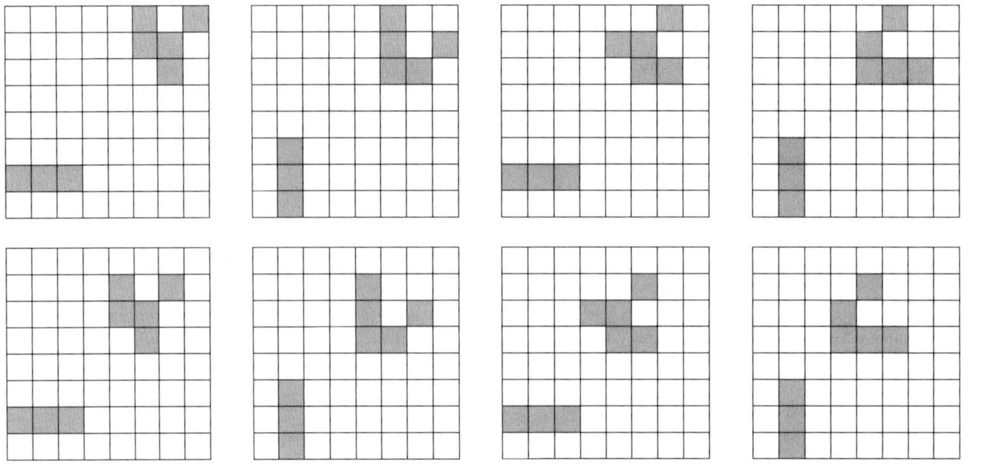

입력

입력 파일의 이름은 "input.txt" 이다. 입력은 t 개의 테스트 케이스로 주어진다. 입력 파일의 첫 번째 줄에 테스트 케이스의 개수를 나타내는 정수 t 가 주어진다. 두 번째 줄부터 각 테스트 케이스에 해당하는 데이터가 입력된다. 각 테스트 케이스의 첫 번째 줄에는 격자판의 크기를 나타내는 두 개의 정수 m n ($3 \le m, n \le 100$) 이 주어진다. 첫 번째 정수 m 은 격자판의 가로 줄의 개수를 나타내며, 두 번째 정수 n 은 세로 줄의 개수를 나타낸다. 두 정수 사이에는 하나의 공백이 있다. 두 번째 줄에는 하나의 정수 g ($1 \le g \le 100$) 가 주어지는데, 이는 격자판에 놓여진 셀들이 각 시각마다 시시각각 변화하여 셀들의 g 번째 세대까지를 계산하는 것을 의미한다. 세 번째 줄부터 n 개의 줄에는 격자판의 0번째 세대의 각 셀의 상태를 나타내는 데이터가 나타난다. 각 줄에는 격자판의 하나의 가로줄에 해당하는 셀의 상태가, 그 줄의 왼쪽 셀부터 오른쪽 셀까지 차례로 나타난다. 살아있는 셀은 영문자 대문자 'O'로 나타나며, 죽어 있는 셀은 영문자 대문자 'X'로 나타난다. 각 문자들 사이에는 공백이 없다. 또한, 격자판의 가장 위쪽 가로 줄부터 가장 아래쪽 가로 줄까지 순서대로 나타난다. 잘못된 데이터가 입력되는 경우는 없다.

출력

출력은 표준출력(standard output)을 사용한다. 입력되는 테스트 케이스의 순서대로 다음 줄에 이어서 각 테스트 케이스의 결과를 출력한다. 각 테스트 케이스의 출력되는 첫 번째 줄에 격자판의 *g*번째 세대에서 살아있는 셀의 개수를 출력한다. 두 번째 줄부터 *n* 개의 줄에는 *g* 번째 세대의 각 셀의 상태를 출력한다. 출력은 격자판의 가로 줄을 가장 위쪽 줄부터 가장 아래쪽 줄까지 한 줄에 하나의 가로 줄에 대한 상태를 출력한다. 한 줄에서는 격자판의 가로 줄에서 가장 왼쪽 셀부터 가장 오른쪽 셀까지 그 셀의 상태를 차례로 출력한다. 살아있는 셀은 영문자 대문자 'O'로 출력하며, 죽어있는 셀은 영문자 대문자 'X'로 출력한다. 각 문자들 사이에는 공백을 두지 않는다.

입력과 출력의 예

입력	출력
2 8 8 6 XXXXXOXO XXXXXOOX XXXXXXOX XXXXXXXX XXXXXXXX XXXXXXXX OOOXXXXX XXXXXXXX 11 25 39 XXXXXXXXXXXXXXXXXXXXXXXXX XXXXXXXXXXXXXXXXXXXXXXXXX XXXXXXXXXXXXXXOOXXXXXXXXX XXXXXXXXXXXXXOXXXOXXXXXXX XXXXXXXXXXXXOXXXXXOXXXXXX XXXXXXXXXXXXOXXXOXOOXXXXX XXXXXXXXXXXXOXXXXXOXXXXXX XXXXXXXXXXXXXOXXXOXXXXXXX XXXXXXXXXXXXXXOOXXXXXXXXX XXXXXXXXXXXXXXXXXXXXXXXXX XXXXXXXXXXXXXXXXXXXXXXXXX	8 XXXXXXXX XXXXXOXX XXXOOXXX XXXXOOXX XXXXXXXX XXXXXXXX OOOXXXXX XXXXXXXX 27 XXXXXXXXXXXXXXXXXXXXXXXXX XXXXXXXXXXXXXXXXXXXXXXXXX XXXXXXXXXXXXXXOOOXXXXXXXX XXXXXXXXXXXXXXOOOXXXXXXXX XXXXXXOOXXXXXXOOOXXXXXXXX XXXXXOXXOXXXXXXXXXXXXXOOO XXXXXXOOXXXXXXOOOXXXXXXXX XXXXXXXXXXXXXXOOOXXXXXXXX XXXXXXXXXXXXXXOOOXXXXXXXX XXXXXXXXXXXXXXXXXXXXXXXXX XXXXXXXXXXXXXXXXXXXXXXXXX

MyLifeGame.h

```
#ifndef _MY_LIFE_GAME_H_
#define _MY_LIFE_GAME_H_

const int max_board_size = 100;

class MyLifeGame
{
public:
    typedef enum BoardStatus {ALIVE, DEAD};

     // constructors
    MyLifeGame ();
    MyLifeGame (int rSize, int cSize, char gameCells[][max_board_size+1]);

    // mutator function
    void setBoard (int rSize, int cSize, char gameCells[][max_board_size+1]);

    // utility functions
    void runLifeGame(int time);
    void printBoard();

private:
    BoardStatus board[max_board_size][max_board_size];
    int rowSize, colSize;
    int numAliveCells;

    void getNextGeneration();
};

#endif // _MY_LIFE_GAME_H_
```

MyLifeGame.cpp

```
#include <cstdlib>
#include "MyLifeGame.h"

// constructors
MyLifeGame::MyLifeGame ()
{
}

MyLifeGame::MyLifeGame (int rSize, int cSize, char gameCells[][max_board_size+1])
{
    setBoard(rSize, cSize, gameCells);
}


// mutator function
void MyLifeGame::setBoard (int rSize, int cSize, char gameCells[][max_board_size+1])
{
    rowSize = rSize;
    colSize = cSize;

    for(int i=0; i<rowSize; i++)
        for(int j=0; j<colSize; j++)
            if(gameCells[i][j] == 'X')
                board[i][j] = DEAD;
            else if(gameCells[i][j] == 'O')
                board[i][j] = ALIVE;
```

```
}

// utility functions
void MyLifeGame::runLifeGame(int time)
{
    for(int i=0; i<time; i++)
        getNextGeneration();

}

void MyLifeGame::printBoard()
{
}

void MyLifeGame::getNextGeneration()
{
}
```

TestMyLifeGame.cpp

```
#include <iostream>
#include <fstream>
#include <cstdlib>
#include "MyLifeGame.h"
using namespace std;

void main()
{
    ifstream inStream;
    int numTestCases;

    inStream.open("input.txt");
    if (inStream.fail())
    {
        cerr << "Input file opening failed.\n";
        exit(1);
    }

    inStream >> numTestCases;
    MyLifeGame lifeGame;

    for (int i=0; i<numTestCases; i++)
    {
        int rows, cols;
        int timeToGo;
        char initBoard[max_board_size][max_board_size+1];

        inStream >> rows >> cols;
        inStream >> timeToGo;

        for (int j=0; j<rows; j++)
                inStream >> initBoard[i];

        lifeGame.setBoard(rows, cols, initBoard);
        lifeGame.runLifeGame(timeToGo);
        lifeGame.printBoard();
    }

    inStream.close();
}
```

Connect Four (입체 사목 게임)

"Connect Four" 게임은 바둑판에서 진행되는 오목과 매우 유사한 게임이다. 오목에서는 바둑돌을 5개 연속적으로 일렬로 나열하면 이기는 게임이며, "connect four"에서는 네 개를 일렬로 나열하는 게임이다.

"Connect Four" 게임은 아래 그림 왼쪽과 같이 6개의 가로 행과 7개의 세로 열의 동그란 구멍으로 만들어진 게임판에서 두 명이 서로 다른 색깔의 칩으로 경기를 진행한다. 게임판은 세워져 있으며, 아래 오른쪽 그림에서와 같이 칩을 아직 채워지지 않은 세로 열의 제일 윗쪽에서 투입하면, 칩은 그 세로 열에서 아직 채워지지 않은 가장 아래쪽으로 구멍으로 떨어져서 그 구멍을 채우게 된다. 게임은 두 사람이 번갈아 가면서 칩을 게임판에 투입하게 되고, 먼저 4개의 같은 색깔의 칩이 수평, 수직, 혹은 대각선으로 놓여 지도록 만드는 사람이 그 게임을 이기게 된다. 만약 게임판이 모두 칩으로 채워지는 동안에 경기가 끝나지 않으면, 게임은 무승부가 된다.

게임판에서 세로 열을 왼쪽으로부터 1, 2, 3, …, 7번으로 부여하고, 두 사람이 칩을 투여한 세로 열 번호가 차례로 주어졌을 때, 어느 사람이 먼저 게임을 이겼는지를 판별하는 프로그램을 작성하시오. 입력되는 데이터는 실제로 게임이 진행되는 과정을 나타내는 데이터로서, 현재까지 게임이 끝나지 않고 있거나, 혹은 한 사람이 게임에서 이겨서 게임이 끝난 상황을 나타낸다.

입력

입력 파일의 이름은 "input.txt" 이다. 입력은 t 개의 테스트 케이스로 주어진다. 입력 파일의 첫 줄에 테스트 케이스의 개수를 나타내는 정수 t 가 주어진다. 둘째 줄부터 t 개의 줄에는 한 줄에 하나의 테스트 케이스에 해당하는 데이터가 입력된다. 각 테스트 케이스에 해당되는 줄에서 입력되는 첫 번째 정수 n ($1 \le n \le 42$) 은 현재까지 게임이 진행되면서 게임판에 투입된 칩의 개수를 나타낸다. 이 정수 다음에는 모두 n 개의 정수가 같은 줄에서 입력되는데, 이 정수들은 두 사람이 번갈아 가면서 칩을 투여한 세로 열의 번호들을 나타낸다. 각 정수들 사이에는 하나의 공백이 있다. 입력되는 모든 데이터는 정상적으로 진행되는 게임 데이터를 나타낸다. 잘못된 데이터가 입력되는 경우는 없다.

출력

출력은 표준출력(standard output)을 사용한다. 입력 테스트 케이스의 순서대로 다음 줄에 이어서 각 테스트의 결과를 출력한다. 각 테스트 케이스에 해당하는 출력의 첫 줄에 게임이 진행되는 도중에 먼저 게임을 이기는 사람의 번호를 출력한다. 먼저 게임을 진행하는 사람의 번호를 1, 다른 사람의 번호를 2번으로 정한다. 게임이 현재까지 진행되는 동안 아직 승부가 결정되지 않은 경우에는 0을 출력한다.

입력과 출력의 예

입력	출력
3 15 4 5 4 5 1 1 2 3 3 2 6 7 4 5 5 8 1 2 1 3 1 4 7 5 14 4 5 4 5 1 1 2 3 3 2 6 7 4 5	1 2 0

(참고) 게임 이름 "Connect Four"는 Milton Bradley 의 등록상표이다.

문제 63

홀수 마방진

행과 열의 크기가 각각 n 인 행렬에서 어느 행이나, 어느 열, 또한 두 대각선 상에 놓여진 숫자 원소들의 합이 모두 같은 행렬을 마방진(magic square)이라고 한다. 이 마방진의 원소에는 같은 수가 하나도 없으며 1부터 시작하여 $n \times n$ 까지의 자연수로 구성된다. 이때, 자연수 n 을 마방진의 크기라고 한다. 다음은 n = 5, 7인 마방진의 예이다.

17	24	1	8	15
23	5	7	14	16
4	6	13	20	22
10	12	19	21	3
11	18	25	2	9

30	39	48	1	10	19	28
38	47	7	9	18	27	29
46	6	8	17	26	35	37
5	14	16	25	34	36	45
13	15	24	33	42	44	4
21	23	32	41	43	3	12
22	31	40	49	2	11	20

마방진을 만드는 방법에는 여러가지가 있으나, 그 중에서 가장 유명한 방법 중의 하나는 크기가 홀수인 마방진을 만드는 샴(Siam) 해법이다. 샴 (Siam)은 옛 태국왕국의 이름을 말하며, 이 방법은 또한 루브르(De La Loubere) 해법이라고도 부르는데, 루브르는 17세기 후반 샴 왕국의 대사로 파견된 프랑스인으로서, 루브르가 귀국하면서 샴 왕국에서 알려진 홀수 마방진의 해법을 전수했다고 한다.

크기가 홀수인 마방진을 만드는 샴 해법은 다음과 같다. 마방진 행렬에서 각 원소가 놓여질 위치를 셀이라고 부른다.

1. 첫 번째 행의 중앙에 위치한 셀에 1을 놓고 시작한다 (앞 그림 참조).
2. 아직 숫자가 놓여지지 않은 빈 셀에 1씩 큰 수를 놓으면서 오른쪽-위 대각선 방향 (한 칸 위, 한 칸 오른쪽)으로 옮겨간다.

3. 만약 다음 셀이 마방진 행렬 밖으로 벗어나면 다음 셀의 행렬의 반대편 자리에서 계속한다. 즉, 가장 위의 행을 벗어나는 경우에는 같은 열의 최하단 행으로, 가장 오른쪽 열을 벗어나는 경우에는 같은 행의 제일 왼쪽 열로 이동한다.
4. 다음 셀이 이미 다른 숫자로 채워져 있으면, 현재 셀의 바로 한 칸 아래 셀로 움직여서 계속한다.

다음 그림 (가)는 위 항목 2번을 예시하며, 그림 (나), (다)는 위의 항목 3번을 예시하며, (라)는 항목 4를 예시한다.

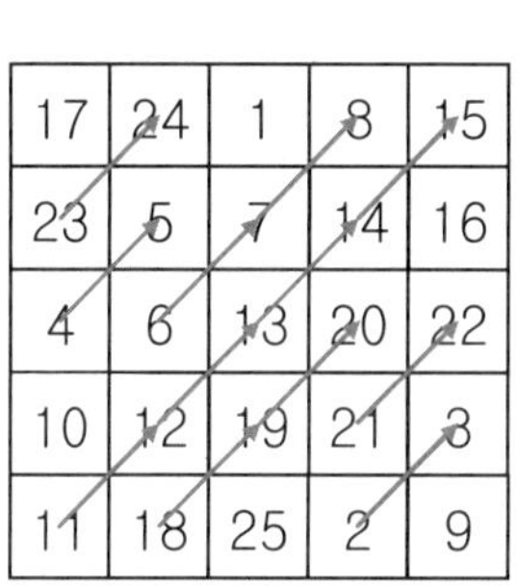

(가)

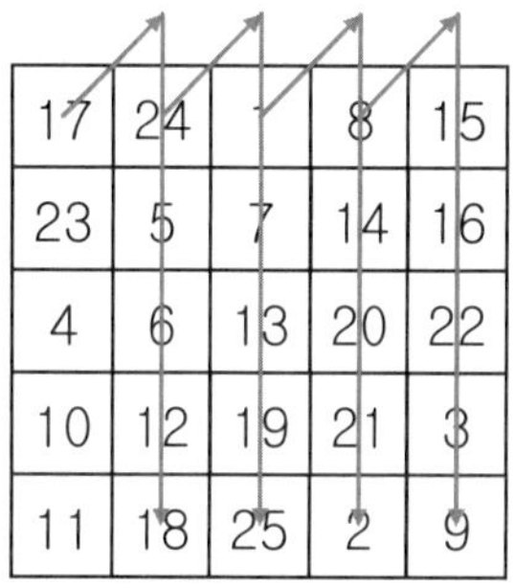

(나)

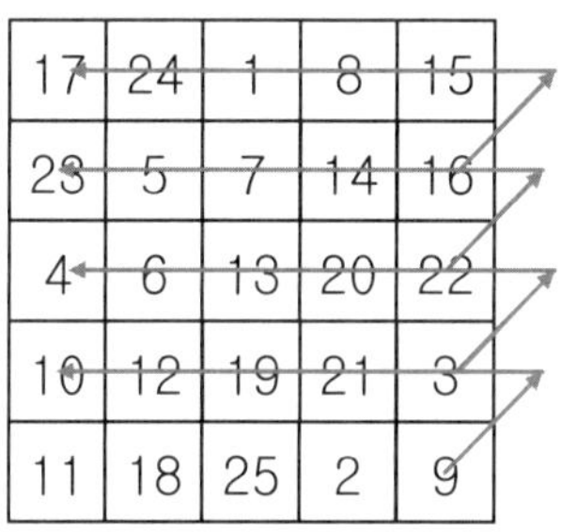

(다)

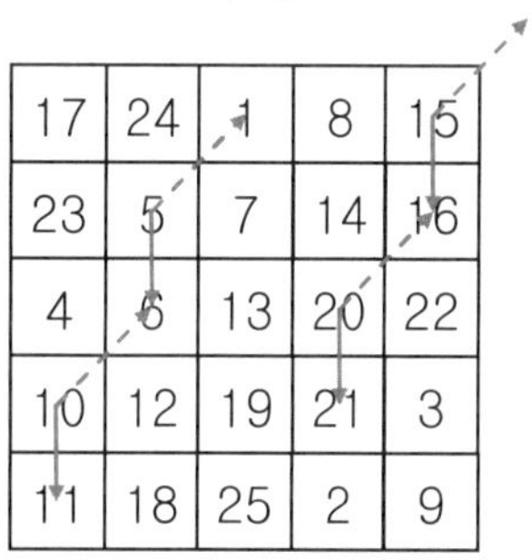

(라)

마방진의 크기를 나타내는 홀수의 자연수가 주어졌을 때, 샴 해법에 따라 홀수 마방진을 계산하는 프로그램을 작성하시오.

입력

입력 파일의 이름은 "input.txt" 이다. 입력은 *t* 개의 테스트 케이스로 주어진다. 입력 파일의

첫 번째 줄에 테스트 케이스의 개수를 나타내는 정수 t 가 주어진다. 두 번째 줄부터 t 개의 줄에는 한 줄에 한 개의 테스트 케이스에 해당하는 마방진의 크기를 나타내는 자연수 n (n은 홀수이며 $1 \le n \le 49$)이 입력된다. 잘못된 데이터가 입력되는 경우는 없다.

출력

출력은 표준출력(standard output)을 사용한다. 입력되는 테스트 케이스의 순서대로 다음 줄에 이어서 각 테스트 케이스의 결과를 출력한다. 각 테스트 케이스에 해당하는 출력의 첫 줄부터 각 테스트 케이스에서 만들어진 마방진 행렬의 첫 번째 행부터 마지막 행까지 순서대로 각 행을 한 줄씩 출력한다. 같은 행에 있는 정수는 왼쪽 셀부터 오른쪽 셀까지 차례로 출력한다. 각 정수들 사이에는 하나의 공백을 둔다.

입력과 출력의 예

입력	출력
3 1 3 5	1 8 1 6 3 5 7 4 9 2 17 24 1 8 15 23 5 7 14 16 4 6 13 20 22 10 12 19 21 3 11 18 25 2 9

MyMagicSquareOdd.h

```
#ifndef _MY_MAGIC_SQUARE_ODD_H_
#define _MY_MAGIC_SQUARE_ODD_H_

const int max_size = 49;

class MyMagicSquareOdd
{
public:
    // constructors
    MyMagicSquareOdd ();
    MyMagicSquareOdd (int n);

    // utility functions
    void printSquare() const;

private:
    int square[max_size][max_size];
    int size;
    void makeSquare();  // 홀수 마방진을 만드는 함수
    bool checkSquare(); // 만들어진 행렬이 홀수 마방진인지를 검사
};

#endif // _MY_MAGIC_SQUARE_ODD_H_
```

MyMagicSquareOdd.cpp

```
#include <cstdlib>
#include "MyMagicSquareOdd.h"

// constructors
MyMagicSquareOdd::MyMagicSquareOdd ()
:size(0)
{
}

MyMagicSquareOdd::MyMagicSquareOdd (int n)
:size(n)
{
    if(n%2 == 0 || n<1 || n>max_size)
        exit(1);

    makeSquare();
    if(!checkSquare())
        exit(1);
}

// utility functions
void MyMagicSquareOdd::printSquare () const
{
}


void MyMagicSquareOdd::makeSquare ()
{
}

bool MyMagicSquareOdd::checkSquare ()
{
}
```

TestMyMagicSquareOdd.cpp

```
#include <iostream>
#include <fstream>
#include <cstdlib>
#include "MyMagicSquareOdd.h"
using namespace std;

void main()
{
    ifstream inStream;
    int numTestCases;

    inStream.open("input.txt");
    if (inStream.fail())
    {
        cerr << "Input file opening failed.\n";
        exit(1);
    }

    inStream >> numTestCases;

    for(int i=0; i<numTestCases; i++)
    {
        int size;

        inStream >> size;

        MyMagicSquareOdd oddSquare(size);
        oddSquare.printSquare();
    }

    inStream.close();
}
```

문제 64

짝수 마방진

행과 열의 크기가 각각 n 인 행렬에서 어느 행이나, 어느 열, 또한 두 대각선 상에 놓여진 원소들의 합이 모두 같은 행렬을 마방진(magic square)이라고 한다. 이 마방진의 원소는 같은 수가 하나도 없으며 1부터 시작하여 $n \times n$ 까지의 자연수로 구성된다. 이때, 자연수 n 을 마방진의 크기라고 한다. 다음은 $n = 4$, 6인 마방진의 예이다. 참고로, $n = 2$ 인 마방진은 존재하지 않는다.

16	2	3	13
5	11	10	8
9	7	6	12
4	14	15	1

32	29	4	1	24	21
30	31	2	3	22	23
12	9	17	20	28	25
10	11	18	19	26	27
13	16	36	33	5	8
14	15	34	35	6	7

크기가 짝수인 마방진을 만드는 방법에는 여러 가지가 있으나, 대표적으로 n 이 4의 배수인 경우의 마방진을 만드는 방법과 n 이 4의 배수가 아닌 짝수의 마방진을 만드는 방법으로 나누어진다.

첫 번째의 경우인 $n = 4k$ $(k \geq 1)$ 인 경우에, 짝수 마방진은 만드는 방법은 다음과 같다. 먼저 $n \times n$ 행렬의 첫 번째 행부터 마지막 행까지 왼쪽에서 오른쪽으로 1부터 n^2 까지의 번호를 차례대로 부여한다. 다음으로는 아래 그림에서와 같이 $n \times n$ 행렬을 크기가 4×4 인 작은 행렬로 나누고, 모든 $(n/4)^2$ 개의 작은 행렬에서 대각선과 역 대각선으로 X자 모양의 직선을 긋는다. 행렬의 i-번째 행과 j-번째 열의 원소를 a_{ij} 라고 할 때, 행렬의 원소 중에서 X자 모양의 직선 위에 있는 원소 a_{ij} 는 그 번호를 $n^2 + 1 - a_{ij}$ 로 바꾼다. 아래 그림은 $n = 8$ 일 때, 이와 같은 방법으로 마방진을 만든 경우이다.

64	2	3	61	60	6	7	57
9	55	56	12	13	51	50	16
17	47	46	20	21	43	42	24
40	26	27	37	36	30	31	33
32	34	35	29	28	38	39	25
41	23	22	44	45	19	18	48
49	15	14	52	53	11	10	56
8	58	59	5	4	62	63	1

이와 같은 방법은 아래 그림과 같이 $n \times n$ 행렬을 1부터 n^2 까지의 번호를 차례대로 부여한 행렬에서는 X자 모양의 직선 밖에 있는 원소를 취하고, $n \times n$ 행렬을 n^2 부터 1까지의 역순의 번호를 차례대로 부여한 행렬에서는 X자 모양의 직선 위에 있는 원소를 취하여 합한 경우와 같다.

1	2	3	4	5	6	7	8
9	10	11	12	13	14	15	16
17	18	19	20	21	22	23	24
25	26	27	28	29	30	31	32
33	34	35	36	37	38	39	40
41	42	43	44	45	46	47	48
49	50	51	52	53	54	55	56
57	58	59	60	61	62	63	64

\+

64	63	62	61	60	59	58	57
56	55	54	53	52	51	50	49
48	47	46	45	44	43	42	41
40	39	38	37	36	35	34	33
32	31	30	29	28	27	26	25
24	23	22	21	20	19	18	17
16	15	14	13	12	11	10	9
8	7	6	5	4	3	2	1

=

64	2	3	61	60	6	7	57
9	55	54	12	13	51	50	16
17	47	46	20	21	43	42	24
40	26	27	37	36	30	31	33
32	34	35	29	28	38	39	25
41	23	22	44	45	19	18	48
49	15	14	52	53	11	10	56
8	58	59	5	4	62	63	1

다음으로 $n = 4k+2$ (k $\geq$ 1) 인 경우에 짝수 마방진은 만드는 방법으로는 콘웨이(John H. Conway)가 개발한 "LUX" 해법이 있다. 이 방법은 아래 왼쪽 그림에서와 같이 $n \times n$ 행렬을 크기가 2×2 인 작은 행렬로 나누고, 이 2×2 인 작은 행렬을 하나의 원소로 하여 아래 오른쪽 그림의 행렬에서와 같이 크기가 홀수인 $2k+1$인 행렬을 만들 수 있다. 원래의 $n \times n$ 행렬에서 각 원소에 번호를 부여하는 순서는 다음과 같다.

68	65	96	93	4	1	32	29	60	57
66	67	94	95	2	3	30	31	58	59
92	89	20	17	28	25	56	53	64	61
90	91	18	19	26	27	54	55	62	63
16	13	24	21	49	52	80	77	88	85
14	15	22	23	50	51	78	79	86	87
37	40	45	48	76	73	81	84	9	12
38	39	46	47	74	75	82	83	10	11
41	44	69	72	97	100	5	8	33	36
43	42	71	70	99	98	7	6	35	34

L_{17}	L_{24}	L_{1}	L_{8}	L_{15}
L_{23}	L_{5}	L_{7}	L_{14}	L_{16}
L_{4}	L_{6}	U_{13}	L_{20}	L_{22}
U_{10}	U_{12}	L_{19}	U_{21}	U_{3}
X_{11}	X_{18}	X_{25}	X_{2}	X_{9}

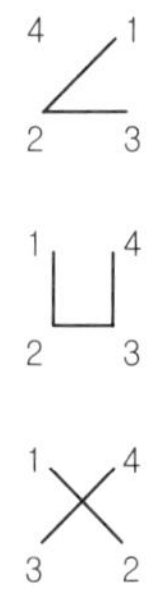

1. 먼저 2×2 행렬을 원소로 하는 $2k+1$ 인 행렬에서 홀수 마방진("홀수 마방진" 문제 참조)에서 번호를 부여하는 순서대로 2×2 행렬을 따라가면서 각 2×2 행렬에 1부터 n^2 까지 연속적인 네 개의 번호를 순서대로 부여한다. 위 오른쪽 행렬에서 문자 L, U, X 아래에 있는 숫자가 홀수 마방진에 해당하는 숫자이다.
2. 2×2 행렬을 원소로 하는 $2k+1$ 인 행렬에서 첫 번째 행부터 $k+1$ 개의 행에 있는 모든 원소는 문자 L-형, 그 다음 한 개의 행에 있는 원소는 문자 U-형, 그 다음 $k-1$ 개의 행에 있는 원소는 문자 X-형으로 정의한다. 단, $k+1$ 번째 행의 가운데 원소는 문자 U-형으로 하고, 그 다음 행의 가운데 원소는 문자 L-형으로 한다. 위 그림의 오른쪽 행렬의 각 원소에 있는 문자가 그 형을 나타낸다.
3. 2×2 행렬을 원소로 하는 $2k+1$ 인 행렬에서, 원소가 각각 L-, U-, X-형인 경우에는 2×2 행렬에 부여된 네 개의 숫자를 그 2×2 행렬에 있는 네 개의 원소에 번호를 부여하는 순서는 위 가장 오른쪽에서와 같이 문자 L-, U-, X-형의 순서로 번호를 부여한다.

예를 들어, 앞에 나타난 왼쪽 그림은 크기가 10인 짝수 마방진을 위에서 제시된 방법으로 만든 예이다.

마방진의 크기를 나타내는 짝수의 자연수가 주어졌을 때, 위 방법에 따라 마방진을 계산하는 프로그램을 작성하시오.

입력

입력 파일의 이름은 "input.txt" 이다. 입력은 t 개의 테스트 케이스로 주어진다. 입력 파일의 첫 번째 줄에 테스트 케이스의 개수를 나타내는 정수 t 가 주어진다. 두 번째 줄부터 t 개의 줄에는 한 줄에 한 개의 테스트 케이스에 해당하는 마방진의 크기를 나타내는 자연수 n (n은 짝수이며 $4 \le n \le 50$)이 주어진다. 잘못된 데이터가 입력되는 경우는 없다.

출력

출력은 표준출력(standard output)을 사용한다. 입력되는 테스트 케이스의 순서대로 다음 줄에 이어서 각 테스트 케이스의 결과를 출력한다. 각 테스트 케이스의 결과는 만들어진 마방진 행렬의 첫 번째 행부터 마지막 행까지 각 행을 순서대로 한 줄씩 출력한다. 같은 행에 있는 정수는 왼쪽 원소부터 오른쪽 원소까지 차례로 한 줄에 출력한다. 각 정수들 사이에는 한 개의 공백을 둔다.

입력과 출력의 예

입력	출력
3 4 6 8	16 2 3 13 5 11 10 8 9 7 6 12 4 14 15 1 32 29 4 1 24 21 30 31 2 3 22 23 12 9 17 20 28 25 10 11 18 19 26 27 13 16 36 33 5 8 14 15 34 35 6 7 64 2 3 61 60 6 7 57 9 55 54 12 13 51 50 16 17 47 46 20 21 43 42 24 40 26 27 37 36 30 31 33 32 34 35 29 28 38 39 25 41 23 22 44 45 19 18 48 49 15 14 52 53 11 10 56 8 58 59 5 4 62 63 1

MyMagicSquareEven.h

```
#ifndef _MY_MAGIC_SQUARE_EVEN_H_
#define _MY_MAGIC_SQUARE_EVEN_H_

const int max_size = 50;

class MyMagicSquareEven
{
public:
    // constructors
    MyMagicSquareEven ();
    MyMagicSquareEven (int n);

    // utility functions
    void printSquare() const;

private:
    int square[max_size][max_size];
    int size;
    void makeSquare();  // 짝수 마방진을 만드는 함수
    bool checkSquare(); // 만들어진 행렬이 짝수 마방진인지를 검사
};

#endif // _MY_MAGIC_SQUARE_EVEN_H_
```

MyMagicSquareEven.cpp

```
#include <cstdlib>
#include "MyMagicSquareEven.h"

// constructors
MyMagicSquareEven::MyMagicSquareEven ()
:size(0)
{
}

MyMagicSquareEven::MyMagicSquareEven (int n)
:size(n)
{
    if(n%2 == 1 || n<1 || n>max_size)
        exit(1);

    makeSquare();
    if(!checkSquare())
        exit(1);
}

// utility functions
void MyMagicSquareEven::printSquare () const
{
}

void MyMagicSquareEven::makeSquare ()
{
}

bool MyMagicSquareEven::checkSquare ()
{
}
```

TestMyMagicSquareEven.cpp

```
#include <iostream>
#include <fstream>
#include <cstdlib>
#include "MyMagicSquareEven.h"
using namespace std;

void main()
{
    ifstream inStream;
    int numTestCases;

    inStream.open("input.txt");
    if (inStream.fail())
    {
        cerr << "Input file opening failed.\n";
        exit(1);
    }

    inStream >> numTestCases;

    for(int i=0; i<numTestCases; i++)
    {
        int size;

        inStream >> size;

        MyMagicSquareEven evenSquare(size);
        evenSquare.printSquare();
    }

    inStream.close();
}
```

문제 65

빙고 (Bingo) 게임

빙고(Bingo) 게임은 아래 그림의 예에서와 같이 5×5 바둑판 모양의 카드에 1 에서 75 사이의 숫자가 각 작은 사각형에 적혀져 있는데, 같은 숫자가 한 번 이상 적혀져 있지는 않으며, 가장 중심에 있는 사각형에는 항상 0 이 적혀져 있다. 표준 빙고게임의 카드와는 달리 이 문제의 카드에 숫자가 나열되는 특별한 조건은 없다.

73	24	63	45	1
61	40	10	12	37
34	6	(0)	72	56
7	55	49	29	65
69	17	53	33	71

빙고게임은 다음과 같이 진행된다. 빙고게임에 참여한 사람들에게는 위와 같이 만들어진 서로 다른 빙고게임 카드가 한 장씩 주어진다. 그리고 빙고게임에는 숫자 1 에서 75 사이의 숫자를, 중복없이, 임의로 뽑아서 그 번호를 외치는 사람이 있는데, 빙고게임에 참여한 사람들은 그 사람이 부르는 번호가 자기 카드에 있을 경우에는 그 번호가 적혀진 사각형에 표시를 한다. 가장 중앙에 0 이 적혀져 있는 사각형은 항상 표시가 되어 있다. 이 빙고 게임에서 이기는 사람은 번호가 하나씩 차례로 외쳐질 때, 다음과 같은 조건을 가장 먼저 만족하는 카드를 가지고 있는 사람이다.

1. 같은 행(row) 에 있는 다섯 개의 사각형이 모두 표시된 경우
2. 같은 열(column) 에 있는 다섯 개의 사각형이 모두 표시된 경우
3. 두 개의 대각선 중에서 하나의 대각선에 있는 다섯 개의 사각형이 모두 표시된 경우
4. 네 개의 모서리에 있는 사각형이 모두 표시된 경우

번호가 적혀진 빙고게임 카드와 1 과 75 사이의 뽑혀진 번호가 순서대로 주어졌을 때, 이

카드에서 위의 네 개의 조건을 가장 먼저 만족하는 경우가 몇 번째 번호가 뽑혀졌을 경우인지를 계산하는 프로그램을 작성하시오.

예를 들어, 위와 같은 빙고 카드가 주어져 있고, 뽑혀진 번호가 순서대로 70 9 12 3 60 41 55 69 1 33 27 5 … 일 경우에 9 번째 숫자인 1 이 뽑혀졌을 때, 대각선에 놓여 있는 다섯 개의 사각형(1, 12, 0, 55, 69가 적혀진 사각형)을 표시할 수 있게 된다.

입력

입력 파일의 이름은 "input.txt" 이다. 입력은 *t* 개의 테스트 케이스로 주어진다. 입력 파일의 첫 번째 줄에 테스트 케이스의 개수를 나타내는 정수 *t* 가 주어진다. 각 테스트 케이스는 여섯 줄로 구성되어 있으며, 그 중에서 첫 번째 줄부터 다섯 번째 줄까지 각 줄에는 다섯 개의 숫자가 입력된다. 각 줄에서 입력된 다섯 개의 정수는 빙고 카드의 첫 번째 행부터 다섯 번째 행까지 순서대로 하나 행에 나타나는 숫자 다섯 개를 왼쪽에서부터 오른쪽으로 차례로 나열한 것이다. 여섯 번째 줄에는 75 개의 숫자가 입력되는데, 이는 빙고게임에서 뽑혀진 숫자에 해당한다. 한 줄에 여러 개의 숫자가 나열된 경우에는 각 숫자들 사이에 한 개의 공백이 있으며, 잘못된 데이터가 입력되는 경우는 없다.

출력

출력은 표준출력(standard output)을 사용한다. 입력되는 테스트 케이스의 순서대로 다음 줄에 이어서 각 테스트 케이스의 결과를 출력한다. 각 테스트 케이스에 해당하는 출력의 첫 줄에 입력되는 빙고 카드를 가지고 빙고게임을 진행할 경우에 가장 빨리 이길 수 있는 조건을 만족하는 번호가 몇 번째 뽑혀 졌는지를 나타내는 정수를 출력한다.

입력과 출력의 예

입력	출력
1 73 24 63 45 1 61 40 10 12 37 34 6 0 72 56 7 55 49 29 65 69 17 53 33 71 70 9 12 3 60 41 55 69 1 33 27 5 [나머지 63개의 숫자는 생략]	9

MyBingo.h

```
#ifndef _MY_BINGO_H_
#define _MY_BINGO_H_

const int card_size = 5;
const int num_calls = 75;

class MyBingo
{
public:
    // constructors
    MyBingo ();
    MyBingo (int card_num[][card_size]);

    // mutator function
    void setCard (int card_num[][card_size]);

    // utility functions
    int runBingoGame(int numCalls[]) const;

private:
    int bingoCard[card_size][card_size];
};

#endif // _MY_BINGO_H_
```

MyBingo.cpp

```
#include <cstdlib>
#include "MyBingo.h"

// constructors
MyBingo::MyBingo ()
{
}

MyBingo::MyBingo (int card_num[][card_size])
{
    setCard(card_num);
```

```
}


// mutator functions
void MyBingo::setCard (int card_num[][card_size])
{
    for(int i=0; i<card_size; i++)
        for(int j=0; j<card_size; j++)
            bingoCard[i][j] = card_num[i][j];
}

// utility functions
int MyBingo::runBingoGame(int numCalls[]) const
{
}
```

TestMyBingo.cpp

```
#include <iostream>
#include <fstream>
#include <cstdlib>
#include "MyBingo.h"
using namespace std;

void main()
{
    ifstream inStream;
    int numTestCases;

    inStream.open("input.txt");
    if (inStream.fail())
    {
        cerr << "Input file opening failed.\n";
        exit(1);
    }

    inStream >> numTestCases;
    MyBingo bingoGame;

    for (int i=0; i<numTestCases; i++)
    {
        int cardNum[card_size][card_size];
        int numCalls[num_calls];

        for (int j=0; j<card_size; j++)
            for(int k=0; k<card_size; k++)
                inStream >> cardNum[i][j];

        bingoGame.setCard(cardNum);

        for (int j=0; j<card_size; j++)
            inStream >> numCalls[i];

        cout << bingoGame.runBingoGame(numCalls);
    }

    inStream.close();
}
```

문제 66

Cross Puzzle

단어 맞추기 게임 중의 하나인 크로스 퍼즐(cross puzzle)은 아래 그림에서와 같이 직사각형 모양의 격자판에 영문자 대문자가 격자판의 셀이라고 부르는 모든 작은 사각형 내부에 나열되어 있고, 주어진 영어 단어가 격자판에서 가로, 세로 혹은 대각선 방향으로 연속으로 나타나는 지를 찾는 게임이다.

아래와 같은 크로스 퍼즐 격자판이 주어졌을 때, 격자판의 문자가 쓰여진 작은 사각형(즉, 셀)의 위치는 (*m*, *n*) 으로 표시한다. 첫 번째 자연수 *m* 은 격자판에서 행의 번호를 나타내고, 두 번째 자연수 *n* 은 격자판의 열의 번호를 나타낸다. 행의 번호는 아래 그림에서와 같이 격자판의 위쪽에서 아래쪽으로 1번, 2번, 3번 … 순서대로 붙여지고, 열의 번호는 왼쪽에서 오른쪽으로 1번, 2번, 3번 … 순서대로 붙여진다.

행 \ 열	1	2	3	4	5	6
1	A	B	S	E	V	Q
2	D	K	I	R	U	Z
3	N	R	O	R	O	W
4	I	W	W	C	D	K
5	M	D	E	I	P	E

예를 들어, 위의 크로스 퍼즐 격자판에서 스트링 "BIRD"는 첫 문자 'B' 의 위치가 (1, 2)인 셀에서 시작하여 오른쪽 아래로 내려가는 대각선 방향으로 나열되어 있다. 스트링 "ROW"는 첫 문자 'R' 의 위치가 (2, 4)인 셀에서 시작하여 왼쪽 아래로 내려가는 대각선 방향으로 나열되어 있으며, 또한 위치가 (3, 4)인 셀에서 시작하여 오른쪽 방향으로도 나열되어 있다. 그리고 스트링 "MIND"는 위치가 (5, 1)인 셀에서 시작하여 위쪽으로 나열되어 있다.

크로스 퍼즐을 위한 격자판과 영어 단어가 주어졌을 때, 주어진 영어 단어가 격자판에서 어느 곳에 위치하는 지를 검사하는 프로그램을 작성하시오.

입력

입력 파일의 이름은 "input.txt" 이다. 입력은 t 개의 테스트 케이스로 주어진다. 입력 파일의 첫 번째 줄에 테스트 케이스의 개수를 나타내는 정수 t 가 주어진다. 두 번째 줄부터 각 테스트 케이스에 해당하는 데이터가 입력된다. 각 테스트 케이스의 첫 번째 줄에는 크로스 퍼즐 격자판의 크기를 나타내는 두 개의 자연수 m n ($1 \le m, n \le 100$)이 주어진다. 첫 번째 자연수 m 은 격자판의 행의 개수를 나타내며, 두 번째 자연수 n 은 격자판의 열의 개수를 나타낸다. 두 정수 사이에는 한 개의 공백이 있다. 다음 m 개의 줄에는 격자판의 한 개의 행에 놓여진 영문자 대문자들을 왼쪽에서 오른쪽으로 공백없이 나열한 스트링이 주어진다. 이 스트링은 1번 행부터 마지막 행까지 순서대로 주어진다. 그 다음에는 한 개의 자연수 k ($1 \le k \le 100$)가 주어지는데, 이 자연수는 격자판에서 찾고자 하는 스트링의 개수를 나타낸다. 다음 k 개의 줄에는 찾고자 하는 각 스트링이 한 줄에 한 개씩 주어진다. 이 스트링의 길이는 최소 2이며, 최대 200 이다. 잘못된 데이터가 입력되는 경우는 없다.

출력

출력은 표준출력(standard output)을 사용한다. 입력되는 테스트 케이스의 순서대로 다음 줄에 이어서 각 테스트 케이스의 결과를 출력한다. 각 테스트 케이스에서 격자판에서 찾고자 하는 각 스트링에 대하여 한 줄에 그 결과를 다음과 같이 출력한다. 주어진 스트링을 격자판에서 찾을 수 없는 경우에는 -1을 출력한다. 그렇지 않은 경우에는, 격자판에서 그 스트링의 첫 문자가 위치하는 셀의 위치와 스트링이 나열된 방향을 출력한다. 첫 문자의 위치가 (u, v) 인 경우에는 두 개의 자연수 u v 를 순서대로 출력한다. 방향은 아래 그림과 같이 위쪽으로는 0번, 위 오른쪽 방향으로는 1번, 오른쪽으로는 2번 등으로 표시한다. 세 개의 숫자들 사이에는 하나의 공백을 둔다. 단, 주어진 격자판에서 스트링이 여러 번 나타나는 경우에는, 임의로 한 가지 경우만을 출력한다.

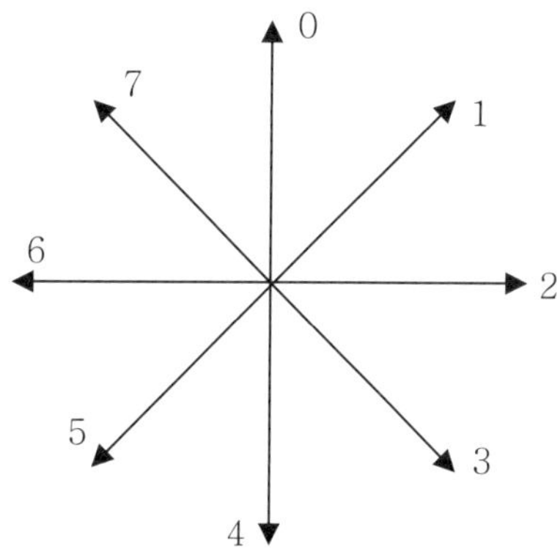

입력과 출력의 예

입력	출력
2 5 6 ABSEVQ DKIRUZ NROROW IWWCDK MDEIPE 4 BIRD ROW MIND BIRDS 3 6 CPPCPP PPCPPC PCPPCP 1 CPPC	1 2 3 2 4 5 5 1 0 -1 3 5 6

(참고) 위의 입력과 출력의 예에서 제시된 첫 번째 데이터에서 스트링 "ROW"는 첫 문자 'R' 의 위치가 (2, 4)인 셀에서 시작하여 왼쪽 아래로 내려가는 대각선 방향으로 나열되어 있으며, 또한 위치가 (3, 4)인 셀에서 시작하여 오른쪽 방향으로도 나열되어 있다. 따라서, 위의 출력의 예에서와 같이 "2 4 5"만이 정답이 아니고, "3 4 2"도 정답이 될 수 있다. 이와 같이 여러 가지의 해답 중에서 어느 한 가지만 출력하면 된다.

문제 67

오목

아래 그림에서와 같이 아홉 개의 가로 줄과 아홉 개의 세로 줄로 만들어진 바둑판이 있다. 가로 줄의 번호는 위쪽에서부터 아래쪽으로 차례로 1번부터 9번으로 부여하고, 세로줄의 번호는 왼쪽에서부터 오른쪽으로 차례로 1번부터 9번까지 부여한다. 각 바둑돌은 가로줄과 세로줄이 교차하는 지점에 놓여질 수 있는데, 이 바둑돌의 위치는 가로줄 번호와 세로줄 번호 순서로 2개의 숫자로 표시한다. 예를 들어, 아래 그림 왼쪽 바둑판에서 흰색 바둑돌의 위치는 4 8 이다.

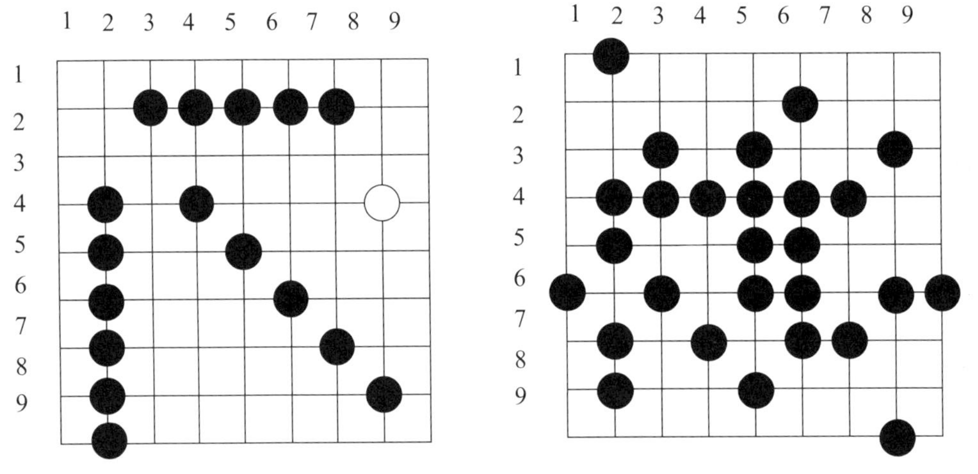

이러한 바둑판에서 오목경기를 하려고 한다. 오목이란 바둑돌이 가로, 세로 혹은 대각선 방향의 직선상에 연속으로 5개 놓여 있는 것을 말한다. 그러나 6 개 이상이 연속으로 놓여지면 오목으로 인정하지 않는다. 예를 들어, 위 왼쪽 그림에서 가로 방향과 대각선 방향으로 놓여진 5개의 검은 바둑돌은 오목을 만들지만, 세로 방향으로 놓여진 바둑돌은 6개의 바둑돌이 연속으로 놓여져 있기 때문에 오목으로 인정하지 않는다.

여러 개의 검은 바둑돌이 바둑판에 놓여 있을 때, 이 바둑판에서 검은 바둑돌에 의하여 오목을 만드는 경우가 있는 지를 판단하는 프로그램을 작성하시오.

입력

입력 파일의 이름은 "input.txt" 이다. 입력은 t 개의 테스트 케이스로 주어진다. 입력 파일의 첫 번째 줄에 테스트 케이스의 개수를 나타내는 정수 t 가 주어진다. 각 테스트 케이스는 아홉 개의 줄로 구성되어 있으며, 바둑판의 각 가로줄에 놓여진 바둑돌을 나타내는 정보가 한 줄에 한 개씩 입력된다. 가로줄은 1번 가로줄부터 9번 가로줄까지 순서대로 입력된다. 각 줄은 바둑판의 하나의 가로줄에 바둑돌이 놓여진 정보가 정수로 입력되는데, 검은 바둑돌이 놓여져 있으면 1이고, 그렇지 않은 경우는 0이다. 하나의 가로줄에 해당하는 정보는 가장 왼쪽 세로줄에 놓여져 있는 바둑돌부터 오른쪽 세로줄에 놓여져 있는 바둑돌로 차례로 입력된다. 각 정수 사이에는 하나의 공백이 있으며, 잘못된 데이터가 입력되는 경우는 없다.

출력

출력은 표준출력(standard output)을 사용한다. 입력되는 테스트 케이스의 순서대로 다음 줄에 이어서 각 테스트 케이스의 결과를 출력한다. 각 테스트 케이스에 해당하는 출력의 첫 줄에 입력되는 바둑판에서 오목으로 놓여진 경우가 있으면 1을 출력하고, 그렇지 않으면 0을 출력한다. 또한 오목으로 놓여진 경우가 있으면, 같은 줄에 오목의 위치와 오목의 방향을 차례대로 출력한다. 오목의 위치는 오목을 만드는 5개의 바둑돌 중에서 가장 중간에 위치하는 바둑돌의 위치를 나타내며, 바둑돌의 위치는 바둑돌이 놓여져 있는 가로줄 번호와 세로줄 번호의 2개의 정수로 나타낸다. 오목의 방향은 정수로 표현되는데 가로 방향인 경우는 1이고, 세로 방향인 경우는 2이고, 대각선 중에서 왼쪽 위에서 오른쪽 아래로의 방향으로 만들어진 대각선 방향은 3이고, 오른쪽 위에서 왼쪽 아래로의 방향으로 만들어진 대각선의 방향은 4이다. 단, 오목을 만드는 경우가 여러 가지인 경우는 그 중의 하나를 임의대로 선택하여 출력한다.

입력과 출력의 예

입력	출력
3 0 0 0 0 0 0 0 0 0 0 0 1 1 1 1 1 0 0 0 0 0 0 0 0 0 0 0 0 1 0 1 0 0 0 0 0 0 1 0 0 1 0 0 0 0 0 1 0 0 0 1 0 0 0 0 1 0 0 0 0 1 0 0 0 1 0 1 0 0 0 1 0 0 1 0 1 0 0 0 0 0 0 1 0 0 0 0 0 0 0 0 0 0 0 0 1 0 0 0 0 0 1 0 1 0 0 1 0 0 1 1 1 1 1 1 0 0 0 1 0 0 1 1 0 0 0 1 0 1 0 1 1 0 1 1 0 1 0 1 0 1 1 0 0 0 1 0 0 1 0 0 0 0 0 0 0 0 0 0 0 1 0 1 1 1 1 1 1 1 1 1 1 1 1 1 1 1 1 1 1 1 1 1 1 1 1 1 1 1 1 1 1 1 1 1 1 1 1 1 1 1 1 1 1 1 1 1 1 1 1 1 1 1 1 1 1 1 1 1 1 1 1 1 1 1 1 1 1 1 1 1 1 1 1 1 1 1 1 1 1 1 1 1	1 6 6 3 1 5 6 4 1 3 3 4

(참고) 위의 출력에 나타나는 해답은 여러가지 해답 중의 하나이며, 여러가지 해답 중의 하나만 해답으로 출력하면 된다.

문제 68

체스판에서 기사(Knight)의 여행

서양 장기인 체스(chess)에는 체스판에서 움직이는 체스말 중에 기사(knight)라는 체스말이 있다. 아래 그림에서와 같이 체스판은 각각 8개의 행과 열로 만들어진 격자판으로서, 행은 위에서 아래로, 열은 왼쪽에서 오른쪽으로 각각 1번부터 8번까지 번호가 부여되어 있다. 또한, 체스판에서 i-번째 행과 j-번째 열에 위치한 작은 정사각형(셀이라 부름)의 위치를 $<i, j>$ 라고 표시하면, 기사는 아래 그림의 체스판에서와 같이 현재의 위치에서 최대 8가지 방향으로 움직일 수 있다. 즉, 현재 위치가 $<i, j>$인 셀에 있는 기사는 다음에는 위치가 $<i-2, j-1>$, $<i-2, j+1>$, $<i-1, j+2>$, $<i+1, j+2>$, $<i+2, j+1>$, $<i+2, j-1>$, $<i+1, j-2>$, $<i-1, j-2>$인 셀로 옮겨갈 수 있다. 옮겨갈 셀의 위치가 체스판을 벗어나게 되면, 그 셀로는 움직일 수 없다.

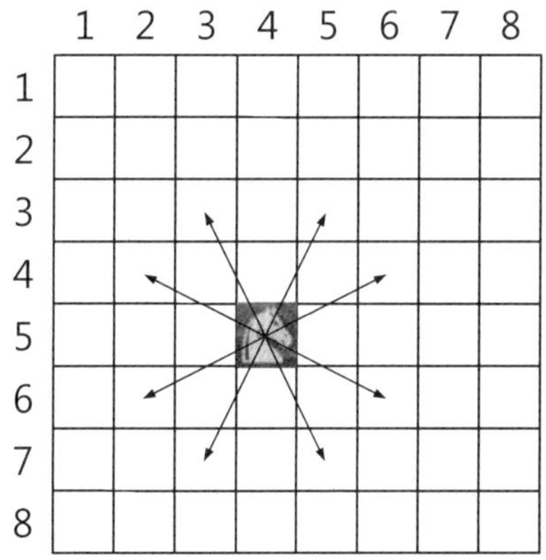

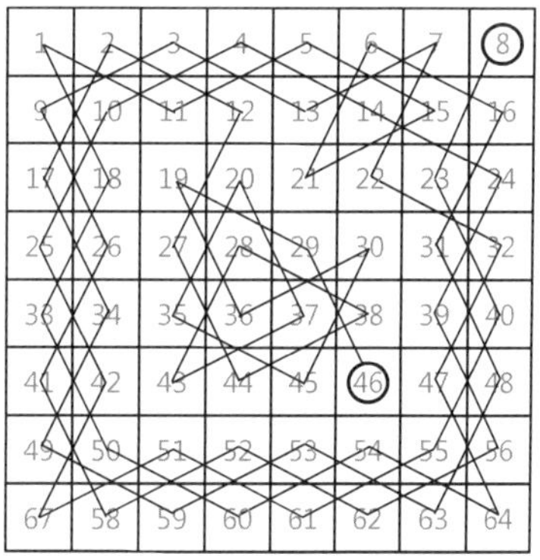

위 오른쪽 그림은 <1, 8>에 위치한 기사가 이전에 방문한 셀은 다시 방문하지 않으면서, 체스판에 있는 모든 셀을 방문하는 기사의 움직임을 나타내는 경로를 나타낸다. 또한 아래 왼쪽 그림은 행과 열의 크기가 각각 6, 8인 체스판에서 <3, 4>에 위치한 기사가 체스판의 모든 48개의 정사각형을 모두 방문하는 기사의 경로를 나타내며, 오른쪽 그림은 행과 열의 크기가 각각 6, 5인 체스판에서 위치가 <1, 2>인 셀에서 출발하는 기사의 경로를 나타낸다.

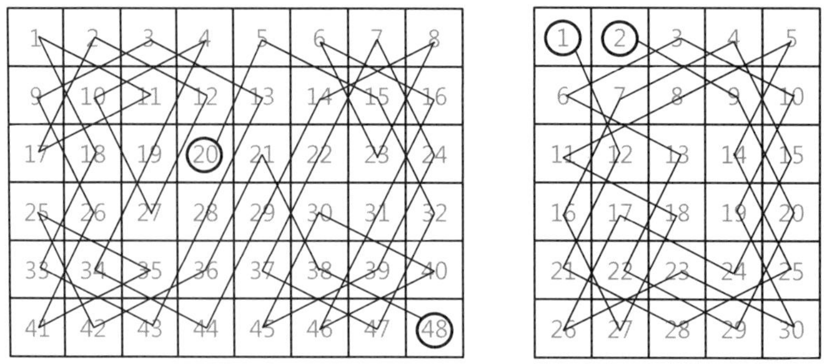

특정한 크기의 체스판에서, 기사가 주어진 위치의 셀에서 출발하여 체스판의 모든 셀을 오직 한 번만 방문하면서, 모든 셀을 모두 다 방문하는 경로를 계산하는 프로그램을 작성하시오.

입력

입력 파일의 이름은 "input.txt" 이다. 입력은 *t* 개의 테스트 케이스로 주어진다. 입력 파일의 첫 번째 줄에 테스트 케이스의 개수를 나타내는 정수 *t* 가 주어진다. 두 번째 줄부터 *t* 개의 줄에는 한 줄에 한 개의 테스트 케이스에 해당하는 네 개의 정수 *m n s t* ($2 \le m, n \le 8$, $1 \le s \le m$, $1 \le t \le n$)가 입력된다. 첫 번째 정수 *m* 은 체스판의 행의 개수를 나타내고, 두 번째 정수 *n* 은 열의 개수를 나타낸다. 또한 두 정수 *s, t* 는 각각 기사의 처음 출발한 셀의 위치를 나타내는 행과 열의 번호를 나타낸다. 각 정수들 사이에는 한 개의 공백이 있으며, 잘못된 데이터가 입력되는 경우는 없다.

출력

출력은 표준출력(standard output)을 사용한다. 입력되는 테스트 케이스의 순서대로 다음 줄에 이어서 각 테스트 케이스의 결과를 출력한다. 각 테스트 케이스에 해당하는 출력에는 주어진 체스판에서 기사가 초기 셀에서 출발하여 체스판의 모든 다른 셀을 방문하는 경로가 존재하면 1을 출력하고 그렇지 않으면 0을 출력한다. 경로가 존재하는 경우에는 기사가 출발하는 셀에 1번을 부여하고, 그 다음으로 옮겨가는 셀들에는 순서대로 2, 3, 4, … 등으로 부여하여, 이러한 번호를 첫 번째 행부터 한 줄에 한 행씩 출력한다. 또한 같은 행에서는 첫 번째 열부터 마지막 열까지 순서대로 출력한다. 같은 줄에 출력되는 각 정수들 사이에는 한 개의 공백을 둔다.

입력과 출력의 예

입력	출력
3 6 8 3 4 6 5 1 2 4 4 1 2	1 32 29 38 25 2 17 8 19 39 26 31 28 37 20 3 16 30 33 24 1 46 7 18 9 43 40 27 36 21 12 15 4 34 23 42 45 6 47 10 13 41 44 35 22 11 14 5 48 1 30 1 8 17 24 7 18 23 2 9 22 29 6 25 16 19 14 21 10 3 28 5 12 15 26 13 20 27 4 11 0

(참고) 위 첫 번째와 두 번째 입력 테스트 데이터의 경우에 있어서, 모든 셀을 방문하는 기사의 경로는 위의 출력에서 제시된 경로 이외에도 다른 많은 경로가 존재한다. 위에서 제시된 경로 이외에도 다른 가능한 여러 경로 중에서 어느 한 가지를 출력하면 된다.

KnightTour.h

```
#ifndef _KNIGHT_TOUR_H_
#define _KNIGHT_TOUR_H_
#include <iostream>

using namespace std;

const int MAX_SIZE = 9;

class KnightTour
{
public:
    KnightTour();
    KnightTour(int sizeRow, int sizeCol);

    bool buildKnightTour(int startRow, int startCol);
    void printBoard();

private:
    typedef int boardType[MAX_SIZE][MAX_SIZE];

    bool recurKnightTour(int startRow, int startCol, int move);
    bool isValidMove (int row, int col);

    int sizeRow, sizeCol;
    boardType board;
     static int direction[8][2];
};

#endif // _KNIGHT_TOUR_H_
```

KnightTour.cpp

```
#include "KnightTour.h"

int KnightTour::direction[8][2] = {{1, -2}, {2, -1}, {2, 1}, {1, 2}, {-1, 2}, {-2, 1},
{-2, -1}, {-1, -2}};

KnightTour::KnightTour()
{
    sizeRow = sizeCol = 8;  // default size of Chessboard
}

KnightTour::KnightTour(int sRow, int sCol)
{
    if (sRow>=2 && sRow<=MAX_SIZE)
        sizeRow = sRow;
    else
        sizeRow = 8;    // set to default size

    if (sCol>=2 && sCol<=MAX_SIZE)
        sizeCol = sCol;
    else
        sizeCol = 8;    // set to default size
}
```

```
void KnightTour::printBoard()
{
    for (int r = 0; r < sizeRow; r++)
    {
        for (int c = 0; c < sizeCol; c++)
            cout << board[r][c] << " ";

        cout <<endl;
    } // for r
}

bool KnightTour::buildKnightTour(int startRow, int startCol)
{
    for (int r=0; r<sizeRow; r++)
        for (int c=0; c<sizeCol; c++)
            board[r][c]= 0;

    if (startRow <= 0 || startRow > sizeRow)
        startRow = 0;
    if (startCol <= 0 || startCol > sizeCol)
        startCol = 0;

    board[startRow-1][startCol-1] = 1;

    return recurKnightTour(startRow-1, startCol-1, 1);
}

bool KnightTour::recurKnightTour(int row, int col, int move)
{
    int nextRow, nextCol;

    if (move == sizeRow*sizeCol)
        return true;

    for(int dir=0; dir<8; dir++)
    {
        nextRow = row + direction[dir][0];
        nextCol = col + direction[dir][1];

        if(isValidMove(nextRow, nextCol))
        {
            ..................................................................
               ..................................................................
        }
    }

    return false;
}

bool KnightTour::isValidMove(int row, int col)
{
    if(row>=sizeRow || row<0)
        return false;

    if(col>=sizeCol || col<0)
        return false;

    if(board[row][col] != 0)
```

```
        return false;

    else
        return true;
}
```

TestKnightTour.cpp

```
#include <fstream>
#include <cstdlib>
#include "KnightTour.h"


void main()
{
    ifstream inStream;
    int numTestCases;

    inStream.open("input.txt");
    if (inStream.fail())
    {
        cerr << "Input file opening failed.\n";
        exit(1);
    }

    inStream >> numTestCases;

    for(int i=0; i<numTestCases; i++)
    {
        int sizeRow, sizeCol;
        int startRow, startCol;

        inStream >> sizeRow >> sizeCol;
        inStream >> startRow >> startCol;

        KnightTour kTour(sizeRow, sizeCol);

        if (kTour.buildKnightTour(startRow, startCol))
        {
            cout << 1 << endl;
            kTour.printBoard();
        }
        else
            cout << 0 << endl;
    }

    inStream.close();
}
```

문제 69

Flood Fill

Flood fill 은 포토샵과 같은 영상을 처리하는 프로그램에서 마우스로 클릭한 픽셀의 색깔과 같은 색을 가지면서 클릭된 픽셀에 같은 색으로 연속적으로 연결된 모든 픽셀을 주어진 다른 색으로 바꾸는 작업이다. 여기에서 두 픽셀이 연결된 경우는 서로 아래/위 혹은 좌/우로 인접한 경우를 말한다. 아래 그림은 flood fill 작업의 예를 나타낸 것이다. 아래 왼쪽 그림에서 화살표가 가리키는 픽셀을 흰색에서 픽셀에 표시된 작은 원모양의 색으로 flood fill 작업을 한 결과가 오른쪽 그림이다.

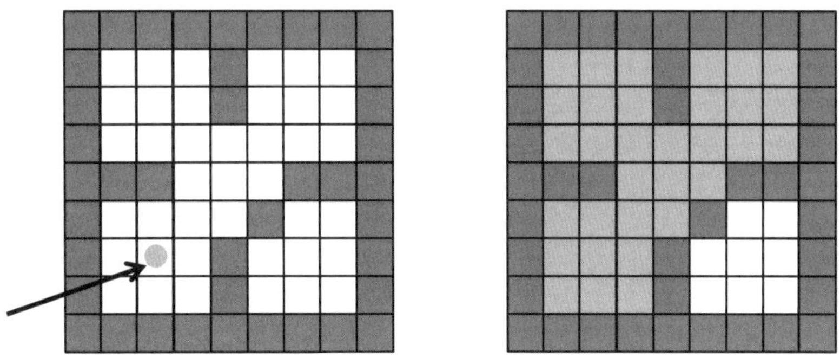

특정한 크기의 그림이 주어졌을 때, 이 그림에서 flood fill 작업을 수행하는 프로그램을 작성하시오.

입력

입력 파일의 이름은 "input.txt" 이다. 입력은 t 개의 테스트 케이스로 주어진다. 입력 파일의 첫 번째 줄에 테스트 케이스의 개수를 나타내는 정수 t 가 주어진다. 두 번째 줄부터 t 개의 테스트 케이스에 해당하는 데이터가 순서대로 입력된다. 각 테스트 케이스의 첫 번째 줄에는 주어진 그림의 크기를 나타내는 두 개의 정수 m n ($2 \le m,\ n \le 100$)이 주어진다. 첫 번째 정수 m 은 그림의 행의 개수를 나타내고, 두 번째 정수 n 은 열의 개수를 나타낸다. 입력되는 각 테스트 데이터에 해당되는 그림은 각 픽셀의 색깔이 영문자 소문자로 표시된다. 각 테스트 케이스의 두 번째 줄부터 그 다음 m 개의 줄에는 한 줄에 그림의 한 행에 해당되는 n 개의 픽셀의 색깔을 나타내는 영문자 소문자가 입력된다. 영문자 소문자 사이에는 공백이 없다. 마지막 줄에는 마우스가 클릭한 픽셀의 위치를 나타내는 두 개의 정수 i j ($1 \leq i \leq m$, $1 \leq j \leq n$) 와 마우스가 클릭한 픽셀에 새로 칠해져야 할 색깔을 나타내는 영문자 소문자가 입력된다. 세 개의 데이터 사이에는 하나의 공백이 있다. 잘못된 데이터가 입력되는 경우는 없다.

출력

출력은 표준출력(standard output)을 사용한다. 입력되는 테스트 케이스의 순서대로 다음 줄에 이어서 각 테스트 케이스의 결과를 출력한다. 각 테스트 케이스에 해당하는 출력에는 flood fill 작업을 마친 그림을 출력한다. 각 그림은 첫 번째 행부터 마지막 행까지 한 줄에 한 행씩 출력한다. 각 줄에는 그림의 해당되는 행의 각 픽셀에 칠해져 있는 색깔을 나타내는 영문자 소문자를 순서대로 출력한다. 한 줄에 출력되는 영문자 소문자 사이에는 공백이 없다.

입력과 출력의 예

입력	출력
2 9 9 bbbbbbbbb bwwwbwwwb bwwwbwwwb bwwwwwwwb bbbwwwbbb bwwwwbwwb bwwwbwwwb bwwwbwwwb bbbbbbbbb 7 3 y 4 5 aaaa aaaa aaaa aaaa 1 1 z	bbbbbbbbb byyybyyyb byyybyyyb byyyyyyyb bbbyyybbb byyyybwwb byyybwwwb byyybwwwb bbbbbbbbb zzzzz zzzzz zzzzz zzzzz

FloodFill.h

```
#ifndef _FLOOD_FILL_H_
#define _FLOOD_FILL_H_
#include <iostream>

using namespace std;

const int MAX_SIZE = 100;

class FloodFill
{
public:
    FloodFill();
    FloodFill(int sizeRow, int sizeCol, char image[][MAX_SIZE+1]);

    void runFloodFill(int startRow, int startCol, char newColor);
    void printPicture();

private:
    typedef char pictureType[MAX_SIZE][MAX_SIZE];

    void recurFloodFill(int row, int col, char oldColr, char newColor);
    bool isValidPos (int row, int col);

    int sizeRow, sizeCol;
    pictureType pic;
};

#endif // _FLOOD_FILL_H_
```

FloodFill.cpp

```
#include "FloodFill.h"

FloodFill::FloodFill()
{
    sizeRow = sizeCol = 0;  // default size of Chessboard
}

FloodFill::FloodFill(int sRow, int sCol, char image[][MAX_SIZE+1])
{
    if (sRow<=0 || sRow>MAX_SIZE || sCol<=0 || sCol>MAX_SIZE)
        sizeRow = sizeCol = 0;
    else
    {
        sizeRow = sRow;
        sizeCol = sCol;

        for(int i=0; i<sizeRow; i++)
            for(int j=0; j<sizeCol;j++)
                pic[i][j] = image[i][j];
    }
}

void FloodFill::printPicture()
{
```

```
    for (int r = 0; r < sizeRow; r++)
    {
        for (int c = 0; c < sizeCol; c++)
            cout << pic[r][c];

        cout <<endl;
    } // for r
}

void FloodFill::runFloodFill(int startRow, int startCol, char newColor)
{
    char oldColor;

    oldColor = pic[startRow-1][startCol-1];
    recurFloodFill(startRow-1, startCol-1, oldColor, newColor);
}

void FloodFill::recurFloodFill(int row, int col, char oldColor, char newColor)
{
    if (!isValidPos(row, col))
        return;

    if (pic[row][col] != oldColor)
         return;
    else
    {
        pic[row][col] = newColor;

         ..............................................................
         ..............................................................
         ..............................................................
    }
}

bool FloodFill::isValidPos(int row, int col)
{
    if(row>=sizeRow || row<0)
        return false;

    if(col>=sizeCol || col<0)
        return false;

    else
        return true;
}
```

TestFloodFill.cpp

```
#include <fstream>
#include <cstdlib>
#include "FloodFill.h"

char figure[MAX_SIZE+1][MAX_SIZE+1];

void main()
{
```

```
    ifstream inStream;
    int numTestCases;

    inStream.open("input.txt");
    if (inStream.fail())
    {
       cerr << "Input file opening failed.\n";
       exit(1);
    }

    inStream >> numTestCases;

    for(int i=0; i<numTestCases; i++)
    {
       int sizeRow, sizeCol;
       int startRow, startCol;
       char newColor;

       inStream >> sizeRow >> sizeCol;

       for(int r=0; r<sizeRow; r++)
          inStream >> figure[r];

       inStream >> startRow >> startCol >> newColor;


       FloodFill ffImage(sizeRow, sizeCol, figure);

       ffImage.runFloodFill(startRow, startCol, newColor);
       ffImage.printPicture();
    }

    inStream.close();
}
```

문제 70

디지털 시계

현재 시간과 분을 숫자로 표시하는 디지털 시계가 있다. 이 시계는 오전과 오후를 구분하여 하여 다음과 같이 현재 시각을 표시한다.

02:09AM (오전 2시 9분)
11:00PM (오후 11시 정각)

이 시계는 현재 표시되는 시간을 1분 단위로 더하거나 빼는 기능과 임의의 정수 k 에 대하여 현재 시간에서 k 분을 더하거나 빼는 기능이 있다. 이러한 디지털 시계의 기능을 구현하시오.

예를 들어 현재 시각이 오후 1시 58분일 때, 1분을 더하면 오후 2시가 되고 1분을 빼면 오후 1시 57분이 된다. 또한 현재 시각에서 1000분을 더하면 오전 6시 39분이다.

입력

입력 파일의 이름은 "input.txt" 이다. 입력은 t 개의 테스트 케이스로 주어진다. 입력 파일의 첫 번째 줄에 테스트 케이스의 개수를 나타내는 정수 t 가 주어진다. 두 번째 줄부터 t 개의 줄에는 한 줄에 한 개의 테스트 케이스에 해당하는 한 개의 스트링과 한 개의 정수 n ($-10,000 \le n \le 10,000$)이 주어진다. 이 스트링은 현재 시각을 나타내는 시각으로서 HH: MMXX 형식을 가진다. HH는 시간을 나타내는 두 자리 정수로서 01, 02, …, 12 로 표시되고, MM은 분을 나타내는 두 자리 정수로서 00, 01, …, 59로 표시된다. 또한 XX는 오전일 경우에는 AM, 오후일 경우에는 PM으로 표시된다. 잘못된 데이터가 입력되는 경우는 없다.

출력

출력은 표준출력(standard output)을 사용한다. 입력되는 테스트 케이스의 순서대로 다음 줄에 이어서 각 테스트 케이스의 결과를 출력한다. 각 테스트 케이스에 해당하는 출력의 첫 줄에 입력되는 현재 시각에 *n* 분을 더한 (*n*이 음수인 경우에는 뺀) 시각을 입력의 형식과 동일한 형식으로 출력한다.

입력과 출력의 예

입력	출력
3 01:59PM 1 01:59PM -1 01:59PM 1000	02:00PM 01:58PM 06:39AM

MyDigitalClock.h

```
#ifndef _MY_DIGITAL_CLOCK_H_
#define _MY_DIGITAL_CLOCK_H_

#include <iostream>
using namespace std;

class MyDigitalClock
{
public:
    friend ostream& operator<< (ostream&, const MyDigitalClock&);

    // constructors
    MyDigitalClock (int h=12, int m=0, bool ap=false);
    MyDigitalClock (char clock[]);

    MyDigitalClock tick();
    MyDigitalClock untick();
    MyDigitalClock operator++();    // prefix, ++c
    MyDigitalClock operator++(int); // postfix, c++
    MyDigitalClock operator--();    // prefix, --c
    MyDigitalClock operator--(int); // postfix, c--

private:
    int hour;
    int min;
    bool am_pm;
};

#endif // _MY_DIGITAL_CLOCK_H_
```

MyDigitalClock.cpp

```
#include <iomanip>
#include "MyDigitalClock.h"

// constructors
MyDigitalClock::MyDigitalClock (int h, int m, bool ap)
:hour(h), min(m), am_pm(ap)
{
}

MyDigitalClock::MyDigitalClock (char clock[])
{
}

MyDigitalClock MyDigitalClock::tick()
{
    ++min;

    if(min == 60)
    {
        hour++;
        min = 0;
    }
    if(hour == 13)
        hour = 1;
    if(hour == 12 && min == 0)
        am_pm = !am_pm;

    return *this;
}

MyDigitalClock MyDigitalClock::untick()
{
    return *this;
}

MyDigitalClock MyDigitalClock::operator ++()
{
    return tick();
}

MyDigitalClock MyDigitalClock::operator ++(int)
{
    MyDigitalClock c = *this;
    tick();
    return c;
}

MyDigitalClock MyDigitalClock::operator --()
{
    return untick();
}

MyDigitalClock MyDigitalClock::operator --(int)
{
```

```
    MyDigitalClock c = *this;
    untick();
    return c;
}

ostream& operator<<(ostream& oStream, const MyDigitalClock& c)
{
    oStream << setfill('0') << setw(2) << c.hour
            << ':' << setw(2) << c.min;
    if(!c.am_pm)
        oStream << "AM";
    else
        oStream << "PM";
    oStream << endl;

    return oStream;
}
```

TestMyDigitalClock.cpp

```
#include <iostream>
#include <fstream>
#include <cstdlib>
#include "MyDigitalClock.h"
using namespace std;

const int max_length=8;

void main()
{
    ifstream inStream;
    int numTestCases;

    inStream.open("input.txt");
    if (inStream.fail())
    {
        cerr << "Input file opening failed.\n";
        exit(1);
    }

    inStream >> numTestCases;

    for (int i=0; i<numTestCases; i++)
    {
        char clock[max_length];
        int  lap;

        inStream >> clock >> lap;

        MyDigitalClock digitalClock(clock);

        for(int j=0; j<abs(lap); j++)
            if(lap > 0)
                digitalClock++;
            else
```

```
            --digitalClock;

        cout << digitalClock;
    }

    inStream.close();
}
```

문제 71

2차원 점

2차원 평면 상에서 한 점의 위치는 좌표의 원점과 그 점 사이의 x-축과 y-축 방향의 거리로 나타낸다. 어떤 점 p가 원점으로부터 x-축과 y-축으로 각각 a 와 b 만큼 떨어 졌을 때, p 의 좌표를 (a, b)로 나타내고, 점 p 를 $p(a, b)$로 표시하기도 한다.

2차원 평면 상에서 두 점 $p(x_1, y_1)$, $q(x_2, y_2)$ 사이의 직선거리(Euclidean distance) $d_2(p, q)$ 와 직각거리(rectilinear distance) $d_1(p, q)$ 는 다음과 같이 정의한다.

$$d_2(p,q) = \sqrt{(x_1 - x_2)^2 + (y_1 - y_2)^2}$$
$$d_1(p,q) = |x_1 - x_2| + |y_1 - y_2|$$

예를 들어, 두 점 (2, 3), (5, 7) 의 직선거리는 5 이며, 직각거리는 |2−5|+|3−7|=3+4=7 이다.

다음과 같이 2차원 상의 점를 위한 클래스 MyPoint를 정의할 때, 클래스 MyPoint의 각 멤버 함수를 다음과 같은 테스트 프로그램 TestMyPoint.cpp가 정확하게 동작하도록 구현하시오.

MyPoint.h

```
#ifndef _MY_POINT_H_
#define _MY_POINT_H_

class MyPoint
{
public:
    // constructors
    MyPoint ();
    MyPoint (int coordX, int coordY);
    MyPoint (const MyPoint& p);

    // accessor functions
    int getX() const;
    int getY() const;

    // mutator function
    void setX(int x);
```

```
    void setY(int y);

    // comparison operators
    bool operator== (const MyPoint& p) const;
    bool operator!= (const MyPoint& p) const;

    // utility functions
    int dist2sqr(const MyPoint& p) const; // 직선거리(Euclidean distance)의 제곱을 계산
    int dist1(const MyPoint& p) const;    // 직각거리(rectilinear distance)를 계산

private:
    int x, y;
};

#endif // _MY_POINT_H_
```

MyPoint.cpp

```
#include <cstdlib>
#include "MyPoint.h"

// constructors
MyPoint::MyPoint ()
:x(0), y(0)         // set default to origin (0,0)
{
}

MyPoint::MyPoint (int coordX, int coordY)
:x(coordX), y(coordY)
{
}

MyPoint::MyPoint (const MyPoint& p)
{
}

// accessor functions
int MyPoint::getX () const
{
    return x;
}

int MyPoint::getY () const
{
}

// mutator functions
void MyPoint::setX (int coordX)
{
    x = coordX;
}

void MyPoint::setY (int coordY)
{
}

bool MyPoint::operator== (const MyPoint& p) const
```

```
{
}

bool MyPoint::operator!= (const MyPoint& p) const
{
    return !operator==(p);
}

// 직선거리(Euclidean distance)의 제곱을 계산
int MyPoint::dist2sqr(const MyPoint& p) const
{
}

// 직각거리(rectilinear distance)를 계산
int MyPoint::dist1(const MyPoint& p) const
{
}
```

TestMyPoint.cpp

```
include <iostream>
#include <fstream>
#include <cstdlib>
#include "MyPoint.h"
using namespace std;

void main()
{
    ifstream inStream;
    int numTestCases;

    inStream.open("input.txt");
    if (inStream.fail())
    {
        cerr << "Input file opening failed.\n";
        exit(1);
    }

    inStream >> numTestCases;

    for(int i=0; i<numTestCases; i++)
    {
        int coordX, coordY;

        inStream >> coordX >> coordY;
        MyPoint p1(coordX, coordY);

        inStream >> coordX >> coordY;
        MyPoint p2(coordX, coordY);

        if(p1 == p2)
            cout << "1" << " ";
        if(p1 != p2)
            cout << "0" << " ";

        cout << p1.dist2sqr(p2) << " " << p1.dist1(p2) << " ";
```

```
        coordX = p1.getX();
        coordY = p1.getY();

        MyPoint p3(p1);

        p3.setX(coordY);
        p3.setY(coordX);

        cout << p1.dist2sqr(p3) << " " << p1.dist1(p3) << endl;
    }

    inStream.close();
}
```

입력

입력 파일의 이름은 "input.txt" 이다. 입력은 *t* 개의 테스트 케이스로 주어진다. 입력 파일의 첫 번째 줄에 테스트 케이스의 개수를 나타내는 정수 *t* 가 주어진다. 두 번째 줄부터 *t* 개의 줄에는 한 줄에 한 개의 테스트 케이스에 해당하는 네 개의 정수 *a b c d* 가 주어진다. 이 정수는 각각 두 개의 점의 좌표 *p*(*a*, *b*), *q*(*c*, *d*) 이다. 각 정수들 사이에는 한 개의 공백이 주어지며, 잘못된 데이터가 입력되는 경우는 없다.

출력

출력은 표준출력(standard output)을 사용한다. 입력되는 테스트 케이스의 순서대로 다음 줄에 이어서 각 테스트 케이스의 결과를 출력한다. 각 테스트 케이스에 해당하는 출력의 첫 줄에 먼저 두 점의 위치가 같은 경우에는 1을 출력하고, 그렇지 않는 경우에는 0을 출력한다. 그 다음으로 두 점사이의 직선거리의 제곱과 직각거리를 출력한다. 그 다음으로는 첫 번째 점 *p*와 새로 만든 점 *r*(*b*, *a*) 사이의 직선거리의 제곱과 직각거리를 출력한다. 각 정수들 사이에는 한 개의 공백을 둔다.

입력과 출력의 예

입력	출력
3 1 2 1 2 4 3 2 1 2 -3 3 7	1 0 0 2 2 0 8 4 2 2 0 101 11 50 10

문제 72

선분의 교차

2차원 평면에서 두 개의 선분이 주어졌을 때, 이들 두 선분의 관계는 아래 그림 (가)에서와 같이 서로 교차하지 않거나, (나), (다), (라), (마)의 경우와 같이 한 개 이상의 점에서 서로 교차할 수 있다. 두 개의 선분이 교차하는 경우에는, 그림(나)와 같이 두 선분이 교차하는 교차점이 두 선분의 양끝 꼭지점이 아닌 선분의 내부에 위치할 수 있다. 이러한 경우를 완전 교차(proper intersection)라고 한다. 아래 그림 (다), (라)의 경우에서는 두 선분이 교차하는 교차점이 적어도 한 선분의 꼭지점과 일치하는 경우이다. 그림 (마)의 경우는 두 선분이 교차하는 교차점이 한 개 이상 존재하는 경우이다. 이와 같은 그림 (다), (라), (마)의 경우를 불완전 교차(improper intersection)라고 한다.

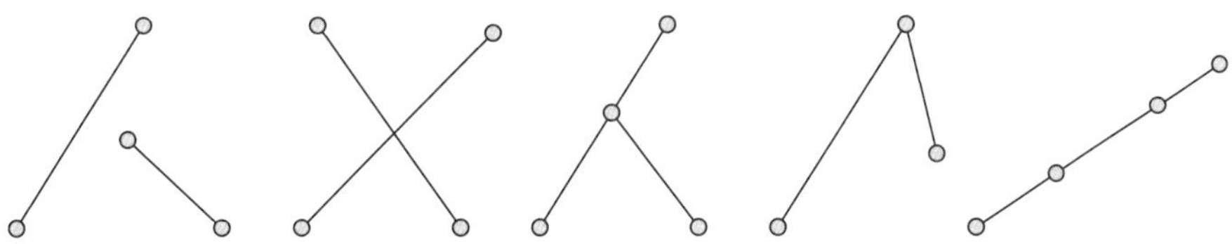

(가) (나) (다) (라) (마)

점, 선분, 삼각형 등과 같은 기하학적인 데이터는 컴퓨터 그래픽스 분야에서 처리해야 할 가장 기본적인 데이터이며, 주어진 두 선분이 교차하는 지를 판단하는 것은 이러한 기하학적인 데이터를 처리하는 프로그램에서 필수적인 중요한 기능 중의 하나이다. 이러한 기하학적인 데이터를 처리하는데 있어서 가장 기본적인 연산자(혹은 함수)는 주어진 세 점으로 만들어지는 삼각형의 면적을 계산하는 함수(문제 "삼각형 면적" 참조)이며, 삼각형 면적의 부호(양수, 음수, 혹은 0)가 다른 연산을 수행하는데 사용된다.

문제 "삼각형 면적" 에서 설명한 바와 같이, 세 점 *p, q, r* 로 만들어진 삼각형 *Δpqr* 의 면적을 계산하는데 사용되는 함수 *SignedArea*(*Δpqr*)를 이용하면, 주어진 두 점으로 만들어지는 직선과 또 다른 한 점의 관계를 계산할 수 있다. 다음 왼쪽 그림에서 점 *r* 은 점 *p* 와 점 *q* 를 지나는 직선에 의하여 나누어지는 왼쪽(점 *p* 에서 점 *q* 를 바라볼 때) 반평면(half-plane)에 위치하는 경우이고, 가운데 그림에서 점 r 은 오른쪽 반평면에 위치하는 경우이며, 오른쪽 그림에서 점 r 은 점 p 와 점 q 를 지나는 직선 상에 있는 경우이다. 이러한 경우는 세 점 p, q, r에 의하여 만들어 지는 삼각형 Δpqr 의 면적을 계산하는데 사용되는 함수 *SignedArea* (Δpqr) 이 각각 양수, 음수, 0인 경우이다.

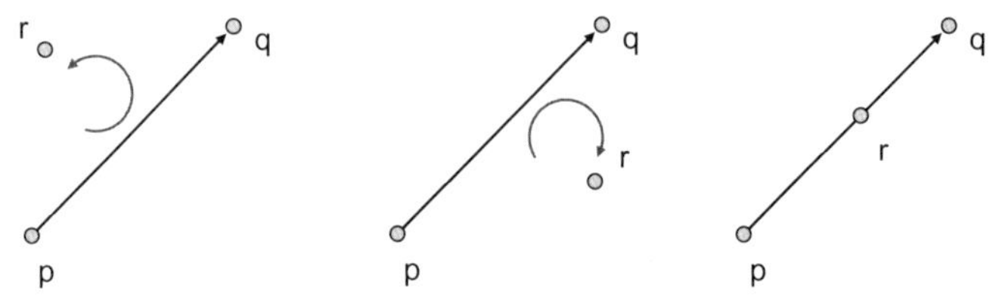

SignedArea (Δpqr) > 0 *SignedArea* (Δpqr) < 0 *SignedArea* (Δpqr) = 0

이 삼각형의 면적을 계산하는데 사용되는 함수 *SignedArea*(Δpqr) 를 이용하면 두 선분이 완전 교차하는 지를 판단하는 연산을 쉽게 할 수 있다. 다음 왼쪽 그림에서와 같이 두 선분 $\overline{pq}$, $\overline{st}$ 가 완전 교차하는 경우는 아래의 두 가지 조건이 동시에 만족하는 경우이다.

1. 두 점 s, t 가 두 점 p, q 를 지나는 직선에 의하여 나누어지는 서로 다른 반평면에 위치해 있으며,
2. 또한 두 점 p, q 가 두 점 s, t 를 지나는 직선에 의하여 나누어지는 서로 다른 반평면에 위치해 있다.

아래 가운데 그림과 오른쪽 그림은 위의 두 조건 중에서 한 조건 만을 만족하여 두 선분이 완전 교차하지 않는 경우이다.

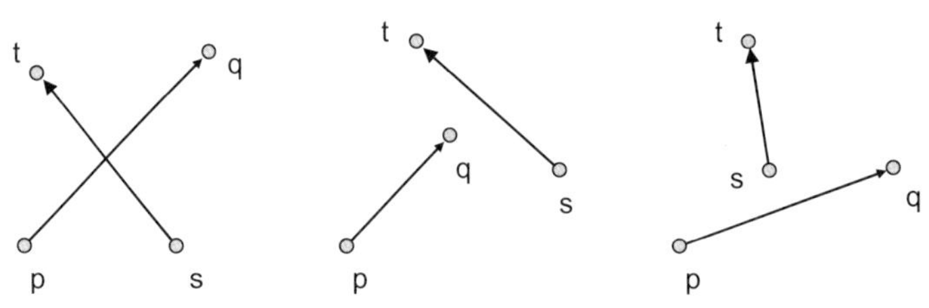

주어진 두 선분이 불완전 교차하는 경우는, 제일 앞의 그림 (다), (라), (마)의 경우에서와 같이, 한 선분의 꼭지점이 다른 선분 상에 위치하는 경우이다.

두 개의 선분이 주어졌을 때, 이 선분의 교차관계(완전교차, 불완전교차, 혹은 교차하지 않음)를 판단하는 프로그램을 작성하시오. 단, 이 프로그램을 다음과 같이 정의되는 선분 클래스 LineSegment를 이용하여 구현하시오.

MyLineSegment.h

```
#ifndef _MY_LINE_SEGMENT_H_
#define _MY_LINE_SEGMENT_H_

#include "MyPoint.h"

class MyLineSegment
{
public:
    // constructors
    MyLineSegment ();
    MyLineSegment (const MyPoint& p, const MyPoint& q);
    MyLineSegment (const MyLineSegment& seg);

    // intersection test functions
    bool isEndOfSegment(const MyPoint & p) const;
    bool isOnSegment(const MyPoint& p) const;
    bool properIntersection(const MyLineSegment &s)  const;
    bool improperIntersection(const MyLineSegment &s)  const;
    bool isLeftSide(const MyPoint &p) const;    // test whether p is to the left side
of the direction from p1 to p2
    bool isCollinear(const MyPoint &p) const;  // test whether p1, p2, p3 is collinear

    // utility functions
    int length2sqr() const; // square of (Euclidean) length

private:
    MyPoint p1, p2;
    int getArea2(const MyPoint &p) const;   // signed area of triangle p1, p2, p
};

#endif // _MY_LINE_SEGMENT_H_
```

MyLineSegment.cpp

```
#include "MyLineSegment.h"

// constructors
MyLineSegment::MyLineSegment ()
: p1(0,0), p2(0,0)
{
}

MyLineSegment::MyLineSegment (const MyPoint& p, const MyPoint& q)
: p1(p), p2(q)
{
}
```

```
MyLineSegment::MyLineSegment (const MyLineSegment& s)
: p1(s.p1), p2(s.p2)
{
}

// 점 p 가 삼각형의 꼭지점에 위치하는 지를 검사
bool MyLineSegment::isEndOfSegment(const MyPoint & p) const
{
    if(p == p1 || p == p2)
        return true;
    else
        return false;
}

// 점 p 가 삼각형의 꼭지점을 제외한 삼각형의 변 위에 위치하는 지를 검사
bool MyLineSegment::isOnSegment(const MyPoint& p) const
{
}

bool MyLineSegment::properIntersection(const MyLineSegment &s)  const
{
}

bool MyLineSegment::improperIntersection(const MyLineSegment &s)  const
{
}

// square of (Euclidean) length
int MyLineSegment::length2sqr() const
{
    return p1.dist2sqr(p2);
}


// signed area of triangle p1, p2, p
int MyLineSegment::getArea2(const MyPoint &p) const // signed area of triangle p1, p2,
p
{
    int p1x, p2x, px, p1y, p2y, py;

    p1x = p1.getX();
    p1y = p1.getY();
    p2x = p2.getX();
    p2y = p2.getY();
    px  = p.getX();
    py  = p.getY();

    return p1x * p2y - p1y * p2x +
           p1y * px  - p1x * py +
           p2x * py  - px * p2y;
}

// test whether p is to the left side of the direction from p1 to p2
bool MyLineSegment::isLeftSide(const MyPoint &p) const
{
    return getArea2(p) > 0;

}
```

```
// test whether p1, p2, p3 is collinear
bool MyLineSegment::isCollinear(const MyPoint &p) const
{
    return getArea2(p) == 0;
}
```

입력

입력 파일의 이름은 "input.txt" 이다. 입력은 t 개의 테스트 케이스로 주어진다. 입력 파일의 첫 번째 줄에 테스트 케이스의 개수를 나타내는 정수 t 가 주어진다. 두 번째 줄부터 t 개의 줄에는 한 줄에 한 개의 테스트 케이스에 해당하는 네 점의 좌표를 나타내는 8 개의 정수 a_x a_y b_x b_y c_x c_y d_x d_y ($-100 \le a_x, a_y, b_x, b_y, c_x, c_y, d_x, d_y \le 100$) 가 입력된다. 연속된 두 개의 정수 (a_x, a_y), (b_x, b_y), (c_x, c_y), (d_x, d_y)는 각각 점 A, B, C, D의 좌표를 나타내며, 점 A 와 B 그리고 점 C 와 D 는 각각 한 선분의 양 끝 꼭지점이다. 각 정수들 사이에는 한 개의 공백이 있으며, 잘못된 데이터가 입력되는 경우는 없다. 또한, 입력되는 한 선분의 양 끝 꼭지점의 좌표가 같은 경우는 없다.

출력

출력은 표준출력(standard output)을 사용한다. 입력되는 테스트 케이스의 순서대로 다음 줄에 이어서 각 테스트 케이스의 결과를 출력한다. 각 테스트 케이스에 해당하는 출력의 첫 줄에 입력되는 두 선분이 교차하지 않으면 0을 출력하고, 두 선분이 서로 완전 교차하는 경우에는 1을 출력하며, 불완전 교차하는 경우에는 2를 출력한다.

입력과 출력의 예

<table>
<tr><th>입력</th><th>출력</th></tr>
<tr><td>5
0 0 4 4 0 10 10 0
0 0 10 10 0 10 10 0
0 0 10 10 0 10 5 5
0 0 5 5 10 0 5 5
0 0 10 10 5 5 15 15</td><td>0
1
2
2
2</td></tr>
</table>

문제 73

삼각형

앞에서 다룬 "2차원 점", "선분의 교차", "삼각형 면적", "삼각형의 종류" 등의 문제를 이용하여 다음 문제를 해결하시오.

2차원 평면에서 세 개의 점 p, q, r 로 만들어지는 삼각형 Δpqr 의 종류를 판별하는 프로그램을 작성하시오. 삼각형의 종류에는 정삼각형, 직각삼각형, 이등변삼각형, 그리고 일반삼각형이 있다고 가정한다. 정삼각형은 삼각형의 세 변의 길이가 모두 같은 삼각형이며, 직각삼각형은 삼각형의 하나의 각이 직각인 경우이며, 이등변삼각형은 두 변의 길이만 같은 삼각형이다. 그 나머지 형태는 일반삼각형이다. 또 다른 방법으로 삼각형으로 분류하는 방법에는 직각삼각형, 둔각삼각형, 예각삼각형이 있다.

또한, 세 개의 점 p, q, r 로 만들어지는 삼각형 Δpqr 과 한 점 t 가 주어졌을 때, 점 t 가 삼각형의 내부, 외부, 변에 존재하는 지를 검사하는 프로그램을 작성하시오.

MyTriangle.h

```
#ifndef _MY_TRIANGLE_H_
#define _MY_TRIANGLE_H_

#include "MyPoint.h"

class MyTriangle
{
public:

    typedef enum TriangleType1 {NOT_A_TRIANGLE = 0, RIGHT_TRIANGLE, OBTUSE_TRIANGLE,
ACUTE_TRIANGLE};
    typedef enum TriangleType2 {NONTRIANGLE = 0, EQUILATERAL, RIGHTTRIANGLE,
ISOSCELES, SCALENE};
    // constructors
    MyTriangle ();
    MyTriangle (const MyPoint &a, const MyPoint &b, const MyPoint &c);
    MyTriangle (const MyTriangle& t);

    // test funtions
    bool isInside (const MyPoint& p) const;
    bool isOnBoundary (const MyPoint& p) const;
```

```
    bool isOutside (const MyPoint& p) const;

    // utility functions
    int getArea2() const;
    TriangleType1 getType1() const;
    TriangleType2 getType2() const;

private:
    MyPoint p1, p2, p3; // are in counterclockwise(CCW) order
    int area2() const;
};

#endif // _MY_TRIANGLE_H_
```

MyTriangle.cpp

```
#include <cstdlib>
#include "MyTriangle.h"
#include "MyLineSegment.h"

// constructors
MyTriangle::MyTriangle ()
: p1(0,0), p2(0,0), p3(0,0)
{
}

// set p1, p2, p3 be in counterclockwise order
MyTriangle::MyTriangle (const MyPoint& a, const MyPoint& b, const MyPoint& c)
: p1(a), p2(b), p3(c)
{
    MyLineSegment s(p1, p2);

    if (! s.isLeftSide(p3))
    {
        MyPoint p;

        p = p1;
        p1 = p3;
        p3 = p;
    }
}

MyTriangle::MyTriangle (const MyTriangle& t)
: p1(t.p1), p2(t.p2), p3(t.p3)
{
}

// test if p is inside of a triangle
bool MyTriangle::isInside (const MyPoint& p) const
{
    MyLineSegment s1(p1, p2), s2(p2, p3), s3(p3, p1);

    ..................................................................
}

// test if p is on the boundary of a triangle
bool MyTriangle::isOnBoundary (const MyPoint& p) const
```

```
{
   MyLineSegment s1(p1, p2), s2(p2, p3), s3(p3, p1);

   ................................................................
}

// test if p is outside of a triangle
bool MyTriangle::isOutside (const MyPoint& p) const
{
   if(isInside(p) || isOnBoundary(p))
      return false;
   else
      return true;
}

// positive area of triangle p1, p2, p
int MyTriangle::getArea2() const
{
   return abs(area2());
}

// return type of a triangle
MyTriangle::TriangleType1 MyTriangle::getType1() const
{
   TriangleType1 type;

   if(getArea2() == 0)
      type = NOT_A_TRIANGLE;

   ................................................................
}

// return type of a triangle
MyTriangle::TriangleType2 MyTriangle::getType2() const
{
   TriangleType2 type;

   if(getArea2() == 0)
      type = NONTRIANGLE;

   ................................................................
}

// return twice the (signed) area of triangle p1, p2, p3
int MyTriangle::area2() const
{
   int p1x, p2x, p3x, p1y, p2y, p3y;

   p1x = p1.getX();
   p1y = p1.getY();
   p2x = p2.getX();
   p2y = p2.getY();
   p3x  = p3.getX();
   p3y  = p3.getY();

   return p1x * p2y - p1y * p2x +
         p1y * p3x - p1x * p3y +
         p2x * p3y - p3x * p2y;
}
```

TestMyTriangle.h

```
#include <iostream>
#include <fstream>
#include <cstdlib>
#include "MyTriangle.h"
using namespace std;

void main()
{
    ifstream inStream;
    int numTestCases;

    inStream.open("input.txt");
    if (inStream.fail())
    {
        cerr << "Input file opening failed.\n";
        exit(1);
    }

    inStream >> numTestCases;

    for(int i=0; i<numTestCases; i++)
    {
        int p1x, p1y, p2x, p2y, p3x, p3y;
        int qx, qy;

        inStream >> p1x >> p1y >> p2x >> p2y >> p3x >> p3y;
        inStream >> qx >> qy;

        MyPoint p1(p1x, p1y), p2(p2x, p2y), p3(p3x, p3y);
        MyPoint q(qx, qy);
        MyTriangle tri(p1, p2, p3);

        cout << tri.getArea2() << " ";
        cout << tri.getType1() << " " << tri.getType2() << " ";

        if(tri.isInside(q))
            cout << "1" << endl;
        else if(tri.isOnBoundary(q))
            cout << "2" << endl;
        else if(tri.isOutside(q))
            cout << "3" << endl;
    }

    inStream.close();
}
```

입력

입력 파일의 이름은 "input.txt" 이다. 입력은 t 개의 테스트 케이스로 주어진다. 입력 파일의 첫 번째 줄에 테스트 케이스의 개수를 나타내는 정수 t 가 주어진다. 두 번째 줄부터 t 개의 줄에는 한 줄에 한 개의 테스트 케이스에 해당하는 네 점의 좌표를 나타내는 8 개의 정수

$p_x\ p_y\ q_x\ q_y\ r_x\ r_y\ t_x\ t_y$ $(-100 \le p_x, p_y, q_x, q_y, r_x, r_y, t_x, t_y \le 100)$ 가 입력된다. 연속된 두 개의 정수 (p_x, p_y), (q_x, q_y), (r_x, r_y), (t_x, t_y) 는 각각 네 개의 점 *p*, *q*, *r*, *t* 의 좌표를 나타내며, 점 *p*, *q*, *r* 은 삼각형의 꼭지점을 나타낸다. 각 정수들 사이에는 한 개의 공백이 있으며, 잘못된 데이터가 입력되는 경우는 없다.

출력

출력은 표준출력(standard output)을 사용한다. 입력되는 테스트 케이스의 순서대로 다음 줄에 이어서 각 테스트 케이스의 결과를 출력한다. 각 테스트 케이스에 해당하는 출력의 첫 줄에 입력되는 삼각형 Δpqr 의 면적의 2배를 나타내는 정수를 출력한다. 그 다음에는 삼각형 Δpqr 이 정삼각형, 직각삼각형, 이등변삼각형, 일반삼각형일 경우에 각각 1, 2, 3, 4를 출력한다. 점 *p*, *q*, *r* 이 직각이등변 삼각형인 경우에는 직각삼각형으로 출력하고, 삼각형을 만들지 못하는 경우에는 0을 출력한다. 그 다음에는 삼각형 Δpqr 이 직각삼각형, 둔각삼각형, 예각삼각형일 경우에 각각 1, 2, 3을 출력한다. 점 *p*, *q*, *r* 이 삼각형을 만들지 못하는 경우에는 0을 출력한다. 마지막으로 점 *t* 가 삼각형 Δpqr 의 내부에 있을 경우에는 1을, 변에 있을 경우에는 2를, 외부에 있을 경우에는 3을 출력한다. 각 정수들 사이에는 한 개의 공백을 둔다.

입력과 출력의 예

입력	출력
3 0 0 5 0 0 5 2 2 0 0 5 0 -5 5 0 5 1 1 3 2 2 3 3 2	25 1 1 1 25 3 2 3 3 3 3 2

Date Class

현재 우리가 사용하고 있는 달력은 그레고리언(Gregorian) 방법을 이용하여 만들어진다. 이 방법은 1582년 교황 그레고리 13세가 그 당시에 사용하던 기원전 로마 황제 시이저가 만든 달력 제작 방법의 문제점을 보완하여 처음 시행하도록 한 방법이다.

그레고리언 방법에서는 일년이 365일인 평년과 366일인 윤년을 두었고, 윤년은 다음과 같은 방법으로 계산한다.

1. 년도가 4로 나누어지면 윤년이다.
2. 그러나, 년도가 100으로 나누어지면 평년이다.
3. 그러나, 년도가 400으로 나누어지면 다시 윤년이 된다.

예를 들어, 1584, 2004년은 윤년이며, 1700, 1800, 1900, 2100, 2200년은 평년이며, 1600, 2000, 2400년은 윤년이다.

또한, 그레고리언 방법이 제정된 1582년 1월 1일은 금요일이라고 가정한다.

그레고리력으로 표현되는 날짜(년/월/일)를 구현하는 myDate class 의 header 파일(myDate.h)을 다음과 같이 정의하였을 때, myDate class의 멤버 함수를 구현한 myDate.cpp 를 작성하시오. 단, myDate.h 내의 public member function들은 반드시 아래 myDate.h에서 선언된 것에 따르고, private member data와 private member function 들은 각자의 구현 방법에 따라 정의한다.

myDate.h

```
#ifndef _MYDATE_H_
#define _MYDATE_H_

#include <iostream>
using namespace std;

class myDate {
public:
    // Constructor (생성자)
    myDate(int year=1582, int month=1, int day=1);
```

```
    // Accessor functions (접근자)
    int getDayOfMonth() const;
    int getMonth() const;
    int getYear() const;

    // Mutator functions (변경자)
    void setDayOfMonth(int day);
    void setMonth(int month);
    void setYear(int year);
    void setDate(int year, int month, int day);

    // utility functions
    bool isLeapYear() const;    //윤년
    int getDayOfWeek() const;   //0=Sunday, 1=Monday, ..., 6=Saturday
    int getDayOfYear() const;   //1=Jan.1, 2=Jan.2, ..., 366=Dec.31 (in a leap year)
    int getNumHolidays() const; //휴일수 계산
    int getNumSummerTimeDays()const; //써머타임 날짜수
    void printCalendarOfMonth() const; // 달력출력하기

private:
    // information hiding : implement as you wish

};

#endif
```

단, myDate의 객체에는 잘못된 날짜가 지정되는 경우는 없다. 예를 들어, 2008년 13월 43일 등과 같은 잘못된 날짜가 지정되는 경우는 없다. 또한 year는 항상 1584보다 크거나 같으며, 100,000보다는 작다.

myDate class 의 멤버함수는 다음과 같이 정의된다.

(1) myDate(int year=1582, int month=1, int day=1);

Constructor 함수로서 날짜가 year년, month월, day일로 지정된 myDate 객체를 만든다.

(2) int getDayOfMonth() const;

myDate객체에 지정된 날이 이번 달의 몇 번째 날인지를 나타내는 정수를 리턴한다. 예를 들면, myDate가 2008년 4월 5일을 나타낼 때, 날을 나타내는 5를 리턴한다.

(3) int getMonth() const;

myDate객체에 지정된 날이 몇 번째 달인지를 나타내는 정수를 리턴한다. 예를 들면, myDate가 2008년 4월 5일을 나타낼 때, 달을 나타내는 4를 리턴한다.

(4) int getYear() const;

myDate객체에 지정된 날의 년도를 나타내는 정수를 리턴한다. 예를 들면, myDate가 2008년 4월 5일을 나타낼 때, 년도를 나타내는 2008을 리턴한다.

(5) void setDayOfMonth(int day);

myDate객체에 지정된 날짜의 년/월/일 중에서 일을 day로 변경한다.

(6) void setMonth(int month);

myDate객체에 지정된 날짜의 년/월/일 중에서 월을 month로 변경한다.

(7) void setYear(int year);

myDate객체에 지정된 날짜의 년/월/일 중에서 년도를 year로 변경한다.

(8) void setDate(int year, int month, int day);

myDate객체에 지정된 날짜를 year년 month월 day일로 변경한다.

(9) bool isLeapYear() const;

myDate객체에 지정된 년도가 윤년일 경우에는 1을 리턴하고, 평년인 경우에는 0을 리턴한다.

(10) int getDayOfWeek() const;

myDate객체에 지정된 날짜의 요일이 일요일이면 0을, 월요일이면 1을, 화요일이면 2를, 수요일이면 3을, 목요일이면 4를, 금요일이면 5를, 그리고 토요일이면 6을 리턴한다.

(11) int getDayOfYear() const;

myDate객체에 지정된 날짜가 그 년도의 몇 번째 날짜인 지를 계산하고 그 값을 리턴한다. 예를 들어 1월 1일은 1번째, 1월 31일은 31번째, 2월 1일은 32번째, 그리고 윤년이 아닌 년도의 12월 31일은 365번째 날이다.

(12) int getNumHolidays() const;

myDate객체에 지정된 년도에 휴일(토요일, 일요일, 공휴일) 수가 몇일 인지를 계산하여, 그 날짜 수를 나타내는 정수를 리턴한다. 우리나라의 공휴일에는 양력으로 지정된 신정(1월 1일), 삼일절(3월 1일), 어린이날(5월 5일), 현충일(6월 6일), 제헌절(7월 17일), 광복절(8월 15일), 개천절(10월 3일), 성탄절(12월 25일) 이 있으며, 음력으로 지정되는 구정, 석가탄신일, 추석이 있다. 단, 음력을 계산하기 어려우므로 구정은 2월 1일, 2일, 3일로, 석가탄신일은 5월 15일로, 추석은 9월 15, 16, 17일로 고정되어 있다고 가정한다. 또한 공휴일이 토요일 혹은 일요일과 겹치는 경우에는 공휴일은 무시된다고 가정한다.

(13) int getNumSummerTimeDays()const;

myDate객체에 지정된 년도에 유럽에서 일광절약시간제(日光節約時間制, daylight saving time, summer time)가 적용되는 날짜 수를 리턴한다. 일광절약시간제는 여름철 낮 시간이 긴 것을 이용해 법령으로 표준시를 1시간 앞당긴 시각을 사용하는 제도이다. 현재, 유럽에서는 3월의 가장 마지막 일요일에 일광절약시간제를 적용하며, 10월의 가장 마지막 일요일에 해지한다.

(14) void printCalendarOfMonth() const;

myDate객체에 지정된 달의 달력을 출력한다. 출력의 첫 줄에는 myDate객체에 지정된 년도와 달을 나타내는 두 개의 정수를 순서대로 출력한다. 두 정수 사이에는 하나의 공백을 둔다. 그 다음 줄부터는 한 줄에 한 주에 해당하는 날짜를 일요일부터 토요일까지 차례대로 출력한다. 단, 첫 줄에서 주어진 달의 첫째 날의 요일이 일요일이 아닌 경우에는 첫째 날의 요일 전까지 해당되는 요일에 모두 0을 출력한다. 또한 마지막 날짜의 요일이 토요일이 아닌 경우에는 마지막 날의 요일 다음부터 토요일까지 모두 0을 출력한다. 따라서, 한 주에 관한 데이터를 출력하는 한 개의 줄에는 모두 7 개의 정수가 출력된다.

문제 74

Date Class (1)

앞에서 정의한 myDate class의 멤버 함수를 구현한 myDate1.cpp 를 작성하여, 아래 테스트 프로그램인 testMyDate1.cpp가 정확하게 동작하도록 하시오.

구현해야할 myDate class의 public 멤버함수:

```
// Constructor (생성자)
myDate(int year=1582, int month=1, int day=1);

// Accessor functions (접근자)
int getDayOfMonth() const;
int getMonth() const;
int getYear() const;

// Mutator functions (변경자)
void setDayOfMonth(int day);
void setMonth(int month);
void setYear(int year);
void setDate(int year, int month, int day);

// utility functions
bool isLeapYear() const;    //윤년
int getDayOfWeek() const;   //0=Sunday, 1=Monday, ..., 6=Saturday
```

testMyDate1.cpp

```
#include <iostream>
#include <fstream>
#include <cstdlib>
#include "myDate.h"

using namespace std;

void main(void)
{
    ifstream inStream;
        int numTestCases;

    inStream.open("input.txt");
    if (inStream.fail())
    {
        cerr << "Input file opening failed.\n";
        exit(1);
```

```
    }

    inStream >> numTestCases;

    for (int i=0; i<numTestCases; i++)
    {
        int year, month, day;

        inStream >> year >> month >> day;
        myDate date1(year, month, day), date2;

        cout << date1.getYear() << " ";
        cout << date1.getMonth() << " ";
        cout << date1.getDayOfMonth() << endl;
        cout << date1.isLeapYear() << " ";
        cout << date1.getDayOfWeek () << endl;

        inStream >> year >> month >> day;
        date2.setDayOfMonth(day);
        date2.setMonth(month);
        date2.setYear(year);

        cout << date2.getYear() << " ";
        cout << date2.getMonth() << " ";
        cout << date2.getDayOfMonth() << endl;
        cout << date2.isLeapYear() << " ";
        cout << date2.getDayOfWeek () << endl;

        inStream >> year >> month >> day;
        date2.setDate(year, month, day);

        cout << date2.getYear() << " ";
        cout << date2.getMonth() << " ";
        cout << date2.getDayOfMonth() << endl;
        cout << date2.isLeapYear() << " ";
        cout << date2.getDayOfWeek () << endl;
    }

    inStream.close();
}
```

입력과 출력의 예

입력	출력
1 2008 4 5 9999 12 31 1582 1 1	2008 4 5 1 6 9999 12 31 0 5 1582 1 1 0 5

문제 75

Date Class (2)

앞에서 정의한 myDate class의 멤버 함수를 구현한 myDate2.cpp 를 작성하여, 아래 테스트 프로그램인 testMyDate2.cpp가 정확하게 동작하도록 작성하시오.

구현해야할 myDate class의 public 멤버함수:

```
 // Constructor (생성자)
myDate(int year=1582, int month=1, int day=1);

// Accessor functions (접근자)
int getDayOfMonth() const;
int getMonth() const;
int getYear() const;

// Mutator functions (변경자)
void setDayOfMonth(int day);
void setMonth(int month);
void setYear(int year);
void setDate(int year, int month, int day);

// utility functions
bool isLeapYear() const;    //윤년
int getDayOfWeek() const;   //0=Sunday, 1=Monday, ..., 6=Saturday
int getDayOfYear() const;   //1=Jan.1, 2=Jan.2, ..., 366=Dec.31 (in a leap year)
int getNumHolidays() const; //휴일수 계산
```

testMyDate2.cpp

```
#include <iostream>
#include <fstream>
#include <cstdlib>
#include "myDate.h"

using namespace std;

void main(void)
{
    ifstream inStream;
        int numTestCases;

    inStream.open("input.txt");
    if (inStream.fail())
```

```
    {
        cerr << "Input file opening failed.\n";
        exit(1);
    }

    inStream >> numTestCases;

    for (int i=0; i<numTestCases; i++)
    {
        int year, month, day;

        inStream >> year >> month >> day;
        myDate date(year, month, day);

        cout << date.getDayOfYear() << " ";
        cout << date.getNumHolidays() << endl;
    }

    inStream.close();
}
```

입력과 출력의 예

입력	출력
3 2008 4 5 9999 12 31 1582 1 1	96 116 365 115 1 115

문제 76

Date Class (3)

앞에서 정의한 myDate class의 멤버 함수를 구현한 myDate3.cpp 를 작성하여, 아래 테스트 프로그램인 testMyDate3.cpp가 정확하게 동작하도록 작성하시오.

구현해야할 myDate class의 public 멤버함수:

```
 // Constructor (생성자)
myDate(int year=1582, int month=1, int day=1);

// Accessor functions (접근자)
int getDayOfMonth() const;
int getMonth() const;
int getYear() const;

// Mutator functions (변경자)
void setDayOfMonth(int day);
void setMonth(int month);
void setYear(int year);
void setDate(int year, int month, int day);

// utility functions
bool isLeapYear() const;    //윤년
int getDayOfWeek() const;   //0=Sunday, 1=Monday, ..., 6=Saturday
int getDayOfYear() const;   //1=Jan.1, 2=Jan.2, ..., 366=Dec.31 (in a leap year)
int getNumHolidays() const; //휴일수 계산
int getNumSummerTimeDays()const; //써머타임 날짜수
void printCalendarOfMonth() const; // 달력출력하기
```

testMyDate3.cpp

```
#include <iostream>
#include <fstream>
#include <cstdlib>
#include "myDate.h"

using namespace std;

void main(void)
{
    ifstream inStream;
    int numTestCases;
```

```
    inStream.open("input.txt");
    if (inStream.fail())
    {
        cerr << "Input file opening failed.\n";
        exit(1);
    }

    inStream >> numTestCases;

    for (int i=0; i<numTestCases; i++)
    {
        int year, month, day;

        inStream >> year >> month >> day;
        myDate date(year, month, day);

        cout << date.getNumSummerTimeDays() << endl;
        date.printCalendarOfMonth();
        cout << endl;

    }

    inStream.close();
}
```

입력과 출력의 예

<table>
<tr><th>입력</th><th>출력</th></tr>
<tr><td>3
2008 4 5
9999 12 31
1582 1 1</td><td>210
2008 4
0 0 1 2 3 4 5
6 7 8 9 10 11 12
13 14 15 16 17 18 19
20 21 22 23 24 25 26
27 28 29 30 0 0 0
217
9999 12
0 0 0 1 2 3 4
5 6 7 8 9 10 11
12 13 14 15 16 17 18
19 20 21 22 23 24 25
26 27 28 29 30 31 0
217
1582 1
0 0 0 0 0 1 2
3 4 5 6 7 8 9
10 11 12 13 14 15 16
17 18 19 20 21 22 23
24 25 26 27 28 29 30
31 0 0 0 0 0 0</td></tr>
</table>

문제 77

Date Class (4)

그레고리력으로 표현되는 날짜(년/월/일)를 구현하는 myDate class 의 header 파일(myDate.h)을 다음과 같이 정의하였을 때, myDate class의 멤버 함수와 operator를 구현한 myDate.cpp 를 작성하시오. 단, myDate.h 내의 public member function들은 반드시 아래 myDate.h에서 선언된 것에 따르고, private member data와 private member function 들은 각자의 구현 방법에 따라 정의한다.

myDate.h

```
#ifndef _MYDATE_H_
#define _MYDATE_H_

#include <iostream>
using namespace std;

class myDate {

    // friend 함수
    friend ostream &operator <<(ostream &outStream, const myDate& date);
    friend istream &operator >>(istream &inStream, myDate& date);
    friend myDate operator +(int num, const myDate& date);

public:
    // Constructor (생성자)
    myDate(int year=1582, int month=1, int day=1);
    // Copy Constructor (복사 생성자)
    myDate(const myDate& date);


    // Accessor functions (접근자)
    int getDayOfMonth() const;
    int getMonth() const;
    int getYear() const;

    // Mutator functions (변경자)
    void setDayOfMonth(int day);
    void setMonth(int month);
    void setYear(int year);
    void setDate(int year, int month, int day);

    // Operators overloaded
    int operator -(const myDate& date) const;    // difference between two days
    myDate operator +(int num) const;
```

```
    myDate operator -(int num) const;

    myDate& operator ++();  // prefix increment
    myDate& operator --();  // prefix decrement
    myDate  operator ++(int);   // postfix increment
    myDate  operator --(int);   // postfix decrement

    myDate& operator =(const myDate& date);
    myDate& operator  +=(int num);
    myDate& operator  -=(int num);

    bool operator >(const myDate& date) const;
    bool operator >=(const myDate& date) const;
    bool operator <(const myDate& date) const;
    bool operator <=(const myDate& date) const;
    bool operator ==(const myDate& date) const;
    bool operator !=(const myDate& date) const;

    // utility functions
    bool isLeapYear() const;    //윤년
    int getDayOfWeek() const;   //0=Sunday, 1=Monday, ..., 6=Saturday
    int getDayOfYear() const;   //1=Jan.1, 2=Jan.2, ..., 366=Dec.31 (in a leap year)
    int getNumHolidays() const; //휴일수 계산
    int getNumSummerTimeDays()const; //써머타임 날짜수
    void printCalendarOfMonth() const; // 달력출력하기

private:
    // information hiding : implement as you wish
};

#endif
```

단, myDate의 객체에는 잘못된 날짜가 지정되는 경우는 없다. 예를 들어, 2008년 13월 43일 등과 같은 잘못된 날짜가 지정되는 경우는 없다. 또한 year는 항상 1584보다 크거나 같으며, 100,000보다는 작다.

myDate class 의 operator는 다음과 같이 정의된다.

(1) friend ostream &operator <<(ostream &outStream, const myDate& date);

현재 날짜(년, 월, 일)를 DD/MM/YYYY 형식으로 출력한다. 여기에서 DD, MM 은 각각 일, 월을 나타내며 일 혹은 월이 한자리 수인 경우에는 앞에 문자 '0' 을 추가하여 반드시 두 개의 문자로 출력한다. YYYY는 년도를 나타내며, 년도를 나타내는 정수를 그대로 출력한다. 예를 들어, 2008년 4월 20일은 "20/04/2008" 로 출력하며, 99999년 1월 2일은 "02/01/99999" 로 출력한다.

(2) friend istream &operator >> (istream &inStream, myDate& date);

날짜(년, 월, 일)에 해당되는 데이터를 입력한다. 입력되는 데이터는 각각 년, 월, 일을 나타내는 세 개의 정수가 순서대로 입력된다. 각 정수들 사이에는 하나의 공백이 있다. 예를 들어, 2008년 4월 20일은 2008 4 20 으로 주어지며, 99999년 1월 2일은 99999 1 2 로 주어진다.

(3) friend myDate operator +(int num, const myDate& date);

날짜에 몇일을 더하는 연산자를 나타낸다. 예를 들어 d가 2008년 2월 20일을 나타내는 변수이면, 수식 10+d 의 결과는 2008년 3월 1일이 된다.

(4) int operator - (const myDate& date) const;

두 날짜 사이의 날짜 수를 나타내는 정수를 리턴하는 연산자이다. 예를 들어 d1이 2008년 2월 20일을 나타내는 변수이고, d2가 2008년 3월 1일을 나타내는 변수이면, 수식 d1-d2는 -10이다.

(5) myDate operator + (int num) const;

날짜에 몇일을 더하는 연산자를 나타낸다. 예를 들어 d가 2008년 2월 20일을 나타내는 변수이면, 수식 d+10 의 결과는 2008년 3월 1일이 된다.

(6) myDate operator - (int num) const;

날짜에 몇일을 빼는 연산자를 나타낸다. 예를 들어 d가 2008년 3월 1일을 나타내는 변수이면, 수식 d-10 의 결과는 2008년 2월 10일이 된다.

(7) myDate& operator ++ ();

myDate& operator -- ();

현재 날짜에 하루를 더하거나 빼는 prefix연산자이다.

(8) myDate operator ++ (int);

myDate operator -- (int);

현재 날짜에 하루를 더하거나 빼는 postfix연산자이다.

(9) myDate& operator = (const myDate& date);

myDate& operator +=(int num);

myDate& operator -=(int num);

Assignment operator 이다.

(10) bool operator >(const myDate& date) const;

bool operator >=(const myDate& date) const;

bool operator <(const myDate& date) const;

bool operator <=(const myDate& date) const;

bool operator ==(const myDate& date) const;

bool operator !=(const myDate& date) const;

주어진 두 날짜의 크기를 비교하는 연산자이며, 결과는 boolean 값을 리턴한다. 날짜의 크기는 상대적으로 오래된 날짜가 크기가 작다라고 정의한다.

앞에서 정의한 myDate class의 모든 멤버 함수를 구현한 myDate4.cpp 를 작성하여, 아래 테스트 프로그램인 testMyDate4.cpp가 정확하게 동작하도록 작성하시오.

단, 어떤 날짜에 정수를 더하거나 빼서 1582년 1월 1일 보다 작게 되는 경우에는 그 결과를 1582년 1월 1일로 바꾼다.

testMyDate4.cpp

```
#include <iostream>
#include <fstream>
#include <cstdlib>
#include "myDate.h"

using namespace std;

const int MAX_SIZE = 100;

void testSimpleCase();
void testDataFromFile();
const myDate& getMinDate(const myDate dates[], int n);
const myDate& getMaxDate(const myDate dates[], int n);
void sortDates(myDate dates[], int n);
void swap(myDate &d1, myDate &d2);

void main(void)
{
    testSimpleCase();
    testDataFromFile();
}
```

```
void testSimpleCase()
{
    myDate d1, d2(99999,12,31), d3(2008,2,20);
    myDate d4, d5, d6, d7, d8, d9(d3);

    cout << d1 << endl;
    cout << d2 << endl;
    cout << d3 << endl;
    cout << d9 << endl;
    cout << d3 - d1 << endl;

    d4 = d5 = d6 = d7 = d8 = d9;

    cout << ++d7 + 365 << " " << d7 << endl;
    cout << d7++ + 365 << " " << d7 << endl;

    cout << --d7 - 365 << " " << d7 << endl;
    cout << d7-- - 365 << " " << d7 << endl;

    cout << -365 + d7 << " " << d7 << endl;

    d4.setDate(2999, 12, 31);
    d5.setDate(2000, 1, 1);
    d6.setDate(3000, 1, 1);

    d6 += d5 - d4;
    cout << d6 << endl;

    d6 -= d5 - d4;
    cout << d6 << endl;

    cout << (d6 == d8) << " " << (d6 != d8) << endl;
    cout << (d7 == d8) << " " << (d7 != d8) << endl;

    cout << (d6 >= d8) << " " << (d6 > d8) << endl;
    cout << (d6 <= d8) << " " << (d6 < d8) << endl;
    cout << (d7 >= d8) << " " << (d7 > d8) << endl;
    cout << (d7 <= d8) << " " << (d7 < d8) << endl;
}

void testDataFromFile()
{
    ifstream inStream;
    int numTestCases;

    inStream.open("input.txt");
    if (inStream.fail())
    {
        cerr << "Input file opening failed.\n";
        exit(1);
    }

    inStream >> numTestCases;

    for(int i=0; i<numTestCases; i++)
    {
        int j;
        int numData;
```

```
        myDate dates[MAX_SIZE], minDate, maxDate;

        inStream >> numData;

        for(j=0; j<numData; j++)
            inStream >> dates[j];

        minDate = getMinDate(dates, numData);
        maxDate = getMaxDate(dates, numData);

        cout << minDate << " " << maxDate << " " << maxDate - minDate << endl;

        sortDates(dates, numData);
        for(j=0; j<numData; j++)
            cout << dates[j] << " ";
        cout << endl;
    }

    inStream.close();
}

// 날짜 중에서 가장 이른 날짜를 계산함
const myDate& getMinDate(const myDate dates[], int n)
{
    int min = 0;

    for(int i=1; i<n; i++)
    {
        if (dates[min] > dates[i])
            min = i;
    }

    return dates[min];
}

// 날짜 중에서 가장 늦은 날짜를 계산함
const myDate& getMaxDate(const myDate dates[], int n)
{
    int max = 0;

    for(int i=1; i<n; i++)
    {
        if (dates[max] < dates[i])
            max = i;
    }

    return dates[max];
}

//
// 날짜를 오름차순으로 정렬함
//
void sortDates(myDate dates[], int n)
{
    for(int i=n-2; i>=0; i--)
        for(int j=0; j<=i; j++)
            if(dates[j] > dates[j+1])
                swap(dates[j], dates[j+1]);
```

```
}

// 두 날짜를 서로 바꿈
void swap(myDate &d1, myDate &d2)
{
    myDate tmp;

    tmp = d1;
    d1  = d2;
    d2  = tmp;
}
```

입력과 출력의 예

입력

```
2
2 1582 1 1 99999 12 31
6 31881 6 13 3084 8 25 10200 8 18 26000 1 12 4678 7 9 28000 5 23
```

출력

```
01/01/1582
31/12/99999
20/02/2008
20/02/2008
155643
20/02/2009 21/02/2008
20/02/2009 22/02/2008
21/02/2007 21/02/2008
21/02/2007 20/02/2008
20/02/2007 20/02/2008
02/01/2000
01/01/3000
0 1
1 0
1 1
0 0
1 0
1 0
01/01/1582 31/12/99999 35946435
01/01/1582 31/12/99999
25/08/3084 13/06/31881 10517815
25/08/3084 09/07/4678 18/08/10200 12/01/26000 23/05/28000 13/06/31881
```

문제 78

지뢰찾기 게임

간단한 게임 프로그램 중에서 인기 있는 게임 중의 하나는 "지뢰 찾기" 게임이다. 이 게임은 크기가 $m \times n$ 인 바둑판 모양의 게임판에서 이루어진다. 이 게임판의 작은 정사각형 상자(셀이라 부름)에는 지뢰가 한 개 숨겨져 있을 수 있으며, 게임판에는 여러 개의 지뢰가 숨겨져 있다. 게임은 이 정사각형 셀을 클릭하면서 진행이 되고, 셀을 클릭하면 셀이 열리게 된다. 그러나, 지뢰가 숨겨져 있는 셀을 열면 지뢰가 터지고 게임이 끝나게 된다. 만약 지뢰가 숨겨져 있지 않은 셀을 열게 되면, 그 셀을 둘러 싸고 있는 여덟 개의 셀에 들어 있는 지뢰의 총 수가 셀에 표시되며, 그 셀을 둘러 싸고 있는 여덟 개의 셀에 지뢰가 하나도 없는 경우에는 숫자가 표시되지 않는다. 아래 그림은 10 × 15 인 게임판에 총 20 개의 지뢰가 숨겨져 있는 게임이 진행되고 있는 것을 나타내고 있다. 왼쪽 그림에서는 지뢰가 터지지 않고 계속 진행된 상태이고, 오른쪽 그림은 지뢰가 숨겨진 셀을 열어서 게임이 끝난 상태를 나타낸다.

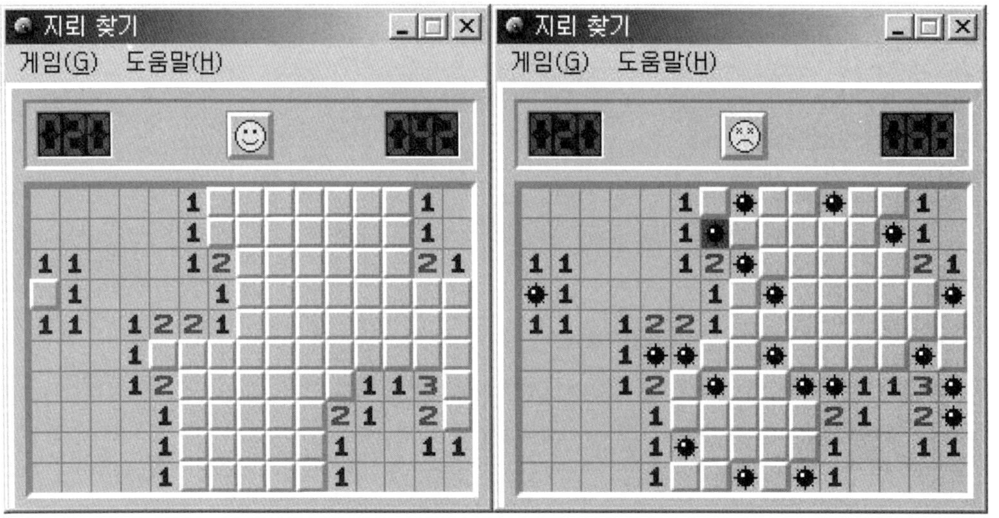

지뢰찾기 게임을 프로그램하기 위해서는 각 셀의 주위에 있는 지뢰의 개수를 계산할 필요가 있다. 이와 같이 지뢰찾기 게임판에서 지뢰의 위치가 주어졌을 때, 모든 셀에 대하여 그 셀에 인접한 지뢰의 개수를 계산하는 프로그램을 작성하시오.

입력

입력 파일의 이름은 "input.txt" 이다. 입력은 t 개의 테스트케이스로주어진다. 입력 파일의 첫 번째 줄에 테스트 케이스의 개수를 나타내는 정수 t 가 주어진다. 각 테스트 케이스의 첫 번째 줄에 두 개의 정수 m n ($2 \le m, n \le 100$) 이 주어진다. 두 정수 사이에는 하나의 공백이 있다. 여기서 m 은 게임판의 가로의 길이를 나타내고, n 은 세로의 길이를 나타내며, 단위 길이는 셀의 개수를 나타낸다. 두 번째 줄부터 n 개의 줄에는 게임판에서 하나의 가로줄에 해당하는 셀에 지뢰가 있는지를 나타내는 m 개의 문자로 만들어진 스트링이 입력된다. 이 스트링에서 현재 지뢰가 있는 셀은 문자 '*' 로 나타나며, 지뢰가 없는 셀은 문자 '+' 로 표시된다. 각 문자들 사이에는 공백이 없으며, 잘못된 데이터가 입력되는 경우는 없다.

출력

출력은 표준출력(standard output)을 사용한다. 입력되는 테스트 케이스의 순서대로 다음 줄에 이어서 각 테스트 케이스의 결과를 출력한다. 각 테스트 케이스에 해당하는 출력의 첫 줄부터 n 개의 각줄에는 m 개의 문자를 출력하는데, 각 셀의 가로, 세로 위치에 출력되는 이 문자들의 종류에는 출력은 표준출력(standard output)을 사용한다. 입력되는 테스트 케이스의 순서대로 다음 줄에 이어서 각 테스트 케이스의 결과를 출력한다. '0', '1', …, '8', 혹은 '*' 이 있다. 문자 '0', '1', …, '8' 은 각각 그 셀 주위에 있는 지뢰의 개수를 나타내는 정수 0, 1, …, 8 을 나타내고, 문자 '*' 는 그 위치의 셀에 지뢰가 있음을 나타낸다. 각 문자들 사이에는 공백을 두지 않는다.

입력과 출력의 예

입력	출력
3 15 10 +++++++*++*++++ ++++++*+++++*++ +++++++*+++++++	0000012*11*2110 000001*32112*10 1100012*2101121 *1000012*10001* 110122122200122

```
*+++++++*+++++*
+++++++++++++++
++++**++*++++*+
++++++*++**+++*
++++++++++++++*
+++++*+++++++++
+++++++*+*+++++
10 9
**********
**********
**********
**********
**********
**********
**********
**********
**********
3 3
+++
+++
+++
```

```
0001**22*3211*2
000123*22**113*
00001111122102*
00001*212110011
0000112*2*10000
**********
**********
**********
**********
**********
**********
**********
**********
**********
000
000
000
```

문제 79

복소수 (Complex Number)

두 개의 정수 a, b 로 만들어지는 복소수 $a+bi$ (혹은 (a, b))를 구현하는 C++ 클래스 myComplex를 구현하시오. 복소수 $a+bi$ 에서 a 를 실수부(real part)라고 하고, b 를 허수부(imaginary part)라고 한다.

클래스 myComplex에서 가능한 복소수 산술 연산자(arithmetic operator) 로는 +(덧셈), -(뺄셈), *(곱셈)이 가능하며, 이 산술 연산자는 다음과 같이 복소수 간의 연산 뿐만 아니라 정수와 복소수 사이의 연산도 가능하다. 다음에서 a, b, c, d 는 각각 정수이다.

$(a, b) + (c, d) = (a + c, b + d)$

$(a, b) - (c, d) = (a - c, b - d)$

$(a, b) * (c, d) = (ac - bd, ad + bc)$

$c + (a, b) = (c + a, b)$

$c - (a, b) = (c - a, - b)$

$c * (a, b) = (ca, cb)$

$(a, b) + c = (a + c, b)$

$(a, b) - c = (a - c, b)$

$(a, b) * c = (ac, bc)$

클래스 myComplex 에서는 assignment operator =, +=, -=, *= 가 가능하며, 이 연산자 또한 산술 연산자와 같이 복소수 뿐만 아니라 정수에 관해서도 연산 가능하다.

복소수 $z = (a, b)$ 에 대하여, 복소수 $(a, -b)$ 를 z 의 켤레복소수(conjugate)라고 한다, 또한 복소수 $z = (a, b)$ 의 절대값(norm) $|z|$은 다음과 같이 정의한다.

$|z| = \mathrm{sqrt}(a*a + b*b)$

클래스 myComplex에서 가능한 복소수 관계 연산자(relational operator)로는 ==, !=, >, >=, <, <= 이 있으며, 다음과 같이 정의된다. 다음에서 a, b, c, d 는 각각 정수이며, z_1, z_2 는 복소수이다.

$$(a, b) == (c, d) \Leftrightarrow (a = b) \text{ and } (c = d)$$

$$(a, b) \mathrel{!=} (c, d) \Leftrightarrow (a \neq b) \text{ or } (c \neq d)$$

$$z_1 > z_2 \Leftrightarrow |z_1| > |z_2|$$

$$z_1 >= z_2 \Leftrightarrow |z_1| \geq |z_2|$$

$$z_1 < z_2 \Leftrightarrow |z_1| < |z_2|$$

$$z_1 <= z_2 \Leftrightarrow |z_1| \leq |z_2|$$

또한 myComplex 에서 가능한 단항 연산자 (unary operator)로는 -, ~, ++, -- 가 있다. 단항 연산자 -는

$$-(a, b) = (-a, -b)$$

로 정의되며, 단항 연산자 ~ 는 다음과 같이 conjugate를 계산하는 연산자이다.

$$\sim(a, b) = (a, -b)$$

단항 연산자 ++, -- 는 각각 복소수의 정수부를 1 증가시키거나, 1 감소시키는 연산자로서 prefix 혹은 postfix 연산이 모두 가능하다.

클래스 myComplex에는 위에서 설명한 연산자 이외에도 입출력 연산자 (<<, >>), 생성자(constructor), 복사 생성자(copy constructor), 변경자(mutator function), 접근자(accessor function) 등이 있다.

클래스 myComplex를 구현한 다음 두 개의 파일 MyComplex.h, MyComplex.cpp에 위에서 설명한 모든 연산자를 추가하여 클래스myComplex를 완전히 구현하여, 아래 테스트 프로그램인 TestMyComplex.cpp 가 정확하게 동작하도록 작성하시오.

MyComplex.h

```
#ifndef _MYCOMPLEX_H_
#define _MYCOMPLEX_H_

#include <iostream>
using namespace std;

class myComplex {
public:
    // Constructor (생성자)
    myComplex(int real = 0, int imag = 0);
    // Copy constructor (복사 생성자)
    myComplex(const myComplex& number);

    // Accessor functions (접근자)
    int getRealPart() const;
    int getImaginaryPart() const;

    // Mutator functions (변경자)
    void setRealPart(int real);
    void setImaginaryPart(int imag);
    void set(int real, int imag);

    // Overloaded binary operators
    myComplex operator +(const myComplex& number) const;
    myComplex operator +(int value) const;

    // Overloaded assignment operators
    myComplex& operator =(const myComplex& number);
    myComplex& operator =(int value);

    // Overloading relational operators
    bool operator ==(const myComplex& number) const;

    // Overloaded unary operators
    myComplex operator -();     // unary minus

private:
    int realPart;
    int imaginaryPart;
    int norm() const;
};

#endif
```

MyComplex.cpp

```
#include "MyComplex.h"

// Constructor
myComplex::myComplex(int real, int imag)
{
    realPart = real;
    imaginaryPart = imag;
}
```

```
// Copy constructor
myComplex::myComplex(const myComplex& number)
{
    realPart = number.realPart;
    imaginaryPart = number.imaginaryPart;
}

// Accessor functions
int myComplex::getRealPart() const
{
    return realPart;
}

int myComplex::getImaginaryPart() const
{
    return imaginaryPart;
}

// Mutator functions
void myComplex::setRealPart(int real)
{
    realPart = real;
}

void myComplex::setImaginaryPart(int imag)
{
    imaginaryPart = imag;
}

void myComplex::set(int real, int imag)
{
    realPart = real;
    imaginaryPart = imag;
}

// Overloaded binary operators
myComplex myComplex::operator +(const myComplex& number) const
{
    int newReal = realPart + number.realPart;
    int newImag = imaginaryPart + number.imaginaryPart;
    return myComplex (newReal, newImag);
}

myComplex myComplex::operator +(int value) const
{
    return myComplex(value) + (*this);
}

// Assignment operators
myComplex& myComplex::operator =(const myComplex& number)
{
    this->realPart = number.realPart;
    this->imaginaryPart = number.imaginaryPart;
    return *this;
}

myComplex& myComplex::operator =(int value)
{
```

```
    realPart = value;
    imaginaryPart = 0;
    return *this;
}

// Overloading comparison operators
bool myComplex::operator ==(const myComplex& number) const
{
    return (realPart == number.realPart) &&
           (imaginaryPart == number.imaginaryPart);
}

bool myComplex::operator >(const myComplex& number) const
{
    return norm() > number.norm();
}


// Overloaded unary operators
myComplex myComplex::operator -()       // unary minus
{
    return myComplex(-realPart, -imaginaryPart);
}

// private function
int myComplex::norm() const
{
    return realPart * realPart + imaginaryPart * imaginaryPart;
}

ostream &operator <<(ostream &outStream, const myComplex& number)
{
    outStream << "(" << number.realPart << "," << number.imaginaryPart << ")";
    return outStream;
}

istream &operator >>(istream &inStream, myComplex& number)
{
    inStream >> number.realPart >> number.imaginaryPart;
    return inStream;
}
```

TestMyComplex.cpp

```
#include <fstream>
#include <cstdlib>
#include "MyComplex.h"

void testSimpleCase();
void testDataFromFile();

void main(void)
{
    testSimpleCase();
    testDataFromFile();
}
```

```
void testSimpleCase()
{
    myComplex c0, c1(1), c2(2, 2);
    myComplex c3(c2);
    myComplex c4, c5, c6, c7, c8, c9;

    // test constructor
    cout << c0 << endl << c1 << endl << c2 << endl;
    // test copy constructor
    cout << c3 << endl;

    // test accessor function
    cout << c3 << endl;

    // test mutator function
    c3.set(3, 3);
    cout << c3 << endl;

    c3.setRealPart(4);
    cout << c3 << endl;

    c3.setImaginaryPart(4);
    cout << c3 << endl;

    // test binary operators
    c4 = c1 + c3;
    c5 = c1 - c3;
    c6 = c4 * c5;
    cout << c4 << endl << c5 << endl << c6 << endl;

    c7 = c6 + 2;
    c8 = c6 - 2;
    c9 = c6 * 2;
    cout << c7 << endl << c8 << endl << c9 << endl;

    c7 += c4;
    c8 -= c5;
    c9 *= c6;
    cout << c7 << endl << c8 << endl << c9 << endl;

    c7 += 2;
    c8 -= 2;
    c9 *= 2;
    cout << c7 << endl << c8 << endl << c9 << endl;

    // test comparison operators
    cout << (c8 != c9) << " " << (c8 == c9) << endl;
    cout << (c8 > c9)  << " " << (c8 >= c9) << " " << (c8 < c9) << " " << (c8 <= c9) <<
endl;
    c7 = c8 = c9;
    cout << (c8 != c9) << " " << (c8 == c9) << endl;
    cout << (c8 > c9)  << " " << (c8 >= c9) << " " << (c8 < c9) << " " << (c8 <= c9) <<
endl;

    // test prefix operators
    c7 = -myComplex(2, 3);
    c8 = (++c7) * 2;
    c9 = 2 * (c7++);
```

```
    cout << c7 << " " << c8 << " " << c9 << endl;

    c7 = ~myComplex(2, 3);
    c8 = (--c7) * 2;
    c9 = 2 * (c7--);
    cout << c7 << " " << c8 << " " << c9 << endl;

    // test expressions with myComplex numbers
    c1 = myComplex(1,2);
    c2 = myComplex(2,3);
    c3 = myComplex(4,5);
    c4 = myComplex(5,6);
    c5 = myComplex(6,7);
    c6 = 3;
    cout << -(c1*c2) - 2*c3 + ~c4 * c5 * 3 + 2 ?c6 << endl;
}

void testDataFromFile()
{
    ifstream inStream;
    int numTestCases;

    inStream.open("input.txt");
    if (inStream.fail())
    {
        cerr << "Input file opening failed.\n";
        exit(1);
    }

    inStream >> numTestCases;

    for (int i=0; i<numTestCases; i++)
    {
        myComplex c1, c2, c3, c4;
        myComplex c5, c6, c7, c8, c9;

        inStream >> c1 >> c2 >> c3 >> c4;

        cout << c1 << " " << c2 << " " << c3 << " " << c4 << endl;
        cout << (2 + c1 + 3) + (2 - c2 - 3) * (2 * c3 * 3) - ( 2 * c4 - 3) << endl;

        c5 = c6 = c7 = c8 = c1;
        cout << (c5 == c2) << " " << (c5 != c2) << endl;
        cout << (c5 > c2) << " " << (c5 >= c2) << " " << (c5 < c2) << " " << (c5 <= c2)
<< endl;
        cout << (c5 == c6) << " " << (c5 != c6) << endl;
        cout << (c5 > c6) << " " << (c5 >= c6) << " " << (c5 < c6) << " " << (c5 <= c6)
<< endl;

        c5 += c2;
        c6 -= c3;
        c7 *= c4;
        c8 = c2.getRealPart();
        c9 = c3.getImaginaryPart();
        cout << c5 << " " << c6 << " " << c7 << " " << c8 << " " << c9 << endl;

        c7 = -c6;
        c8 = (++c7) * 2;
```

```
        c9 = 2 * (c7++);
        cout << c7 << " " << c8 << " " << c9 << endl;

        c7 = ~c6;
        c8 = (++c7) * 2;
        c9 = 2 * (c7++);
        cout << c7 << " " << c8 << " " << c9 << endl;
    }

    inStream.close();
}
```

입력

입력 파일의 이름은 "input.txt" 이다. 입력은 *t* 개의 테스트 케이스로 주어진다. 입력 파일의 첫 번째 줄에 테스트 케이스의 개수를 나타내는 정수 *t* 가 주어진다. 두 번째 줄부터 *t* 개의 줄에는 한 줄에 한 개의 테스트 케이스에 해당하는 네 개의 복소수를 나타내는 여덟 개의 정수가 입력된다. 각 정수들 사이에는 한 개의 공백이 있으며, 잘못된 데이터가 입력되는 경우는 없다.

출력

출력은 표준출력(standard output)을 사용한다. 출력은 테스트 프로그램인 testMyComplex.cpp를 수행시키면 자동적으로 출력된다.

입력과 출력의 예

입력	출력
2 1 2 3 4 5 6 7 8 3 6 6 5 4 4 5 6	(0, 0) (1, 0) (2, 2) (2, 2) (2, 2) (3, 3)

	(4, 3) (4, 4) (5, 4) (-3, -4) (1, -32) (3, -32) (-1, -32) (2, -64) (8, -28) (2, -28) (-2046, -128) (10, -28) (0, -28) (-4092, -256) 1 0 0 0 1 1 0 1 0 1 0 1 (0, -3) (-2, -6) (-2, -6) (0, -3) (2, -6) (2, -6) (211, -20) (1, 2) (3, 4) (5, 6) (7, 8) (19, -278) 0 1 0 0 1 1 1 0 0 1 0 1 (4, 6) (-4, -4) (-9, 22) (3, 0) (6, 0) (6, 4) (10, 8) (10, 8) (-2, 4) (-6, 8) (-6, 8) (3, 6) (6, 5) (4, 4) (5, 6) (-47, -294) 0 1 0 0 1 1 1 0 0 1 0 1 (9, 11) (-1, 2) (-21, 48) (6, 0) (4, 0) (3, -2) (4, -4) (4, -4) (1, -2) (0, -4) (0, -4)

문제 80

다항식 (Polynomial)

다항식(polynomial) 은 변수와 상수를 덧셈, 곱셈, 뺄셈 연산만을 이용하여 표현한 식을 말한다. 예를 들어 $x^3 + 2x^2 - 5x + 7$ 은 다항식이지만, $3x^2 - 5 / x + 7x^{2/3}$ 은 다항식이 아니다. 다항식 $x^3 + 2x^2 - 5x + 7$ 에서 x^3, $2x^2$, $-5x$, 7 을 각각 항(term)이라고 부르고, 여러 개의 항으로 이루어졌기 때문에 다항식이라고 부른다. 한 개의 항, 즉 단항, cx^e 에서 c 를 상수(coefficient)라 하고, 음수가 아닌 정수 e 를 지수(exponent)라 한다.

한 개의 변수 x 와 n+1 개의 상수 $c_0, c_1, ..., c_n$ 으로 다음과 같이 표현되는 식은 다항식이다.

$$P(x) = c_n x^n + c_{n-1}x^{n-1} + \cdots + c_1 x + c_0, \ (c_n \neq 0)$$

위 식에서, 음이 아닌 정수 n 을 차수(degree)라고 부르며, 각 상수 $c_0, c_1, ..., c_n$ 을 다항식의 계수(coefficient)라고 부른다. 또한 $c_i x^i$ $(0 \leq i \leq n)$ 를 i 차 항이라고 하고, 특히 0차항 c_0 을 상수항이라고 한다. 0차 다항식은 상수항 밖에 없는 다항식을 말한다.

다항식은 다음과 같은 특징을 가지고 있다.

1. 다항식의 합(sum)은 다항식이다.
2. 다항식의 곱(product)은 다항식이다.
3. 다항식의 미분(derivative)은 다항식이다. 다항식 $c_n x^n + c_{n-1}x^{n-1} + \cdots + c_1 x + c_0$ 의 미분 다항식은 $nc_n x^{n-1} + (n-1)c_{n-1}x^{n-2} + \cdots + c_1$ 이다.

또한, 변수 x 에 특정한 값 a 를 지정하여 다항식의 값 $P(a) = c_n a^n + c_{n-1}a^{n-1} + \cdots + c_1 a + c_0$ 을 계산할 수 있다.

다항식의 모든 계수가 정수인 정수 다항식을 정의하고, 다항식에 적용 가능한 연산자를 구현한 C++ 클래스 "myPolynomial"을 작성하시오. 단, 정수 다항식 클래스는 다음과 같은 연산이 가능하도록 만들어 져야 한다. 단, 다항식(polynomial)을 구현한 "myPolynomial" 클래스는 항(term)을 구현한 "myTerm"클래스를 이용하여 구현하여야 한다. 계수가 정수인 "myTerm" 클래스는 다음과 같은 연산이 가능하도록 만들어 져야 한다.

〈myTerm 클래스〉

Constructors (생성자)

(1) myTerm(int c=0, unsigned e=0);

Default constructor로서 단항(term) cx^e 를 만든다.

(2) myTerm (const myTerm &term);

Copy constructor 이다.

Accessor Functions (접근자), Mutator Functions(수정자)

(1) int getCoeff() const;

단항의 계수를 리턴한다.

(2) unsigned getExp() const;

단항의 지수를 리턴한다.

(3) void setCoeff(int c);

단항의 계수를 수정한다.

(4) void setExp(unsigned e);

단항의 지수를 수정한다.

Member Functions

(1) myTerm ddx() const;

단항 cx^e 의 미분인 ecx^{e-1} 을 리턴한다. 단 지수 e 가 0 인 경우는 상수 단항 0 를 리턴한다.

Overloaded Operators

myTerm 에서 가능한 연산자는 다음과 같다.

(1) 비교연산 (<, ==, !=)

두 개의 단항이 같은 단항인지를 판단한다. 또한 두 개의 단항을 비교하는 경우에는 지수가 큰 단항을 두 단항 중에서 작은 단항으로 판단한다.

(2) Unary Minus (−)

단항의 계수의 부호를 반대로 한다.

(3) Output Opeartors (<<)

단항 cx^e 를 cx^e형식으로 출력한다. 단 지수가 1인 경우에는 지수를 출력하지 않으며, 지수가 0인 경우에는 계수만 출력한다. 또한 상수인 경우를 제외하고 계수가 1인 경우에는 계수를 출력하지 않는다. 각 문자들 사이에는 빈칸이 없다. 예를 들어 단항 $3x^2$ 는 3x^2로, 단항 $-5x$ 는 -5x로, 단항 7 은 7로 출력한다.

〈myPolynomial 클래스〉

Constructors (생성자)

(1) myPolynomial (int c=0, unsigned e=0);

Default constructor로서 단항(term) cx^e 으로 만들어진 다항식을 만든다.

(2) myPolynomial (int nTerms, int mono[]);

nTerms 개의 단항으로 만들어진 다항식을 만든다. 각 단항의 계수와 지수는 1차원 배열 mono[] 에 각 단항의 계수와 지수 순서로 저장되어 있다. 예를 들어, nTerms 가 5이고,

mono[10] = { 1, 0, -2, 1, 3, 2, -4, 3, 5, 4 }

인 경우에는 다항식 $5x^4 - 4x^3 + 3x^2 - 2x + 1$ 을 만든다.

(3) myPolynomial (const myPolynomial &poly);

Copy constructor 이다.

Accessor Functions (접근자), Mutator Functions(수정자)

(1) int getDegree() const;

다항식의 차수를 리턴한다.

(2) int getNumTerms() const;

다항식에서 단항의 개수를 리턴한다.

(3) void setCoeff(int c);

단항의 계수를 수정한다.

Member Functions

(1) myPolynomial ddx() const;

다항식의 미분 다항식을 리턴한다.

Overloaded Operators

myPolynomial에서 가능한 연산자는 다음과 같다.

(1) 다항식끼리의 덧셈, 뺄셈, 곱셈연산 (+, -, *)

다항식+다항식, 다항식-다항식, 다항식*다항식 연산이 가능하다.

(2) 다항식과 정수와의 곱셈연산 (*)

다항식*정수, 정수*다항식 연산이 가능하다.

(3) 다항식 계산 연산자 (())

다항식의 변수 x에 특정한 값 a을 지정하여 다항식의 값 $P(a) = c_n a^n + c_{n-1} a^{n-1} + \cdots + c_1 a + c_0$ 을 계산하여 리턴한다.

(4) Unary Minus (-)

모든 단항의 계수의 부호를 반대로 한다.

(5) Comparison Operators (==, !=)

두개의 다항식이 같은지를 비교할 수 있다.

(6) Assignment Operators (=, +=, -=, *=)

위 연산 중에서 *= 연산의 경우에는 다항식과 곱셈이 가능하며, 또한 정수와의 곱셈도 가능하다.

(7) Output Opeartors (<<)

다항식 $c_n x^n + c_{n-1} x^{n-1} + \cdots + c_1 x + c_0$ 를 각 단항을 지수가 큰 단항부터 상수항까지 순서대로 출력한다. 상수항을 제외하고 각 단항에서 계수가 1인 경우에 그 계수는 출력하지 않는다. 각 출력되는 문자들 사이에는 빈칸이 없다. 예를 들어 다항식 $5x^4 - 4x^3 + 3x^2 - 2x + 1$ 는 5x^4-4x^3+3x^2-2x+1 로 출력한다.

다음 네 개의 파일 MyTerm.h, MyTerm.cpp, MyPolynomial.h, MyPolynomial.cpp에 위에서 설명한 모든 연산자를 추가하여 클래스myTerm, myPolynomial를 완전히 구현하여 아래 테스트 프로그램인 TestMyPolynomial.cpp 가 정확하게 동작하도록 작성하시오. 단, 테스트 프로그램의 testDataFromFile() 함수는 입력 파일에서 다항식을 입력하여 계산하는 함수이다.

MyTerm.h

```
#ifndef _MYTERM_H_
#define _MYTERM_H_

#include <iostream>
using namespace std;

class myPolynomial;

class myTerm
{
public:
    myTerm(int c = 0, unsigned e = 0);

    // copy constructor
    myTerm(const myTerm &term);

    // overloaded operators
    bool operator == (const myTerm& term) const;
    bool operator != (const myTerm& term) const;
    bool operator < (const myTerm& term) const;
    myTerm operator - () const;

    // accessor functions
    int getCoeff() const { return coeff; }
    unsigned getExp() const { return exp; }

    // mutator functions
    void setCoeff(int c) { coeff = c; }
    void setExp(unsigned e) { exp = e; }

    // member functions
    myTerm ddx() const;                // derivative of a term

    // friend functions and classes
    friend ostream& operator <<(ostream &outStream, const myTerm& term);

    friend myPolynomial;

private:
    int coeff;      // integer coefficient
    unsigned exp;   // exponent (non-negative integer)
};

#endif _MYTERM_H_
```

MyTerm.cpp

```
#include "MyTerm.h"

// Constructor
myTerm::myTerm(int c, unsigned e) : coeff(c), exp(e)
{
}
```

```
// copy constructor
myTerm::myTerm(const myTerm &term) : coeff(term.coeff), exp(term.exp)
{
}

// overloaded operators
bool myTerm::operator == (const myTerm& term) const
{
}

// overloaded operators
bool myTerm::operator != (const myTerm& term) const
{
}

// overloaded operators
bool myTerm::operator < (const myTerm& term) const
{
    return exp > term.exp;
}

myTerm myTerm::operator - () const
{
}

// derivative of a term
myTerm myTerm::ddx() const
{
    if (exp == 0)
    return myTerm(0, 0);

    return myTerm(exp*coeff, exp-1);
}

// output operator
ostream& operator <<(ostream &outStream, const myTerm& term)
{
    if (term.exp == 0)
    if (term.coeff == 0)                // nothing to output
        return outStream;
    else
        return outStream << term.coeff;

    if (term.coeff == 1)
        outStream << "x";
    else if (term.coeff == -1)
        outStream << "-x";
    else
        outStream << term.coeff << "x";

    if (term.exp == 1)
        return outStream;
    else
        return outStream << "^" << term.exp;
}
```

MyPolynomial.h

```
class myPolynomial
{
public:
    myPolynomial(int c = 0, unsigned e = 0);
    myPolynomial(int nTerms, int mono[]);

    // copy constructor
    myPolynomial(const myPolynomial &poly);

    // overloaded operators
    bool operator == (const myPolynomial &poly) const;
    bool operator != (const myPolynomial &poly) const;
    myPolynomial& operator += (const myPolynomial &poly);
    myPolynomial& operator -= (const myPolynomial &poly);
    myPolynomial& operator *= (const myPolynomial &poly);
    myPolynomial& operator *= (int k);

    myPolynomial operator -() const;
    myPolynomial operator *(int k) const;
    myPolynomial operator +(const myPolynomial &poly) const;
    myPolynomial operator -(const myPolynomial &poly) const;
    myPolynomial operator *(const myPolynomial &poly) const;

    long operator() (int x) const; // evaluate the polynomial
    int getDegree() const;     // get a degree of the polynomial
    unsigned getNumTerms() const;     // number of terms in the polynomial
    myPolynomial ddx() const;                    // derivative of a polynomial

    // friend operators and functions
    friend myPolynomial operator *(int k, const myPolynomial &poly);
    friend ostream& operator <<(ostream &outStream, const myPolynomial &poly);

    static const myPolynomial ZERO;   // P(x) = 0
    static const myPolynomial ONE;    // P(x) = 1
    static const myPolynomial X;      // P(x) = x

private:
    int degree;     // maximum expnent

    /********************** add your code here ********************************/

};

#endif _MYPOLYNOMIAL_H_
```

MyPolynomial.cpp

```
#include "MyPolynomial.h"

/********************** add your code here ********************************/

// output operator
ostream& operator <<(ostream &outStream, const myPolynomial& poly)
{
    if (poly == myPolynomial::ZERO)
        return outStream << 0;
```

```
/********************* add your code here ********************************/


    return outStream;
}

const myPolynomial myPolynomial::ZERO(0);      // the zero polynomial P(x) = 0
const myPolynomial myPolynomial::ONE(1, (unsigned)0);  // the monomial P(x) = 1
const myPolynomial myPolynomial::X(1, 1);      // the monomial P(x) = x
```

TestMyPolynomial.cpp

```
#include <fstream>
#include <cstdlib>
#include "MyPolynomial.h"

void testSimpleCase();
void testDataFromFile();

void main(void)
{
    testSimpleCase();
    testDataFromFile();
}

void testSimpleCase()
{

    // test static variables
    cout << myPolynomial::ZERO << endl;
    cout << myPolynomial::ONE << endl;
    cout << myPolynomial::X << endl;

    myPolynomial p0, p1(1), p2(1, 1), p3(3, 5);

    int testData4[10] = {1, 0, 1, 1, 1, 2, 1, 3, 1, 4};
    int testData5[10] = {-1, 0, -1, 1, -1, 2, -1, 3, -1, 4};
    int testData6[10] = {1, 0, -1, 1, 1, 2, -1, 3, 1, 4};
    int testData7[10] = {2, 2, 5, 5, 4, 4, 1, 1, 3, 3};
    int testData8[12] = {1, 1000000000, 1, 100000000, 1, 1000000, 1, 10000, 1, 100, 1, 0};

    myPolynomial p4(5, testData4);
    myPolynomial p5(5, testData5);
    myPolynomial p6(5, testData6);
    myPolynomial p7(5, testData7);
    myPolynomial p8(6, testData8);
    myPolynomial p9(p7);

    // test constructor
    cout << p0 << endl << p1 << endl << p2 << endl;
    cout << p4 << endl << p8 << endl;

    // test copy constructor
    cout << p9 << endl;

    // test accessor function
```

```
    cout << p8.getDegree() << " " << p8.getNumTerms() << endl;

    // test evaluation function
    cout << p1(2) << " " << p2(2) << " " << p3(2) << " " << p4(2) << " " << endl;
    cout << p5(3) << " " << p6(3) << " " << p7(3) << " " << p9(3) << " " << endl;

    // test comparison operators
    cout << (p7 == p9) << " " << (p7 != p9) << endl;

    // test derivative function
    cout << myPolynomial::ZERO.ddx() << endl;
    cout << myPolynomial::ONE.ddx() << endl;
    cout << myPolynomial::X.ddx() << endl;
    cout << p4.ddx() << endl;
    cout << p8.ddx() << endl;

    // test unary operator -
    cout << -myPolynomial::ZERO << endl;
    cout << -p4 << endl;

    // test k*p(x) or p(x) * k
    cout << 3*myPolynomial::ZERO << endl;
    cout << 3*myPolynomial::ONE << endl;
    cout << myPolynomial::X*3 << endl;
    cout << 3*p4 << " " << p4*3 << endl;
    cout << 0*p5 << " " << p5*5 << endl;

    // test binary operator +
    cout << p4 + p5 << endl;

    // test binary operator -
    cout << p6 - p7 << endl;

    // test binary operator *
    cout << p8 * p9 << endl;

    myPolynomial tmp1(p4), tmp2, tmp3, tmp4;
    tmp4 = tmp3 = tmp2 = tmp1;

    cout << (tmp1 += p5) << endl;
    cout << (tmp2 -= p5) << endl;
    cout << (tmp3 *= p5) << endl;
    cout << (tmp4 *= 3) << endl;
}


void testDataFromFile()
{
    ifstream inStream;
    int numTestCases;


    inStream.open("input.txt");
    if (inStream.fail())
    {
        cerr << "Input file opening failed.\n";
        exit(1);
    }
    inStream >> numTestCases;
```

```
    for (int i=0; i<numTestCases; i++)
    {
        int numTerms, terms[100];

        /* read first polynomial */
        inStream >> numTerms;
        for (int j=0; j<numTerms; j++)
            inStream >> terms[2*j] >> terms[2*j+1];

        myPolynomial p1(numTerms, terms);

        /* read second polynomial */
        inStream >> numTerms;
        for (int j=0; j<numTerms; j++)
            inStream >> terms[2*j] >> terms[2*j+1];

        myPolynomial p2(numTerms, terms);

        cout << p1 << endl << p2 << endl;
        cout << p1.getDegree() << " " << p2.getNumTerms() << endl;
        cout << p1.ddx() << endl << p2.ddx() << endl;
        cout << (p1 == p2) << " " << (p1 != p2) << endl;
        cout << p1(1) << endl;

        cout << -p1 + p1 * 2 * p2 - p2 * 2 + 3 * p1 << endl;

        myPolynomial p3(myPolynomial::ZERO), p4(myPolynomial::ONE), p5(myPolynomial::X);
        p3 += p1;
        p4 -= p2;
        p5 *= p4;
        p5 *= 2;

        cout << p5 << endl;
    }

    inStream.close();
}
```

입력

입력 파일의 이름은 "input.txt" 이다. 입력은 t 개의 테스트 케이스로 주어진다. 입력 파일의 첫 번째 줄에 테스트 케이스의 개수를 나타내는 정수 t 가 주어진다. 두 번째 줄부터 두 줄에 한 개의 테스트 케이스에 해당하는 데이터가 입력된다. 각 줄에서 한 개의 다항식에 관한 데이터가 입력되는데, 입력되는 데이터는 다항식의 모든 항의 계수와 지수이다. 각 줄에서 첫 번째로 입력되는 정수 n ($1 \le n \le 50$)은 다항식의 항의 개수를 나타낸다. 그 다음으로는 $2n$ 개의 정수가 입력되는데, 매 두 개의 정수는 각 항의 계수와 지수를 나타낸다. 계수가 0인

항은 입력되지 않으며, 지수가 음수인 경우는 없다. 각 정수들 사이에는 한 개의 공백이 있다. 잘못된 데이터가 입력되는 경우는 없다.

출력

출력은 표준출력(standard output)을 사용한다. 입력되는 테스트 케이스의 순서대로 다음 줄에 이어서 각 테스트 케이스의 결과를 출력한다. 출력은 테스트 프로그램에 따른다.

입력과 출력의 예

입력
3 1 0 0 1 1 1000000000 5 1 0 1 1 1 2 1 3 1 4 5 1 4 1 3 1 2 1 1 1 0 5 1 0 1 1 1 2 1 3 1 4 5 -1 4 -1 3 -1 2 -1 1 -1 0

출력
0 1 x 0 1 x x^4+x^3+x^2+x+1 x^1000000000+x^100000000+x^1000000+x^10000+x^100+1 5x^5+4x^4+3x^3+2x^2+x 1000000000 6 1 2 96 31 -121 61 1641 1641 1 0 0 0 1 4x^3+3x^2+2x+1 1000000000x^999999999+100000000x^99999999+1000000x^999999+10000x^9999+100x^99

```
0
-x^4-x^3-x^2-x-1
0
3
3x
3x^4+3x^3+3x^2+3x+3 3x^4+3x^3+3x^2+3x+3
0 -5x^4-5x^3-5x^2-5x-5
0
-5x^5-3x^4-4x^3-x^2-2x+1
5x^1000000005+4x^1000000004+3x^1000000003+2x^1000000002+x^1000000001+5x^100000005+
4x^100000004+3x^100000003+2x^100000002+x^100000001+5x^1000005+4x^1000004+3x^100000
3+2x^1000002+x^1000001+5x^10005+4x^10004+3x^10003+2x^10002+x^10001+5x^105+4x^104+3
x^103+2x^102+x^101+5x^5+4x^4+3x^3+2x^2+x
0
2x^4+2x^3+2x^2+2x+2
-x^8-2x^7-3x^6-4x^5-5x^4-4x^3-3x^2-2x-1
3x^4+3x^3+3x^2+3x+3
0
x^1000000000
-1 1
0
1000000000x^999999999
0 1
0
-2x^1000000000
-2x^1000000001+2x
x^4+x^3+x^2+x+1
x^4+x^3+x^2+x+1
4 5
4x^3+3x^2+2x+1
4x^3+3x^2+2x+1
1 0
5
2x^8+4x^7+6x^6+8x^5+10x^4+8x^3+6x^2+4x+2
-2x^5-2x^4-2x^3-2x^2
x^4+x^3+x^2+x+1
-x^4-x^3-x^2-x-1
4 5
4x^3+3x^2+2x+1
-4x^3-3x^2-2x-1
0 1
5
-2x^8-4x^7-6x^6-8x^5-6x^4-4x^3-2x^2+2
2x^5+2x^4+2x^3+2x^2+4x
```

문제 81

행렬 (Matrix)

행렬(matrix) 은 다음과 같이 숫자를 사각형 꼴로 배열한 것으로서, 배열한 수들을 대괄호로 묶어 표현한다. 행렬에 주어진 숫자를 그 행렬의 원소(element)라고 하며, 행렬의 각 가로줄을 행이라고 하고, 각 세로줄을 열이라고 한다. 아래의 행렬에는 행(row) 이 세 개 있으며, 열(column) 이 다섯 개 있다. 각 행은 위에서 아래로 첫 번째 행, 두 번째 행, … 등으로 부르고, 각 열은 왼쪽에서 오른쪽으로 첫 번째 열, 두 번째 열, … 등으로 부른다. 행렬의 크기는 그 행렬의 행의 개수와 열의 개수의 곱으로 표시한다. 아래 행렬의 크기는 3×5 인 행렬이다. 행렬 A 에서 i-번째 행과 j-번째 열에 있는 원소는 a_{ij} 로 표시한다. 예를 들어, 아래 행렬 A 에서 원소 $a_{2,3}$ 은 10 이며, 원소 $a_{3,4}$ 는 3 이다.

$$A = \begin{bmatrix} -2 & 3 & 5 & 2 & -4 \\ 3 & 1 & 10 & -5 & 3 \\ 0 & 3 & 6 & 3 & -1 \end{bmatrix}$$

행렬 덧셈

크기가 $r \times s$ 인 두 개의 행렬 A, B 가 주어졌을 때, 두 행렬의 덧셈은 다음과 같이 같은 위치에 있는 원소들의 합으로 정의한다.

$$A = \begin{bmatrix} a_{11} & a_{12} & \cdots & a_{1s} \\ a_{21} & a_{22} & \cdots & a_{2s} \\ \cdots & \cdots & \cdots & \cdots \\ a_{r1} & a_{r2} & \cdots & a_{rs} \end{bmatrix}, \quad B = \begin{bmatrix} b_{11} & b_{12} & \cdots & b_{1s} \\ b_{21} & b_{22} & \cdots & b_{2s} \\ \cdots & \cdots & \cdots & \cdots \\ b_{r1} & b_{r2} & \cdots & b_{rs} \end{bmatrix}$$

$$A + B = \begin{bmatrix} a_{11}+b_{11} & a_{12}+b_{12} & \cdots & a_{1s}+b_{1s} \\ a_{21}+b_{21} & a_{22}+b_{22} & \cdots & a_{2s}+b_{2s} \\ \cdots & \cdots & \cdots & \cdots \\ a_{r1}+b_{r1} & a_{r2}+b_{r2} & \cdots & a_{rs}+b_{rs} \end{bmatrix}$$

예를 들어, 아래와 같은 두 개의 행렬이 주어졌을 때,

$$A=\begin{bmatrix}-2 & 3 & 5 & 2 & -4\\ 3 & 1 & 10 & -5 & 3\\ 0 & 3 & 6 & 3 & -1\end{bmatrix},\quad B=\begin{bmatrix}1 & 2 & 3 & 4 & 5\\ 6 & 7 & 8 & 9 & 0\\ 1 & 2 & 3 & 4 & 5\end{bmatrix}$$

두 행렬의 합은 다음과 같다.

$$A+B=\begin{bmatrix}-1 & 5 & 8 & 6 & 1\\ 9 & 8 & 18 & 4 & 3\\ 1 & 5 & 9 & 7 & 4\end{bmatrix}$$

행렬 곱셈

크기가 $r \times s$ 인 행렬 A 와 크기가 $s \times t$ 인 B 가 주어졌을 때, 두 행렬의 곱셈의 결과는 크기가 $r \times t$ 인 행렬이 되며,

$$A=\begin{bmatrix}a_{11} & a_{12} & \cdots & a_{1s}\\ a_{21} & a_{22} & \cdots & a_{2s}\\ \cdots & \cdots & \cdots & \cdots\\ a_{r1} & a_{r2} & \cdots & a_{rs}\end{bmatrix},\quad B=\begin{bmatrix}b_{11} & b_{12} & \cdots & b_{1t}\\ b_{21} & b_{22} & \cdots & b_{2t}\\ \cdots & \cdots & \cdots & \cdots\\ b_{s1} & b_{s2} & \cdots & b_{st}\end{bmatrix}$$

$$A\times B=\begin{bmatrix}c_{11} & c_{12} & \cdots & c_{1t}\\ c_{21} & c_{22} & \cdots & c_{2t}\\ \cdots & \cdots & \cdots & \cdots\\ c_{r1} & c_{r2} & \cdots & c_{rt}\end{bmatrix}$$

두 행렬 A, B 의 곱의 각 원소는 다음과 같은 식으로 계산된다.

$$c_{ij} = \sum_{k=1}^{s} a_{ik} b_{kj}$$

예를 들어, 아래와 같은 두 개의 행렬이 주어졌을 때,

$$A = \begin{bmatrix} -2 & 3 & 5 & 2 & -4 \\ 3 & 1 & 10 & -5 & 3 \\ 0 & 3 & 6 & 3 & -1 \end{bmatrix}, \quad B = \begin{bmatrix} 1 & 2 \\ 3 & 4 \\ 5 & 1 \\ 2 & 3 \\ 4 & 5 \end{bmatrix}$$

두 행렬의 곱은 다음과 같다.

$$A \times B = \begin{bmatrix} 20 & -1 \\ 58 & 20 \\ 41 & 22 \end{bmatrix}$$

행렬 클래스

모든 원소의 값이 정수인 행렬을 위한 클래스 myMatrix를 구현하시오. 클래스 myMatrix 는 아래에 설명된 멤버 함수를 가지고 있어야 한다. 단, myMatrix 의 행과 열은 매우 클 수 있으며, 그 크기를 미리 알 수 없으므로, 내부적으로는 동적 메모리 할당(dynamic memory allocation, C++에서 제공되는 연산자인 **new, delete** 를 사용) 을 이용하여 구현하여야 한다.

Constructors (생성자)

(1) myMatrix(int row_size=1, int column_size=1);

Default constructor로서 행과 열의 크기가 각각 parameter 로 전달된 row_size, column_size 인 행렬을 만든다. 행과 열의 default 크기는 모두 1이다.

(2) myMatrix(int row_size, int column_size, int initValue);

행과 열의 크기가 각각 parameter 로 전달된 row_size, column_size 인 행렬을 만든다. 그리고, 주어진 행렬를 만든 후에는, 행렬의 원소를 모두 initValue로 지정한다.

(3) myMatrix(int row_size, int column_size, const int *elements);

행과 열의 크기가 각각 row_size, column_size 인 행렬을 만들고, 그 원소를 parameter인 elements 를 통하여 전달된 값으로 지정한다. 단, elements 에 저장된 원소는 2차원 배열의 원소를 1차원 배열에 저장하기 위하여 row-major 순서로 저장되어 있다고 가정한다.

(4) myMatrix(int row_size, int column_size, const int **elements);

행과 열의 크기가 각각 row_size, column_size 인 행렬을 만들고, 그 원소를 parameter인

elements 를 통하여 전달된 값으로 지정한다. 단, elements 에 저장된 원소는 2차원 배열의 원소를 2차원 배열에 저장되어 있다고 가정한다.

(5) myMatrix (const myMatrix &mat);

Copy constructor 로서 parameter를 통하여 전달된 행렬인 mat와 동일한 행렬을 만든다. 즉, 크기가 같고, 모든 원소도 같은 행렬을 새로 만든다.

Destructor (소멸자)

(1) ~myMatrix();

행렬의 원소를 저장하기 위하여 동적 메모리 할당(dynamic memory allocation)을 통하여 할당된 메모리를 되돌려 준다.

Accessor Functions (접근자)

(1) int getRows() const;

행렬의 행의 크기를 나타내는 정수를 리턴한다.

(2) int getCols() const;

행렬의 열의 크기를 나타내는 정수를 리턴한다.

Overloaded Operators

(1) int* operator [](int i) const;

행렬에서 i-번째 열의 데이터를 가리키는 포인터를 리턴한다. 단, index i 가 행렬의 행의 범위를 벗어나는 경우에는 에러 메시지를 출력하고 프로그램을 종료시킨다.

(2) int& operator ()(int i, int j) const;

행렬에서 행과 열의 index가 각각 i, j 인 원소의 값을 리턴한다. 행렬에서 행과 열은 C, C++에서 제공하는 2차원 배열의 index 는 0부터 시작하듯이, MyMatrix에서도 0부터 시작한다. 단, index i, j가 현재 행렬의 행과 열의 범위를 벗어나는 경우에는 에러 메시지를 출력하고 프로그램을 종료시킨다.

(3) 두 행렬의 덧셈(+), 뺄셈(-), 곱셈(*)

두 어진 두 행렬에 대하여 덧셈, 뺄셈, 곱셈을 연산하는 연산자를 구현하여야 한다. 단, 주어진 두 행렬의 크기 때문에 덧셈, 뺄셈, 곱셈을 할 수 없는 경우에는 에러 메시지를 출력하고 프로그램을 종료시킨다.

(4) 행렬과 상수와의 곱셈(*)

주어진 행렬 M 과 정수 c 사이의 연산하는 연산자를 구현하여야 한다. 이때, 연산은

$M*c$, 혹은 $c*M$ 형태로 연산할 수 있으며, 이 연산의 결과는 행렬 M 의 모든 원소에 주어진 정수 c 를 곱한 값을 원소로 하는 행렬을 만든다.

(5) Assignment Operators(=, +=, −=, *=)

주어진 두 행렬 M, M_1 과 정수 c 에 대하여, $M = M_1$, $M += M_1$, $M -= M_1$, $M *= M_1$, $M *= c$ 연산을 수행하여야 한다.

(6) 비교 연산자(==, !=)

주어진 두 행렬의 행과 열의 크기가 서로 같고, 또한 모든 원소가 같은 경우에, 두 행렬은 서로 같다고 한다. 주어진 두 행렬이 서로 같은지 혹은 다른지를 판단하는 비교 연산자를 구현한다.

(7) Unary Minus(−)

주어진 행렬 M 에 대하여 $-M$ 은 행렬 M 의 모든 원소 값에 −1을 곱한 값을 원소로 하는 행렬을 만든다.

Member Functions

(1) transpose()

행렬의 전치행렬을 계산하는 함수로서, 전치행렬이란 원래 행렬의 열은 행으로, 행은 열로 바꾼 것이다. 예를 들어, 아래 행렬 M의 전치행렬 M^T는 다음과 같다. 이 멤버 함수는 행렬 자신을 전치행렬로 바꾸는 함수이다.

$$M = \begin{bmatrix} 20 & -1 \\ 58 & 20 \\ 41 & 22 \end{bmatrix}, \quad M^T = \begin{bmatrix} 20 & 58 & 41 \\ -1 & 20 & 22 \end{bmatrix}$$

클래스 myMatrix에는 위에서 설명한 연산자 이외에도 입출력 연산자 (<<, >>) 등이 있다.

클래스 myMatrix를 구현한 다음 두 개의 파일 MyMatrix.h, MyMatrix.cpp에 위에서 설명한 모든 연산자를 추가하여 클래스myMatrix를 완전히 구현하여, 아래 테스트 프로그램인 TestMyMatrix.cpp 가 정확하게 동작하도록 작성하시오.

MyMatrix.h

```
#ifndef _MYMATRIX_H_
#define _MYMATRIX_H_

#include <iostream>
#include <string>
using namespace std;

class myMatrix
{
public:
    // friend 함수

    // Constructor (생성자)
    myMatrix(int nRows = 1, int nCols = 1);
    myMatrix(int nRows, int nCols, int initValue);
    myMatrix(int nRows, int nCols, int *data);
    myMatrix(int nRows, int nCols, int **data);

    // Copy constructor (복사 생성자)
    myMatrix(const myMatrix& mat);

    // Destructor (소멸자)
    ~myMatrix();

    // Accessor functions (접근자)
    int getRows() const;
    int getCols() const;
    int* operator [](int i) const;
    int& operator ()(int i, int j) const;

    // Overloaded binary operators
    myMatrix operator +(const myMatrix& mat) const;
    myMatrix operator -(const myMatrix& mat) const;
    myMatrix operator *(const myMatrix& mat) const;
    myMatrix operator *(int value) const;

    // Overloaded assignment operators
    myMatrix& operator =(const myMatrix& mat);
    myMatrix& operator +=(const myMatrix& mat);
    myMatrix& operator -=(const myMatrix& mat);
    myMatrix& operator *=(const myMatrix& mat);
    myMatrix& operator *=(int value);

    // Overloading relational operators
    bool operator ==(const myMatrix& mat) const;
    bool operator !=(const myMatrix& mat) const;

    // Overloaded unary operators
    myMatrix operator -() const;    // unary minus

    // transpose the matrix
    myMatrix& transpose();

private:
    int rows;          // number of rows
    int cols;          // number of columns
```

```
    int **pData;            // pointer to actual data

    void allocateMemory();  // allocate memory for pDdata
    void deleteMemory();        // delete memory for pData
    void errorMessage(string msg) const;    // print error message and exit
};

#endif
```

MyMatrix.cpp

```
#include "MyMatrix.h"

// Constructor
myMatrix::myMatrix(int nRows, int nCols, int initValue) : rows(nRows), cols(nCols),
pData(NULL)
{
    allocateMemory();

    for(int i=0; i<rows; i++)
        for(int j=0; j<cols; j++)
            pData[i][j] = initValue;
}

myMatrix::myMatrix(int nRows, int nCols, int *data) : rows(nRows), cols(nCols),
pData(NULL)
{
    allocateMemory();

    for(int i=0; i<rows; i++)
        for(int j=0; j<cols; j++)
            pData[i][j] = data[i*cols+j];
}

myMatrix::myMatrix(int nRows, int nCols, int **data) : rows(nRows), cols(nCols),
pData(NULL)
{
    allocateMemory();

    for(int i=0; i<rows; i++)
        for(int j=0; j<cols; j++)
            pData[i][j] = data[i][j];
}

myMatrix::~myMatrix()
{
    if (pData != NULL)
        deleteMemory();
}

// Copy constructor
myMatrix::myMatrix(const myMatrix& mat) :
rows(mat.rows), cols(mat.cols), pData(NULL)
{
    allocateMemory();
```

```
    for(int i=0; i<rows; i++)
        for(int j=0; j<cols; j++)
            pData[i][j] = mat.pData[i][j];
}

// Accessor functions
int myMatrix::getRows() const
{
    return rows;
}

int myMatrix::getCols() const
{
    return cols;
}

int* myMatrix::operator [](int i) const
{
    if((i < 0) || (i >= rows))
        errorMessage("Accessing out-of-bound value of a matrix");

    return pData[i];
}

int& myMatrix::operator ()(int i, int j) const
{
    if((i < 0) || (i >= rows) || (j < 0) || (j >= cols))
        errorMessage("Accessing out-of-bound value of a matrix");

    return pData[i][j];
}

// Overloaded binary operators
myMatrix myMatrix::operator +(const myMatrix& mat) const
{
    if ((rows != mat.rows) || (cols != mat.cols))
        errorMessage("cannot add two matrices of different size");
}

myMatrix myMatrix::operator -(const myMatrix& mat) const
{
    if ((rows != mat.rows) || (cols != mat.cols))
        errorMessage("cannot do subtraction between two matrices of different size");
}

myMatrix myMatrix::operator *(const myMatrix& mat) const
{
    if (cols != mat.rows)
        errorMessage("cannot do multiplication between the given two matrices");
}

myMatrix myMatrix::operator *(int value) const
{
    return value * (*this);
}

// Assignment operators
myMatrix& myMatrix::operator =(const myMatrix& mat)
```

```
{
    if(&mat == this)
        return *this;

    return *this;
}

myMatrix& myMatrix::operator +=(const myMatrix& mat)
{
}

myMatrix& myMatrix::operator -=(const myMatrix& mat)
{
}

myMatrix& myMatrix::operator *=(const myMatrix& mat)
{
}

myMatrix& myMatrix::operator *=(int value)
{
}

// Overloading relational operators
bool myMatrix::operator ==(const myMatrix& mat) const
{
    if ((rows != mat.rows) || (cols != mat.cols))
        return false;
}

bool myMatrix::operator !=(const myMatrix& mat) const
{
    return !((*this) == mat);
}

// Overloaded unary operators
myMatrix myMatrix::operator -() const        // unary minus
{
}

// transpose the matrix
myMatrix& myMatrix::transpose()
{
}

// private functions
void myMatrix::allocateMemory()
{
    if (pData != NULL)
        deleteMemory();

    pData = new int * [rows];
    if(pData == NULL)
        errorMessage("Memory allocation error");

    pData[0] = new int [rows*cols];
    if(pData[0] == NULL)
    {
```

```
        delete [] pData;
        errorMessage("Memory allocation error");
    }

    for(int i=1; i<rows; i++)
        pData[i] = pData[0] + i * cols;
}

void myMatrix::deleteMemory()
{
    delete [] pData[0];
    delete [] pData;

    pData = NULL;
}

void myMatrix::errorMessage(string str) const
{
    cout << "Error: " << str << endl;
    exit(1);
}

// friend functions
myMatrix operator *(int value, const myMatrix& mat)
{
}

ostream &operator <<(ostream &outStream, const myMatrix& mat)
{
    outStream << mat.rows << "*" << mat.cols << endl;

    for(int i=0; i<mat.rows; i++)
    {
        for (int j=0; j<mat.cols; j++)
            outStream << mat[i][j] << " ";
        outStream << endl;
    }

    return outStream;
}

istream &operator >>(istream &inStream, myMatrix& mat)
{
    mat.deleteMemory();

    inStream >> mat.rows >> mat.cols;

    mat.allocateMemory();

    for(int i=0; i<mat.rows; i++)
    {
        for (int j=0; j<mat.cols; j++)
            inStream >> mat[i][j];
    }

    return inStream;
}
```

TestMyMatrix.cpp

```
#include <fstream>
#include <cstdlib>
#include "myMatrix.h"

void testSimpleCase();
void testDataFromFile();
myMatrix readMatrix(ifstream& inStream);

void main(void)
{
    testSimpleCase();
    testDataFromFile();
}

void testSimpleCase()
{
    int testData1[6] = {1, 2, 3, 4, 5, 6};
    int testData2[6] = {6, 5, 4, 3, 2, 1};

    myMatrix m1(2, 2, 1);
    myMatrix m2(2, 3, testData1);
    myMatrix m3(3, 2, testData2);
    myMatrix m4(m3);
    myMatrix m5, m6(2,3,1), m7(3,4,1), m8(4,2,1), m9;

    cout << m1.getRows() << " " << m1.getCols() << endl;
    m4(0,0) = 1;
    m4(0,1) = 2;
    cout << m4[0][0] << " " << m4[0][1] << endl;
    cout << m4(1,0) << " " << m4(1,1) << endl;
    cout << m4[2][0] << " " << m4(2,1) << endl;

    m3 = m3;
    cout << m3;

    m5 = m3 + m4;
    cout << m5;

    cout << (m4 == m3) << " " << (m4 != m3) << endl;
    m4 = m5 - m4;
    cout << (m4 == m3) << " " << (m4 != m3) << endl;

    m9 = m6 * m7 * m8 + m1;
    cout << m9;
    m8 = m7 = m6 = m5;
    cout << m8;

    m4 = m4 * 2;
    cout << m4;

    m4 = 2 * m4;
    cout << m4;

    m5 = m2 * m3;
    cout << m5;

    m2 *= m3;
```

```
    cout << m2;

    m2 += m1;
    cout << m2;

    m2 -= m1;
    cout << m2;

    m2 = -m1 + 2 * m2;
    cout << m2;

    m7 = m4;
    m8 = m7 * m4.transpose();
    cout << m8;
}

void testDataFromFile()
{
    ifstream inStream;
    int numTestCases;

    inStream.open("input.txt");
    if (inStream.fail())
    {
        cerr << "Input file opening failed.\n";
        exit(1);
    }

    inStream >> numTestCases;

    for(int i=0; i<numTestCases; i++)
    {
        myMatrix m[4], m0;

        for(int j=0; j<4; j++)
            m[j] = readMatrix(inStream);

        m0 = m[0] * m[1] * m[2] + m[3];

        cout << m0;
        cout << m0[0][0] << " " << m0[m0.getRows()-1][m0.getCols()-1] << endl;
    }

    inStream.close();
}

#define MAX_SIZE 10000  // 100 * 100
myMatrix readMatrix(ifstream& inStream)
{
    int data[MAX_SIZE];
    int row, col;

    inStream >> row >> col;
    for(int i=0; i<row*col; i++)
        inStream >> data[i];

    return myMatrix(row, col, data);
}
```

입력

입력 파일의 이름은 "input.txt" 이다. 입력은 t 개의 테스트 케이스로 주어진다. 입력 파일의 첫 번째 줄에 테스트 케이스의 개수를 나타내는 정수 t 가 주어진다. 두 번째 줄부터 한 개의 테스트 케이스에 해당하는 네 개의 행렬 m1, m2, m3, m4가 한 줄에 한 행렬씩 입력된다. 각 줄에는 먼저 행렬의 행과 열의 개수를 나타내는 정수가 순서대로 입력되고, 그 다음부터는 행렬의 원소를 나타내는 정수가 행 우선순위의 순서대로 입력된다. 각 정수들 사이에는 한 개의 공백이 있으며, 잘못된 데이터가 입력되는 경우는 없다.

출력

출력은 표준출력(standard output)을 사용한다. 출력은 테스트 프로그램인 TestMyMatrix.cpp 를 수행시키면 자동적으로 출력된다.

입력과 출력의 예

입력	출력
2 2 3 1 1 1 1 1 1 3 4 1 1 1 1 1 1 1 1 1 1 1 1 4 3 1 1 1 1 1 1 1 1 1 1 1 1 2 3 1 1 1 1 1 1 1 1 1 1 1 1 1 1 1 1 1 1	2 2 1 2 4 3 2 1 3*2 6 5 4 3 2 1 3*2 7 7 8 6 4 2 0 1 1 0 2*2 13 13 13 13 3*2

	7 7 8 6 4 2 3*2 12 10 8 6 4 2 3*2 24 20 16 12 8 4 2*2 20 14 56 41 2*2 20 14 56 41 2*2 21 15 57 42 2*2 20 14 56 41 2*2 39 27 111 81 3*3 976 624 272 624 400 176 272 176 80 2*3 13 13 13 13 13 13 13 13 1*1 2 2 2

문제 82

유리수 (Rational Number)

유리수(rational number) 는 두 개의 정수 p, q ($q \neq 0$)에 대하여 분수 p / q 로 표시되는 수를 말한다. 여기서, 정수 p 를 분자(numerator)라 부르고, 정수 q 를 분모(denominator)라 부른다. 또한 정수 p 와 q 가 서로소인 경우에 분수 p / q 를 기약분수라고 한다. 유리수 연산을 가능하게 하는 C++ 클래스 "myRational"을 작성하시오. 단, 유리수 클래스는 다음과 같은 연산이 가능하도록 만들어 져야 한다.

Constructors (생성자)

(1) myRational(long num=0, long den=1);

Default constructor로서 분수의 분모를 0으로, 분자를 1로 초기화하여, 분수의 초기값이 0이 되도록 한다.

(2) myRational(const myRational &rat);

Copy constructor 이다.

Accessor Functions (접근자)

(1) long getNumerator() const;

기약분수의 분자를 리턴한다.

(2) long getDenominator() const;

기약분수의 분모를 리턴한다.

Member Functions

(1) myRational reciprocal() const;

분수의 역수(기약분수)를 리턴한다.

Overloaded Operators

myRational에서 가능한 분수 연산자는 다음과 같다.

(4) 분수와 분수끼리의 사칙연산 (+, -, *, /)

분수+분수, 분수-분수, 분수*분수, 분수/분수 연산이 가능하다. 단, 나눗셈에서 0인 분수와의 나눗셈은 0으로 정의한다.

(5) 분수와 정수와의 사칙연산 (+, -, *, /)

분수+정수, 분수-정수, 분수*정수, 분수/정수, 정수+분수, 정수-분수, 정수*분수, 정수/분수 연산이 가능하다. 단, 나눗셈에서 0인 분수 혹은 정수로 나누는 연산의 결과는 0으로 정의한다.

(6) ++, --

분수를 1증가시키거나, 1감소시킨다. Prefix, Postfix 연산이 가능하다.

(7) Unary -

분수의 부호를 반대로 한다.

(8) Comparison Operators (<, <=, >, >=, ==, !=)

비교연산자에서 분수끼리 비교하거나, 분수와 정수를 비교할 수 있다.

(9) Assignment Operators (=, +=, -=, *=, /=)

분수끼리 지정하거나 정수를 지정할 수 있다. 0에 해당되는 분수나 정수로 나누는 경우에는 그 연산결과를 0으로 정의한다.

(10) Input, Output Opeartors (>>, <<)

클래스 myRational를 구현한 다음 두 개의 파일 MyRational.h, MyRational.cpp에 위에서 설명한 모든 연산자를 추가하여 클래스myRational를 완전히 구현하여, 아래 테스트 프로그램인 TestMyRational.cpp 가 정확하게 동작하도록 작성하시오. 단, 테스트 프로그램의 testDataFromFile() 함수는 입력 파일에서 유리수를 입력하여, 그 유리수들을 오름차순으로 정렬하여 출력한다.

MyRational.h

```
#ifndef _MYRATIONAL_H_
#define _MYRATIONAL_H_

#include <iostream>
using namespace std;

class myRational
{

private:
    // 분수는 항상 내부적으로 기약분수로 표현하며, 또한 항상 _den>0 이다.
    long _num;          // numerator
    long _den;          // denominator
```

```
    long gcd(long m, long n);    // 최대공약수
    void reduce();
};

#endif
```

MyRational.cpp

```
#include "MyRational.h"

ostream &operator <<(ostream &outStream, const myRational& r)
{
    if (r._num == 0)
        outStream << 0;
    else if (r._den == 1)
        outStream << r._num;
    else
        outStream << r._num << "/" << r._den << endl;

    return outStream;
}

istream &operator >>(istream &inStream, myRational& r)
{

    inStream >> r._num >> r._den;

    if (r._den == 0)
    {
        r._num = 0;
        r._den = 1;
    }
    r.reduce();

    return inStream;
}

long myRational::gcd(long m, long n)
{
    if (m == n)
        return n;
    else if (m < n)
        return gcd(m, n-m);
    else
        return gcd(m-n, n);
}

void myRational::reduce()
{
    if (_num == 0 || _den == 0)
    {
        _num = 0;
        _den = 1;
        return;
    }
    if (_den < 0)
    {
```

```
        _den *= -1;
        _num *= -1;
    }
    if (_num == 1)
        return;

    int sgn = (_num < 0 ? -1 : 1);
    long g = gcd(sgn * _num, _den);
    _num /= g;
    _den /= g;
}
```

TestMyRational.cpp

```
#include <fstream>
#include <cstdlib>
#include "myRational.h"
using namespace std;

void testSimpleCase();
void testDataFromFile();

void main()
{
    testSimpleCase();
    testDataFromFile();
}

void testSimpleCase()
{
    myRational frac1(2), frac2(3, 2), frac3(6, 4), frac4(12, 8), frac5, frac6, frac7;

    cout << frac1 << " " << frac2 << " " << frac3 << " "
        << frac4 << " " << frac5 << endl;
    cout << frac1.getNumerator() << " " << frac1.getDenominator() << endl;

    // Check arithmetic operators
    cout << frac1 * frac2 << " "
        << frac1 + frac3 << " "
        << frac2 - frac1 << " "
        << frac3 / frac2 << endl;

    // Check comparison operators
    cout << ((frac1 < frac2) ? 1 : 0) << " "
        << ((frac1 <= frac2) ? 1 : 0) << " "
        << ((frac1 > frac2) ? 1 : 0) << " "
        << ((frac1 >= frac2) ? 1 : 0) << " "
        << ((frac1 == frac2) ? 1 : 0) << " "
        << ((frac1 != frac2) ? 1 : 0) << " "
        << ((frac2 < frac3) ? 1 : 0) << " "
        << ((frac2 <= frac3) ? 1 : 0) << " "
        << ((frac2 > frac3) ? 1 : 0) << " "
        << ((frac2 >= frac3) ? 1 : 0) << " "
        << ((frac2 == frac3) ? 1 : 0) << " "
        << ((frac2 != frac3) ? 1 : 0) << endl;

    cout << (frac6 = frac3) << " ";
```

```
    cout << (frac6 += frac3) << " ";
    cout << (frac6 -= frac3) << " ";
    cout << (frac6 *= frac3) << " ";
    cout << (frac6 /= frac3) << endl;

    cout << -frac6 << endl;

    frac6 = (++frac4) + 2;
    frac7 = 2 + (frac4++);
    cout << frac4 << " " << frac6 << " " << frac7 << endl;

    frac6 = (--frac4) - 2;
    frac7 = 2 - (frac4--);
    cout << frac4 << " " << frac6 << " " << frac7 << endl;

    cout << 2 * frac3 << " " << frac3 * 2 << " "
        << 2 / frac3 << " " << frac3 / 2 << endl;
}

void testDataFromFile()
{
    ifstream inStream;
    int numTestCases;

    inStream.open("input.txt");
    if (inStream.fail())
    {
        cerr << "Input file opening failed.\n";
        exit(1);
    }

    inStream >> numTestCases;

    for(int i=0; i<numTestCases; i++)
    {
        int j;
        int numData;
        myRational rationals[MAX_SIZE];

        inStream >> numData;

        for(j=0; j<numData; j++)
            inStream >> rationals[j];

        sortDates(rationals, numData);
        for(j=0; j<numData; j++)
            cout << rationals[j] << " ";
        cout << endl;
    }

    inStream.close();
}

//
// 오름차순으로 정렬함
//
void sortDates(myRational rationals[], int n)
{
```

```
    for(int i=n-2; i>=0; i--)
        for(int j=0; j<=i; j++)
            if(rationals[j] > rationals[j+1])
                swap(rationals[j], rationals[j+1]);
}
```

입력

입력 파일의 이름은 "input.txt" 이다. 입력은 t 개의 테스트 케이스로 주어진다. 입력 파일의 첫 번째 줄에 테스트 케이스의 개수를 나타내는 정수 t 가 주어진다. 두 번째 줄부터 한 줄에 한 개의 테스트 케이스에 해당하는 데이터가 입력된다. 각 줄에서 첫 번째로 입력되는 정수 n ($1 \le n \le 100$)은 정렬하여야 할 유리수의 개수를 나타낸다. 그 다음으로는 n 개의 유리수를 나타내는 $2n$ 개의 정수가 입력된다. 이 정수들의 절대값은 10을 초과하지 않으며, 각 정수들 사이에는 한 개의 공백이 있다. 잘못된 데이터가 입력되는 경우는 없다.

출력

출력은 표준출력(standard output)을 사용한다. 입력되는 테스트 케이스의 순서대로 다음 줄에 이어서 각 테스트 케이스의 결과를 출력한다. 각 테스트 케이스에 해당하는 출력의 첫 번째 줄에 입력되는 유리수를 오름차순으로 출력한다. 각 유리수들 사이에는 한 개의 공백을 둔다.

입력과 출력의 예

입력	출력
3 1 -6 8 4 3 -2 -3 2 6 -4 -6 -4 5 5 1 -10 2 10 -2 25 5 10 2	2 3/2 3/2 3/2 0 2 1 3 7/2 -1/2 1 0 0 1 1 0 1 0 1 0 1 1 0 3/2 3 3/2 9/4 3/2 -3/2 7/2 9/2 9/2 3/2 1/2 -1/2 3 3 4/3 3/4 -3/4 -3/2 -3/2 -3/2 3/2 -5 -5 5 5 5

문제 83

2차원 행렬 Template Class

문제 "행렬 덧셈", "행렬곱셈" 에서 다룬 정수를 원소로 하는 Matrix 클래스를 일반화한 행렬(Matrix) template 클래스를 작성하시오. 행렬 template 클래스는 다음과 같은 조건을 만족하여야 한다.

1. 다음과 같은 기본적인 함수와 2차원 행렬 연산자가 정의되어야 한다.
   - Constructor
   - Destructor
   - Binary Operators : + - *
   - Assignment Operators : = += -= *=
   - Relational Operators : == !=
   - Unary Operators : -
2. 행렬의 크기는 제한이 없으므로, 내부적으로 행렬을 저장하기 위한 메모리는 동적으로 할당되어야 한다.
3. 행렬 Template Class 를 시험하기 위해서 다음과 같은 시험용 Class 도 작성되어야 한다.

   3.1 Complex Class

   복소소를 정의하는 Class 로서, 복소수에서 연산 가능한 모든 연산자가 정의되어야 한다.

   3.2 Rational Class

   분수(유리수)를 정의하는 Class로서, 유리수에서 연산 가능한 모든 연산자가 정의되어야 한다.

Matrix template 클래스의 헤더 파일 이름은 "myMatrixTemplate.h" 이며, 클래스 함수의 정의는 파일 "myMatrixTemplate.tmplt"에 저장한다. 이 두 파일은 각각 template 클래스의 선언과 template 클래스의 template 함수의 정의를 저장하고 있는 파일로서, 여기에 정의된 클래스나 함수가 컴파일되지는 않는다.

Matrix template 클래스를 테스트하는 프로그램은 아래와 같은 형식으로 작성되어 있다. 아래 화살표는 파일이 include 되는 관계를 나타낸 것으로서, myComplex 클래스(문제 "복소수" 참조)를 위해서는 헤더 파일 myComplex.h를 include 하면 되지만, template 인 경우에는 함수가 정의된 myMatrixTemplate.cpp를 include 하여야 한다.

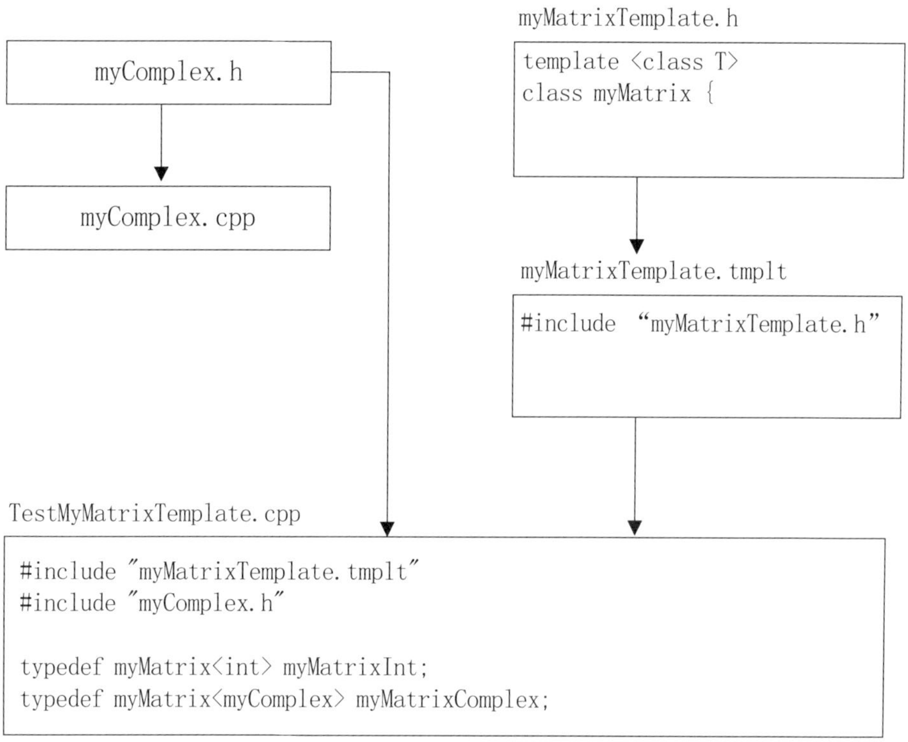

myMatrixTemplate.h

```
#ifndef _MY_MATRIX_TEMPLATE_H_
#define _MY_MATRIX_TEMPLATE_H_

#include <iostream>
#include <string>
using namespace std;

template <class T>
class myMatrix
{
public:
    // friend 함수
    friend myMatrix<T> operator *(T value, const myMatrix<T>& mat);
    friend ostream &operator <<(ostream &outStream, const myMatrix<T>& mat);
    friend istream &operator >>(istream &inStream, myMatrix<T>& mat);

    // Constructor (생성자)
    myMatrix(int nRows = 1, int nCols = 1, T initValue = 0);
    myMatrix(int nRows, int nCols, int initValue);
    myMatrix(int nRows, int nCols, T *data);
    myMatrix(int nRows, int nCols, T **data);

    // Copy constructor (복사 생성자)
    myMatrix(const myMatrix<T>& mat);

    // Destructor (소멸자)
    ~myMatrix();

    // Accessor functions (접근자)
    int getRows() const;
    int getCols() const;
    T* operator [](int i) const;
    T& operator ()(int i, int j) const;

    // Overloaded binary operators
    myMatrix<T> operator +(const myMatrix<T>& mat) const;
    myMatrix<T> operator -(const myMatrix<T>& mat) const;
    myMatrix<T> operator *(const myMatrix<T>& mat) const;
    myMatrix<T> operator *(T value) const;

    // Overloaded assignment operators
    myMatrix<T>& operator =(const myMatrix<T>& mat);
    myMatrix<T>& operator +=(const myMatrix<T>& mat);
    myMatrix<T>& operator -=(const myMatrix<T>& mat);
    myMatrix<T>& operator *=(const myMatrix<T>& mat);
    myMatrix<T>& operator *=(T value);

    // Overloading relational operators
    bool operator ==(const myMatrix<T>& mat) const;
    bool operator !=(const myMatrix<T>& mat) const;

    // Overloaded unary operators
    myMatrix<T> operator -() const;     // unary minus

    // transpose the matrix itself
    myMatrix<T>& transpose();
```

```
    private:
    int rows;                   // number of rows
    int cols;                   // number of columns
    T **pData;                  // pointer to actual data

    void allocateMemory(); // allocate memory for pDdata
    void deleteMemory();        // delete memory for pData
    void errorMessage(string msg) const;    // print error message and exit
};

#endif
```

TestMyMatrixTemplate.cpp

```
#include <fstream>
#include <cstdlib>
#include "myMatrixTemplate.cpp"
#include "myComplex.h"

typedef myMatrix<int> myMatrixInt;
typedef myMatrix<myComplex> myMatrixComplex;

void testSimpleCaseInt();
void testSimpleCaseComplex();
void testDataFromFile();
template <class T> void readMatrix(ifstream& inStream, myMatrix<T>& mat);

void main(void)
{
    testSimpleCaseInt();
    testSimpleCaseComplex();
    testDataFromFile();
}

void testSimpleCaseInt()
{
    int testData1[6] = {1, 2, 3, 4, 5, 6};
    int testData2[6] = {6, 5, 4, 3, 2, 1};

    myMatrixInt m1(2, 2, 1);
    myMatrixInt m2(2, 3, testData1);
    myMatrixInt m3(3, 2, testData2);
    myMatrixInt m4(m3);
    myMatrixInt m5, m6(2,3,1), m7(3,4,1), m8(4,2,1), m9;

    cout << m1.getRows() << " " << m1.getCols() << endl;
    m4(0,0) = 1;
    m4(0,1) = 2;
    cout << m4[0][0] << " " << m4[0][1] << endl;
    cout << m4(1,0) << " " << m4(1,1) << endl;
    cout << m4[2][0] << " " << m4(2,1) << endl;

    m3 = m3;
    cout << m3;

    m5 = m3 + m4;
    cout << m5;
```

```
    cout << (m4 == m3) << " " << (m4 != m3) << endl;
    m4 = m5 - m4;
    cout << (m4 == m3) << " " << (m4 != m3) << endl;

    m9 = m6 * m7 * m8 + m1;
    cout << m9;
    m8 = m7 = m6 = m5;
    cout << m8;

    m4 = m4 * 2;
    cout << m4;

    m4 = 2 * m4;
    cout << m4;

    m5 = m2 * m3;
    cout << m5;

    m2 *= m3;
    cout << m2;

    m2 += m1;
    cout << m2;

    m2 -= m1;
    cout << m2;

    m2 = -m1 + 2 * m2;
    cout << m2;

    m7 = m4;
    m8 = m7 * m4.transpose();
    cout << m8;
}

void testSimpleCaseComplex()
{
    myComplex testData1[6] = {myComplex(1, 1), myComplex(2, 2), myComplex(3, 3),
                              myComplex(4, 4), myComplex(5, 5), myComplex(6, 6)};
    myComplex testData2[6] = {myComplex(6, 6), myComplex(5, 5), myComplex(4, 4),
                              myComplex(3, 3), myComplex(2, 2), myComplex(1, 1)};

    myMatrixComplex m1(2, 2, myComplex(1, 1));
    myMatrixComplex m2(2, 3, testData1);
    myMatrixComplex m3(3, 2, testData2);
    myMatrixComplex m4(m3);
    myMatrixComplex   m5,   m6(2,3,myComplex(1,   1)),   m7(3,4,myComplex(1,   1)),
m8(4,2,myComplex(1, 1)), m9;

    cout << m1.getRows() << " " << m1.getCols() << endl;
    m4(0,0) = myComplex(1, 1);
    m4(0,1) = myComplex(2, 2);
    cout << m4[0][0] << " " << m4[0][1] << endl;
    cout << m4(1,0) << " " << m4(1,1) << endl;
    cout << m4[2][0] << " " << m4(2,1) << endl;

    m3 = m3;
    cout << m3;
```

```
    m5 = m3 + m4;
    cout << m5;

    cout << (m4 == m3) << " " << (m4 != m3) << endl;
    m4 = m5 - m4;
    cout << (m4 == m3) << " " << (m4 != m3) << endl;

    m9 = m6 * m7 * m8 + m1;
    cout << m9;
    m8 = m7 = m6 = m5;
    cout << m8;

    m4 = m4 * myComplex(2, 2);
    cout << m4;

    m4 = myComplex(2, 2) * m4;
    cout << m4;

    m5 = m2 * m3;
    cout << m5;

    m2 *= m3;
    cout << m2;

    m2 += m1;
    cout << m2;

    m2 -= m1;
    cout << m2;

    m2 = -m1 + myComplex(2, 2) * m2;
    cout << m2;

    m7 = m4;
    m8 = m7 * m4.transpose();
    cout << m8;
}

void testDataFromFile()
{
    ifstream inStream;
    int numTestCases;
    int i;

    inStream.open("input.txt");
    if (inStream.fail())
    {
        cerr << "Input file opening failed.\n";
        exit(1);
    }

    inStream >> numTestCases;

    for(i=0; i<numTestCases/2; i++)
    {
        myMatrixInt m[4], m0;

        for(int j=0; j<4; j++)
```

```
            readMatrix(inStream, m[j]);

        m0 = m[0] * m[1] * m[2] + m[3];

        cout << m0;
        cout << m0[0][0] << " " << m0[m0.getRows()-1][m0.getCols()-1] << endl;
    }

    for(i=0; i<numTestCases/2; i++)
    {
        myMatrixComplex m[4], m0;

        for(int j=0; j<4; j++)
            readMatrix(inStream, m[j]);

        m0 = m[0] * m[1] * m[2] + m[3];

        cout << m0;
        cout << m0[0][0] << " " << m0[m0.getRows()-1][m0.getCols()-1] << endl;
    }

    inStream.close();
}

#define MAX_SIZE 10000  // 100 * 100
template <class T>
void readMatrix(ifstream& inStream, myMatrix<T>& mat)
{
    T data[MAX_SIZE];
    int row, col;

    inStream >> row >> col;
    for(int i=0; i<row*col; i++)
        inStream >> data[i];

    mat = myMatrix<T>(row, col, data);
}
```

입력

입력 파일의 이름은 "input.txt" 이다. 입력은 *t* 개의 테스트 케이스로 주어진다. 입력 파일의 첫 번째 줄에 테스트 케이스의 개수를 나타내는 정수 *t* 가 주어진다. 두 번째 줄부터 한 개의 테스트 케이스에 해당하는 네 개의 행렬 m1, m2, m3, m4가 한 줄에 한 행렬씩 입력된다. 각 줄에는 먼저 행렬의 행과 열의 개수를 나타내는 정수가 순서대로 입력되고, 그 다음부터는 행렬의 원소를 나타내는 정수 혹은 복소수가 행 우선순위의 순서대로 입력된다. 정수 혹은 복소수를 표현하는 각 정수들 사이에는 한 개의 공백이 있으며, 잘못된 데이터가 입력되는 경우는 없다.

출력

출력은 표준출력(standard output)을 사용한다. 출력은 테스트 프로그램인 TestMyMatrixTemplate.cpp를 수행시키면 자동적으로 출력된다.

입력과 출력의 예

입력	출력
2 2 3 1 2 3 4 5 6 3 2 1 2 3 4 5 6 2 2 1 2 3 4 2 2 1 2 3 4 2 3 1 1 2 2 3 3 4 4 5 5 6 6 3 2 1 1 2 2 3 3 4 4 5 5 6 6 2 2 1 1 2 2 3 3 4 4 2 2 1 1 2 2 3 3 4 4	2 2 1 2 4 3 2 1 3*2 6 5 4 3 2 1 3*2 7 7 8 6 4 2 0 1 1 0 2*2 13 13 13 13 3*2 7 7 8 6 4 2 3*2 12 10 8 6 4 2 3*2 24 20 16 12 8 4 2*2 20 14 56 41 2*2 20 14

	56 41 2*2 21 15 57 42 2*2 20 14 56 41 2*2 39 27 111 81 3*3 976 624 272 624 400 176 272 176 80 2 2 (1, 1) (2, 2) (4, 4) (3, 3) (2, 2) (1, 1) 3*2 (6, 6) (5, 5) (4, 4) (3, 3) (2, 2) (1, 1) 3*2 (7, 7) (7, 7) (8, 8) (6, 6) (4, 4) (2, 2) 0 1 1 0 2*2 (-23, 25) (-23, 25) (-23, 25) (-23, 25) 3*2 (7, 7) (7, 7) (8, 8) (6, 6) (4, 4) (2, 2) 3*2 (0, 24) (0, 20) (0, 16) (0, 12) (0, 8) (0, 4) 3*2 (-48, 48) (-40, 40) (-32, 32) (-24, 24) (-16, 16) (-8, 8) 2*2 (0, 40) (0, 28) (0, 112) (0, 82) 2*2 (0, 40) (0, 28) (0, 112) (0, 82)

	2*2 (1, 41) (1, 29) (1, 113) (1, 83) 2*2 (0, 40) (0, 28) (0, 112) (0, 82) 2*2 (-81, 79) (-57, 55) (-225, 223) (-165, 163) 3*3 (0, -7808) (0, -4992) (0, -2176) (0, -4992) (0, -3200) (0, -1408) (0, -2176) (0, -1408) (0, -640) 2*2 107 158 244 358 107 358 2*2 (-211, 213) (-310, 314) (-479, 485) (-704, 712) (-211, 213) (-704, 712)

문제 84

Dynamic Array Template

본 문제에서는 배열의 크기를 필요에 따라 동적으로 변화하게 구현하는 동적배열(Dynamic Array)의 Template Class 를 구현한다. 동적배열에서는 배열을 저장하는 메모리보다 더 큰 메모리를 할당하고, 이 메모리의 일부를 배열로 사용하게 된다. 따라서, 동적배열 클래스의 private 멤버 데이터로는 아래 그림과 같이 할당된 메모리를 가르키는 포인터 변수 arrayPtr 와 실제 할당된 메모리의 크기를 나타내는 변수 capacity, 그리고 배열의 크기(배열에 저장될 원소의 최대개수)를 나타내는 변수 size 가 있다.

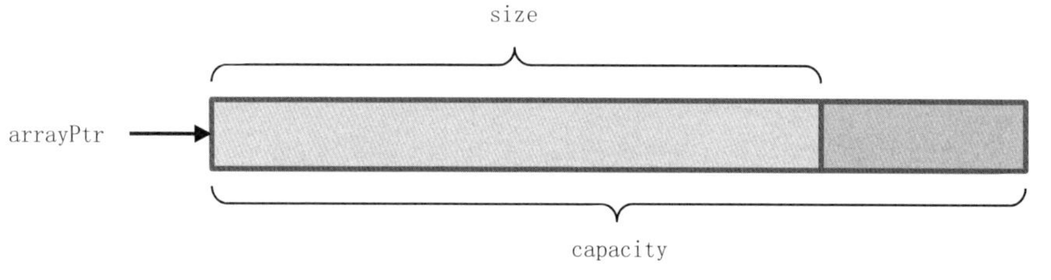

배열의 크기가 현재 할당된 메모리의 크기보다 커지게 되면, 아래 그림에서와 같이 배열을 저장하는메모리의 크기를 2배로 늘리고 (doubling 기법이라 부름), 배열의 내용은 새로 할당된 메모리로 복사하게 된다.

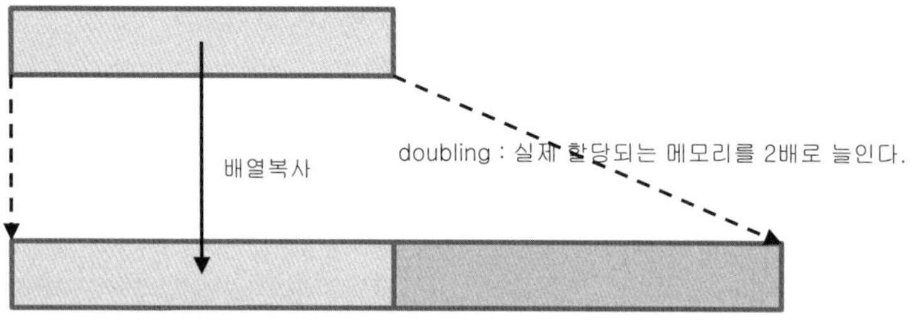

이와 같은 동적배열을 위한 Template Class 를 구현하시오.

Constructors (생성자)

(1) MyDynamicArray(long num=0, long den=1);

Default constructor로서 초기에 할당되는 메모리의 크기는 지정된 변수 init_capacity 에 따라 할당한다. 또한 초기 배열의 크기는 0이다.

(2) MyDynamicArray(const MyDynamicArray &a);

Copy constructor 이다.

Destructor (소멸자)

(1) ~MyDynamicArray();

동적으로 할당된 메모리를 해제한다.

Accessor Functions (접근자)

(1) int getSize() const;

배열의 크기 (저장될 원소의 개수)를 리턴한다.

(2) void* getPtr();

배열의 크기 (저장될 원소의 개수)를 리턴한다.

Member Functions

(1) void clear();

동적 배열이 constructor에 의하여 초기화 될 때와 같은 경우로 만든다. 즉, 할당되는 메모리의 크기는 지정된 변수 init_capacity 에 따라 할당하며, 초기 배열의 크기는 0로 만든다.

(2) void addItem(const T &item);

현재 사용되는 배열의 크기를 1만큼 키우고, 새로운 할당된 자리에 원소를 추가한다. 이때, 현재 할당된 메모리가 부족하면, 현재 할당된 메모리보다 2배 큰 메모리를 할당하도록 한다.

(3) void deleteItem(unsigned int pos);

동적 배열에서 index 가 pos 인 원소를 제거한다. 이 원소 다음의 원소를 모두 한 개의 원소 만큼 앞으로 이동시키고, 배열의 크기를 1개 축소시킨다.

(4) void setSize(unsigned int newSize);

현재 사용되는 배열의 크기를 newSize 로 한다. 이때, newSize 가 현재 할당된 메모리보다 크거나, 할당된 메모리의 반보다 작은 경우에는 새로 메모리를 할당하되, 할당되는 메모리의 크기는 newSize에 맞춘다.

Overloaded Operators

(11) Assignment Operators (=)

(12) 배열 참조 연산자 []

한 개의 파일 MyDynamicArrayTemplate.h 에 위에서 설명한 모든 연산자를 추가하여 Template클래스 MyDynamicArray를 구현하여, 아래 테스트 프로그램인 TestMyDynamicArrayTemplate.h.cpp 가 정확하게 동작하도록 작성하시오.

MyDynamicArrayTemplate.h

```
#ifndef _MY_DYNAMIC_ARRAY_TEMPLATE_H_
#define _MY_DYNAMIC_ARRAY_TEMPLATE_H_

#include <cstdlib>

template<class T>
class MyDynamicArray
{
public:
    MyDynamicArray();                           // constructor
    MyDynamicArray(const MyDynamicArray &a); // copy constructor
    ~MyDynamicArray();                          // distructor

    MyDynamicArray& operator = (const MyDynamicArray &a); // assignment operator

    T& operator [] (unsigned int index); // get arrayPtr item
    void addItem(const T &item);         // addItem item to the end of arrayPtr

    unsigned int getSize() const;       // get the number of elements in arrayPtr
    void setSize(unsigned int newSize); // set size of arrayPtr
    void clear();                       // clear arrayPtr (remove all elements in arrayPtr
    void deleteItem(unsigned int pos);        // delete arrayPtr item
    void* getPtr();                          // get void* pointer to arrayPtr data

    enum exception { MEMORY_FAIL, ARRAY_INDEX_FAIL };           // exception enum

private:
    T *arrayPtr;               // pointer for arrayPtr's memory
    unsigned int size;     // size of arrayPtr (the number elemets)
    unsigned int capacity; // actual size (capacity) of allocated memory

    const static int init_capacity = 128; // initial size of arrayPtr memory
    const static int doubling_factor = 2; // multiplier to enlarge arrayPtr memory
};

/////////////////////////////////////////////////////////////////////

template <class T>
MyDynamicArray<T>::MyDynamicArray()
{
    capacity = init_capacity; // initial capacity of arrayPtr
```

```
    size = 0;       // initially, the arrayPtr is empty

    arrayPtr = (T *)malloc(capacity*sizeof(T));
    // or
    // arrayPtr = new T[capacity];

    if (arrayPtr == NULL)
        throw MEMORY_FAIL;
}


template <class T>
MyDynamicArray<T>::~MyDynamicArray()
{
    if (arrayPtr)
    {
        free(arrayPtr); // free memory
        // or
        // delete [] arrayPtr;

        arrayPtr = NULL;
    }
}


template <class T>
MyDynamicArray<T>::MyDynamicArray(const MyDynamicArray &a)
{
    arrayPtr = (T *)malloc(sizeof(T)*a.capacity);

    if (arrayPtr == NULL)
        throw MEMORY_FAIL;

    memcpy(arrayPtr, a.arrayPtr, sizeof(T)*a.capacity);

    capacity = a.capacity;
    size = a.size;
}


template <class T>
MyDynamicArray<T>& MyDynamicArray<T>::operator = (const MyDynamicArray &a)
{
    if (this == &a) // if assigned to itself, do nothing and return itself
        return *this;

    if (a.size == 0) // if an empty arrayPtr
        clear();

    // deep copy of the arrayPtr
    setSize(a.size); // set size
    memcpy(arrayPtr, a.arrayPtr, sizeof(T)*a.size);

    return *this;
}

template <class T>
unsigned int MyDynamicArray<T>::getSize() const
{
```

```
    return size;
}


template <class T>
void MyDynamicArray<T>::setSize(unsigned int newSize)
{

    size = newSize;

    if (size != 0)
    {
        // change arrayPtr memory size
        // if new size is larger than current
        // or new size is less then half of the current
        if ((size > capacity) || (size < capacity/2))
        {
            capacity = size;
            arrayPtr = (T *)realloc(arrayPtr, sizeof(T)*capacity);

            if (arrayPtr == NULL)
                throw MEMORY_FAIL;
        }
    }
    else
        clear();
}

template <class T>
void MyDynamicArray<T>::deleteItem(unsigned int pos)
{
    if (pos < 0 || pos >= size)
        throw ARRAY_INDEX_FAIL;

    if (size == 1) // If arrayPtr has only one element
        clear();  // clear the arrayPtr, i.e., initialize the arrayPtr
    else
    {
        for(unsigned int i=pos; i<size-1; i++)
            arrayPtr[i] = arrayPtr[i+1];

        size--;
    }
}

template <class T>
void MyDynamicArray<T>::clear() // initialize the arrayPtr, i.e., create an empty
arrayPtr
{
    size = 0;
    arrayPtr = (T *)realloc(arrayPtr, sizeof(T)*init_capacity);
    capacity = init_capacity;
}

template <class T>
void* MyDynamicArray<T>::getPtr()
{
    return arrayPtr;
}
```

```
template <class T>
T& MyDynamicArray<T>::operator [] (unsigned int index)
{
    if (index < 0 || index >= size)
        throw ARRAY_INDEX_FAIL;

    return arrayPtr[index];
}

template <class T>
void MyDynamicArray<T>::addItem(const T &item)
{
    size++;

    if (size > capacity)
    {
        capacity *= doubling_factor;

        arrayPtr = (T *)realloc(arrayPtr, sizeof(T)*capacity);

        if (arrayPtr == NULL)
            throw MEMORY_FAIL;
    }

    arrayPtr[size-1] = item;
}

#endif // _MY_DYNAMIC_ARRAY_TEMPLATE_H_
```

TestMyDynamicArrayTemplate.cpp

```
#include "myDynamicArrayTemplate.h"
#include <iostream>
#include <fstream>

using namespace std;

void printArray(MyDynamicArray<int> &arr);
unsigned int getRandom();

int main(void)
{
    ifstream inStream;
    int numTestCases;

    inStream.open("input.txt");
    if (inStream.fail())
    {
        cerr << "Input file opening failed.\n";
        exit(1);
    }

    MyDynamicArray<int> arr;

    arr.setSize(10);
```

```
    for(unsigned int i=0; i<10; i++)
        arr[i] = getRandom() % 100;

    arr.addItem(7);
    arr.addItem(94);
    arr.addItem(1);

    printArray(arr);

    arr.deleteItem(0);
    arr.deleteItem(arr.getSize() - 1);

    printArray(arr);

    // bubble sort
    for(unsigned int i=0; i<arr.getSize(); i++)
        for(unsigned int j=1; j<arr.getSize()-i; j++)
            if (arr[j] < arr[j-1])
            {
                int x = arr[j];
                arr[j] = arr[j-1];
                arr[j-1] = x;
            }

    printArray(arr);

    MyDynamicArray<int> array2(arr);
    array2.clear();

    for(int i=0; i<1000000; i++)
        array2.addItem(getRandom() % 10000);

    arr = array2;

    cout << array2.getSize() << " " << arr.getSize() << endl;

    inStream >> numTestCases;
    // check random element
    for(int i=0; i<numTestCases; i++)
    {
        int index;

        inStream >> index;

        cout << array2[index] << " " << arr[index] << endl;
    }

    return 0;
}

void printArray(MyDynamicArray<int> &arr)
{
    for(unsigned int i=0; i<arr.getSize(); i++)
    {
        if (i)
            cout << " ";
        cout << arr[i];
```

```
    }

    cout << endl;
}

// pseudo-random generator by George marsaglia
unsigned int mZ = 32767;
unsigned int mW = 43690;

unsigned int getRandom()
{
    mZ = 36969 * (mZ & 65535) + (mZ >> 16);
    mW = 18000 * (mW & 65535) + (mW >> 16);
    return (mZ << 16) + mW;  /* 32-bit result */
}
```

입력

입력 파일의 이름은 "input.txt" 이다. 입력은 *t* 개의 테스트 케이스로 주어진다. 입력 파일의 첫 번째 줄에 테스트 케이스의 개수를 나타내는 정수 *t* 가 주어진다. 두 번째 줄부터 한 줄에 한 개의 테스트 케이스에 해당하는 데이터가 입력된다. 각 줄에서 정수가 주어지는데, 이 정수는 테스트 프로그램에서 출력하여야 할 배열의 원소의 index 이다. 잘못된 데이터가 입력되는 경우는 없다.

출력

출력은 표준출력(standard output)을 사용한다. 입력되는 테스트 케이스의 순서대로 다음 줄에 이어서 각 테스트 케이스의 결과를 출력한다..

입력과 출력의 예

입력	출력
5 0 250000 500000 750000 999999	64 23 8 11 40 83 64 21 63 63 7 94 1 23 8 11 40 83 64 21 63 63 7 94 7 8 11 21 23 40 63 63 64 83 94 1000000 1000000 2029 2029 2523 2523 1671 1671 6322 6322 5272 5272

문제 85

스택 (Stack)

자료구조(data structure)란 컴퓨터에서 자료를 효율적으로 사용하기 위하여 자료를 조직적으로 구성하는 방법을 말한다. 자료구조에는 다양한 종류가 있으며, 각각의 자료구조는 서로 다른 특정한 분야에 적합하도록 만들어 진다. 예를 들어 B-tree 자료구조는 데이터베이스를 구현하는데 가장 적합한 자료구조이다. 가장 단순하면서 많은 응용분야에 사용되는 자료구조는 스택(stack)이다.

실생활에서 사용되는 스택의 적당한 예로는 식당에서 사용되는 접시 스택이나, 테니스 공을 넣는 통을 생각하면 된다. 요리사는 접시를 씻어서 접시 스택의 아래로부터 위로 차례로 올려놓고, 필요할 때 가장 위쪽에 놓여진 접시부터 꺼내서 쓴다. 또한 테니스 공을 통에 넣을 때는 통의 가장 아래부터 위로 채워 넣게되고, 꺼낼 때는 반대로 가장 위에 놓여진 공부터 꺼내게 된다. 이와 같이 스택에서는 가장 나중에 스택에 넣어진 접시나 공을 가장 먼저 꺼내게 된다. 이러한 스택의 성질을 후입선출(Last-in First-out, 또는 LIFO)이라고 한다.

아래 그림과 같이 스택에 물건을 넣는 작업을 push라고 하고, 꺼내는 작업을 pop이라고 한다. 스택은 이와 같이 아주 단순한 push, pop 작업을 기본으로 하는 자료구조이다. 이 두 개의 작업 이외에도 스택의 가장 위에 놓여진 물건을 꺼내지 않고 검사만 하는 것도 필요한데 이 작업을 peek라고 한다.

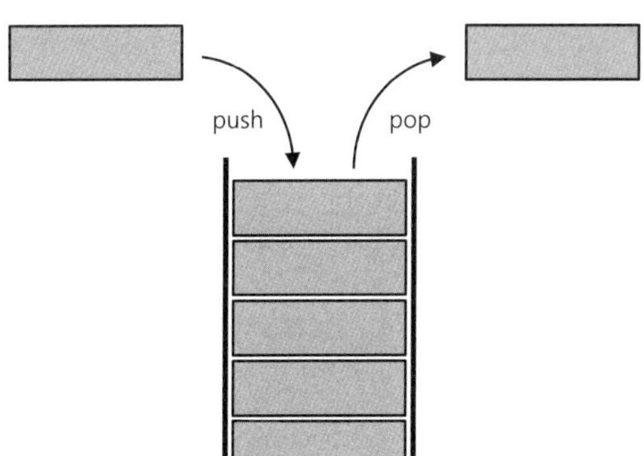

스택(stack)

스택 자료구조를 template class인 MyStack으로 구현하고, "체스판에서 기사의 여행" 문제를 스택을 이용하여 비재귀적(non-recursive)으로 해결하는 프로그램을 작성하시오. 단, 스택의 template class는 다음과 같은 연산이 가능하도록 만들어 져야 한다.

Constructors (생성자)

(1) MyStack();

Default constructor로서 스택에 저장할 수 있는 원소의 최대 개수가 256개가 되도록 스택을 만든다.

(2) MyStack(long value);

스택에 저장할 수 있는 원소의 최대 개수가 value개가 되도록 스택을 만든다.

Destructor(소멸자)

(1) ~MyStack();

필요할 경우 원소를 저장하는 메모리를 해제한다.

Member Functions

(1) bool push(const T& pushValue);

스택이 완전히 채워지지 않은 경우에 스택에 pushValue를 맨 위에 저장하고 true를 리턴한다. 스택이 완전히 채워진 경우에는 pushValue를 저장하지 않고 false를 리턴한다.

(2) bool pop(T& popValue);

스택이 비워져 있지 않은 경우에 스택의 가장 위에 있는 원소를 꺼내어 popValued에 저장하고 true를 리턴한다. 스택이 비워져 있는 경우에는 false를 리턴한다.

(3) bool peek(T& peekValue) const;

위의 pop과 같은 동작을 한다. 단, 가장 위에 저장된 원소를 꺼내지 않고, 그 원소를 peekValue에 복사한다.

(4) bool isEmpty() const;

스택이 비워져 있는 경우에는 true를 리턴하고, 그렇지 않는 경우에는 false를 리턴한다.

(5) bool isFull() const;

스택이 완전히 채워진 경우에는 true를 리턴하고, 그렇지 않는 경우에는 false를 리턴한다.

MyStackTemplate.h

```
#ifndef _MY_STACK_TEMPLATE_H_
#define _MY_STACK_TEMPLATE_H_

#include <iostream>

using namespace std;

template <class T>
class MyStack
{
public:

    // friend 함수
    friend ostream& operator<< (ostream&, const MyStack<T> &);

    MyStack();
    MyStack(long value);
    ~MyStack();

    bool push(const T& pushValue);
    bool pop(T& popValue);
    bool peek(T& peekValue) const;

    bool isEmpty() const;   // test
    bool isFull() const;

private:
    T *elements;
    long size;
    long top;

    void setSize(long);
    long getSize();

    void allocateMemory();
    const static long default_stack_size = 256;
};


template <class T>
MyStack<T>::MyStack()
{
    size = default_stack_size;
    allocateMemory();
    top = -1;
}

template <class T>
MyStack<T>::MyStack(long val)
{
    if ( val < 0 )
        val *= -1;
    else if ( val == 0 )
        val = default_stack_size;

    size = val;
```

```
    allocateMemory();
    top = -1;
}

template <class T>
MyStack<T>::~MyStack()
{
    //delete array dynamically allocated
    delete[] elements;
}

template <class T>
bool MyStack<T>::push(const T& pushValue)
{
    if (!isFull())
    {
        elements[++top] = pushValue;
        return true;
    }
    else
        return false;
}

template <class T>
bool MyStack<T>::pop(T& popValue)
{
    if (!isEmpty())
    {
        popValue = elements[top--];
        return true;
    }
    else
        return false;
}

template <class T>
bool MyStack<T>::peek(T& peekValue) const
{
    ..................................
    ..................................
}

template <class T>
bool MyStack<T>::isFull() const
{
    return top + 1 >= size;
}

template <class T>
bool MyStack<T>::isEmpty() const
{
    ..................................
    ..................................
}

template <class T>
long MyStack<T>::getSize()
{
```

```
    return size;
}

template <class T>
void MyStack<T>::setSize(long val)
{
    size = val;
}

template <class T>
void MyStack<T>::allocateMemory()
{
    elements = new T [size];

    if (elements == NULL)
    {
        cout << "stack memory allocation error" << endl;
        exit(1);
    }
}

template <class T>
ostream& operator<< (ostream& os, const MyStack<T> &s)
{
    cout << "Contents of Stack:";

    int t = s.top;
    while (t > -1)
        cout << s.elements[t--] << " ";
    cout << endl;

    return os;
}

#endif // _MY_STACK_TEMPLATE_H_
```

입력

입력 파일의 이름은 "input.txt" 이다. 입력은 t 개의 테스트 케이스로 주어진다. 입력 파일의 첫 번째 줄에 테스트 케이스의 개수를 나타내는 정수 t 가 주어진다. 두 번째 줄부터 t 개의 줄에는 한 줄에 한 개의 테스트 케이스에 해당하는 네 개의 정수 m n s t ($2 \leq m, n \leq 8$, $1 \leq s \leq m$, $1 \leq t \leq$ n)가 입력된다. 첫 번째 정수 m 은 체스판의 행의 개수를 나타내고, 두 번째 정수 n 은 열의 개수를 나타낸다. 또한 두 정수 s, t 는 각각 기사의 처음 출발한 셀의 위치를 나타내는 행과 열의 번호를 나타낸다. 각 정수들 사이에는 한 개의 공백이 있으며, 잘못된 데이터가 입력되는 경우는 없다.

출력

출력은 표준출력(standard output)을 사용한다. 입력되는 테스트 케이스의 순서대로 다음 줄에 이어서 각 테스트 케이스의 결과를 출력한다. 각 테스트 케이스에 해당하는 출력에는 주어진 체스판에서 기사가 초기 셀에서 출발하여 체스판의 모든 다른 셀을 방문하는 경로가 존재하면 1을 출력하고 그렇지 않으면 0을 출력한다. 경로가 존재하는 경우에는 기사가 출발하는 셀에 1번을 부여하고, 그 다음으로 옮겨가는 셀들에는 순서대로 2, 3, 4, … 등으로 부여하여, 이러한 번호를 첫 번째 행부터 한 줄에 한 행씩 출력한다. 또한 같은 행에서는 첫 번째 열부터 마지막 열까지 순서대로 출력한다. 같은 줄에 출력되는 각 정수들 사이에는 한 개의 공백을 둔다.

입력과 출력의 예

<table>
<tr><th>입력</th><th>출력</th></tr>
<tr><td>3
6 8 3 4
6 5 1 2
4 4 1 2</td><td>1
32 43 30 25 36 45 38 23
29 26 33 44 39 24 35 46
42 31 28 1 34 37 22 7
27 2 11 40 19 8 47 16
12 41 4 9 14 17 6 21
3 10 13 18 5 20 15 48
1
30 1 26 15 28
25 16 29 6 19
2 7 18 27 14
17 24 11 20 5
8 3 22 13 10
23 12 9 4 21
0</td></tr>
</table>

(참고) 위 첫 번째와 두 번째 입력 테스트 데이터의 경우에 있어서, 모든 셀을 방문하는 기사의 경로는 위의 출력에서 제시된 경로 이외에도 다른 많은 경로가 존재한다. 위에서 제시된 경로 이외에도 다른 가능한 여러 경로 중에서 어느 한 가지를 출력하여도 된다.

KnightTour.h

```
#ifndef _KNIGHT_TOUR_H_
#define _KNIGHT_TOUR_H_

#include <iostream>

using namespace std;

const int MAX_SIZE = 9;

class KnightTour
{
public:
    KnightTour();
    KnightTour(int sizeRow, int sizeCol);

    bool buildKnightTour(int startRow, int startCol);
    void printBoard();

private:
    typedef int boardType[MAX_SIZE][MAX_SIZE];

    bool nonrecurKnightTour(int startRow, int startCol,int move);
    bool isValidMove (int row, int col);

    int sizeRow, sizeCol;
    boardType board;
};

#endif // _KNIGHT_TOUR_H_
```

KnightTour.cpp

```
#include "KnightTour.h"
#include "MyStackTemplate.h"

class Position
{
public:
    Position(int x=0, int y=0) {row = x; col = y;}
    int getRow() const {return row;}
    int getCol() const {return col;}
    int getDir() const {return dir;}
    void setPos(int r, int c) {row = r; col = c;}
    void setPos(Position &p) {row = p.row; col = p.col;}
    void setDir(int d) {dir = d;}

private:
    int row;
    int col;
    int dir;
};


static int direction[8][2] = {{1, -2}, {2, -1}, {2, 1}, {1, 2}, {-1, 2}, {-2, 1}, {-2,
```

```
-1}, {-1, -2}};

KnightTour::KnightTour()
{
    sizeRow = sizeCol = 8;  // default size of Chessboard
}

KnightTour::KnightTour(int sRow, int sCol)
{
    if (sRow>=2 && sRow<=MAX_SIZE)
        sizeRow = sRow;
    else
        sizeRow = 8;    // set to default size

    if (sCol>=2 && sCol<=MAX_SIZE)
        sizeCol = sCol;
    else
        sizeCol = 8;    // set to default size
}

void KnightTour::printBoard()
{
    for (int r = 0; r < sizeRow; r++)
    {
        for (int c = 0; c < sizeCol; c++)
            cout << board[r][c] << " ";

        cout <<endl;
    } // for r
}

bool KnightTour::buildKnightTour(int startRow, int startCol)
{
    for (int r=0; r<sizeRow; r++)
        for (int c=0; c<sizeCol; c++)
            board[r][c]= 0;

    if (startRow <= 0 || startRow > sizeRow)
        startRow = 0;
    if (startCol <= 0 || startCol > sizeCol)
        startCol = 0;

    board[startRow-1][startCol-1] = 1;

    return nonrecurKnightTour(startRow-1, startCol-1, 1);
}

bool KnightTour::nonrecurKnightTour(int row, int col, int move)
{
    MyStack<Position> s;
    Position pos, nextPos;
    int dir=0;

    pos.setPos(row, col);
    while(move < sizeRow*sizeCol)
    {

        ..........................................................
```

```
        ............................................................

        ............................................................

    }

    return true;
}

bool KnightTour::isValidMove(int row, int col)
{
    if(row>=sizeRow || row<0)
        return false;

    if(col>=sizeCol || col<0)
        return false;

    if(board[row][col] != 0)
        return false;

    else
        return true;
}
```

TestKnightTour.cpp

```
#include <fstream>
#include <cstdlib>
#include "KnightTour.h"


void main()
{
    ifstream inStream;
    int numTestCases;

    inStream.open("input.txt");
    if (inStream.fail())
    {
        cerr << "Input file opening failed.\n";
        exit(1);
    }

    inStream >> numTestCases;

    for(int i=0; i<numTestCases; i++)
    {
        int sizeRow, sizeCol;
        int startRow, startCol;

        inStream >> sizeRow >> sizeCol;
        inStream >> startRow >> startCol;

        KnightTour kTour(sizeRow, sizeCol);

        if (kTour.buildKnightTour(startRow, startCol))
```

```
        {
            cout << 1 << endl;
            kTour.printBoard();
        }
        else
            cout << 0 << endl;
    }

    inStream.close();
}
```

문제 86

큐 (Queue)

자료구조(data structure)란 컴퓨터에서 자료를 효율적으로 사용하기 위하여 자료를 조직적으로 구성하는 방법을 말한다. 자료구조에는 다양한 종류가 있으며, 각각의 자료구조는 서로 다른 특정한 분야에 적합하도록 만들어 진다. 예를 들어 B-tree 자료구조는 데이터베이스를 구현하는데 가장 적합한 자료구조이다. 가장 단순하면서 많은 응용분야에 사용되는 자료구조로는 큐(stack)과 큐(queue)가 있다.

실생활에서 사용되는 큐의 적당한 예로는 표를 구입하기 위하여 사람들을 일렬로 세운 줄을 생각하면 된다. 줄의 제일 앞에 있는 사람은 표를 구입하고 줄에서 빠져 나가게 되고, 새로 표를 구입하고자 하는 사람은 줄의 제일 뒤에 서게 된다. 이와 같이 가장 먼저 줄에 들어온 사람이 가장 먼저 표를 구입하여 나가고, 줄에 들어온 순서대로 표를 사서 나가게 되고, 가장 나중에 줄에 들어온 사람이 가장 나중에 표를 사게된다. 이러한 큐의 성질을 선입선출(First-in First-out, 또는 FIFO)라고 한다.

아래 그림과 같이 큐에 물건을 넣는 작업을 enqueue라고 하고, 꺼내는 작업을 dequeue라고 한다. 큐는 이와 같이 아주 단순한 enqueue, dequeue 작업을 기본으로 하는 자료구조이다. 이 두 개의 작업 이외에도 큐의 가장 앞에 놓여진 물건을 꺼내지 않고 검사만 하는 것도 필요한데 이 작업을 peek라고 한다.

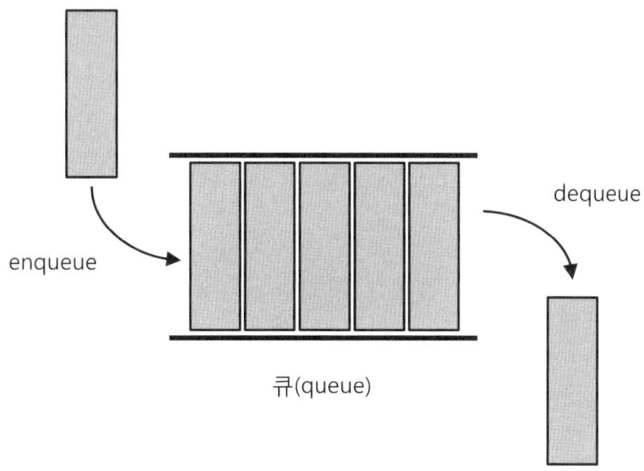

큐 자료구조를 template class인 MyQueue로 구현하고, "Flood Fill" 문제를 큐를 이용하여 비재귀적(non-recursive)으로 해결하는 프로그램을 작성하시오. 단, 큐의 template class는 다음과 같은 연산이 가능하도록 만들어 져야 한다.

Constructors (생성자)

(1) MyQueue();

Default constructor로서 큐에 저장할 수 있는 원소의 최대 개수가 256개가 되도록 큐를 만든다.

(2) MyQueue(long value);

큐에 저장할 수 있는 원소의 최대 개수가 value개가 되도록 큐를 만든다.

Destructor(소멸자)

(1) ~MyQueue();

필요할 경우 원소를 저장하는 메모리를 해제한다.

Member Functions

(1) bool enqueue(const T& pushValue);

큐가 완전히 채워지지 않은 경우에 큐에 pushValue를 맨 뒤에 저장하고 true를 리턴한다. 큐가 완전히 채워진 경우에는 pushValue 를 저장하지 않고 false를 리턴한다.

(2) bool dequeue(T& popValue);

큐가 비워져 있지 않은 경우에 큐의 가장 앞에 있는 원소를 꺼내어 popValued에 저장하고 true를 리턴한다. 큐가 비워져 있는 경우에는 false를 리턴한다.

(3) bool peek(T& peekValue) const;

위의 enqueue와 같은 동작을 한다. 단, 가장 앞에 저장된 원소를 꺼내지 않고, 그 원소를 peekValue에 복사한다.

(4) bool isEmpty() const;

큐가 비워져 있는 경우에는 true를 리턴하고, 그렇지 않는 경우에는 false를 리턴한다.

(5) bool isFull() const;

큐가 완전히 채워진 경우에는 true를 리턴하고, 그렇지 않는 경우에는 false를 리턴한다.

MyQueueTemplate.h

```
#ifndef _MY_STACK_TEMPLATE_H_
#define _MY_STACK_TEMPLATE_H_

#include <iostream>

using namespace std;

template <class T>
class MyQueue
{
public:

    // friend 함수
    friend ostream& operator<< (ostream&, const MyQueue<T> &);

    MyQueue();
    MyQueue(long value);
    ~MyQueue();

    bool push(const T& pushValue);
    bool pop(T& popValue);
    bool peek(T& peekValue) const;

    bool isEmpty() const;   // test
    bool isFull() const;

private:
    T *elements;
    long size;
    long top;

    void setSize(long);
    long getSize();

    void allocateMemory();
    const static long default_stack_size = 256;
};


template <class T>
MyQueue<T>::MyQueue()
{
    size = default_stack_size;
    allocateMemory();
    top = -1;
}

template <class T>
MyQueue<T>::MyQueue(long val)
{
    if ( val < 0 )
        val *= -1;
    else if ( val == 0 )
        val = default_stack_size;

    size = val;
    allocateMemory();
```

```
    top = -1;
}

template <class T>
MyQueue<T>::~MyQueue()
{
    //delete array dynamically allocated
    delete[] elements;
}

template <class T>
bool MyQueue<T>::push(const T& pushValue)
{
    if (!isFull())
    {
        elements[++top] = pushValue;
        return true;
    }
    else
        return false;
}

template <class T>
bool MyQueue<T>::pop(T& popValue)
{
    if (!isEmpty())
    {
        popValue = elements[top--];
        return true;
    }
    else
        return false;
}

template <class T>
bool MyQueue<T>::peek(T& peekValue) const
{
    ......................................
    ......................................
}

template <class T>
bool MyQueue<T>::isFull() const
{
    return top + 1 >= size;
}

template <class T>
bool MyQueue<T>::isEmpty() const
{
    ......................................
    ......................................
}

template <class T>
long MyQueue<T>::getSize()
{
    return size;
}
```

```
template <class T>
void MyQueue<T>::setSize(long val)
{
    size = val;
}

template <class T>
void MyQueue<T>::allocateMemory()
{
    elements = new T [size];

    if (elements == NULL)
    {
        cout << "stack memory allocation error" << endl;
        exit(1);
    }
}

template <class T>
ostream& operator<< (ostream& os, const MyQueue<T> &s)
{
    cout << "Contents of Stack:";

    int t = s.top;
    while (t > -1)
        cout << " " << s.elements[t--];
    cout << endl;

    return os;
}

#endif // _MY_STACK_TEMPLATE_H_
```

입력

입력 파일의 이름은 "input.txt" 이다. 입력은 t 개의 테스트 케이스로 주어진다. 입력 파일의 첫 번째 줄에 테스트 케이스의 개수를 나타내는 정수 t 가 주어진다. 두 번째 줄부터 t 개의 테스트 케이스에 해당하는 데이터가 순서대로 입력된다. 각 테스트 케이스의 첫 번째 줄에는 주어진 그림의 크기를 나타내는 두 개의 정수 m n ($2 \le m, n \le 100$)이 주어진다. 첫 번째 정수 m 은 그림의 행의 개수를 나타내고, 두 번째 정수 n 은 열의 개수를 나타낸다. 입력되는 각 테스트 데이터에 해당되는 그림은 각 픽셀의 색깔이 영문자 소문자로 표시된다. 각 테스트 케이스의 두 번째 줄부터 그 다음 m 개의 줄에는 한 줄에 그림의 한 행에 해당되는 n 개의 픽셀의 색깔을 나타내는 영문자 소문자가 입력된다. 영문자 소문자 사이에는 공백이 없다. 마지막 줄에는 마우스가 클릭한 픽셀의 위치를 나타내는 두 개의 정수 i j ($1 \le i \le$ m, $1 \le$

$j \le n$) 와 마우스가 클릭한 픽셀에 새로 칠해져야 할 색깔을 나타내는 영문자 소문자가 입력된다. 세 개의 데이터 사이에는 하나의 공백이 있다. 잘못된 데이터가 입력되는 경우는 없다.

출력

출력은 표준출력(standard output)을 사용한다. 입력되는 테스트 케이스의 순서대로 다음 줄에 이어서 각 테스트 케이스의 결과를 출력한다. 각 테스트 케이스에 해당하는 출력에는 flood fill 작업을 마친 그림을 출력한다. 각 그림은 첫 번째 행부터 마지막 행까지 한 줄에 한 행씩 출력한다. 각 줄에는 그림의 해당되는 행의 각 픽셀에 칠해져 있는 색깔을 나타내는 영문자 소문자를 순서대로 출력한다. 한 줄에 출력되는 영문자 소문자 사이에는 공백이 없다.

입력과 출력의 예

입력	출력
2 9 9 bbbbbbbbb bwwwbwwwb bwwwbwwwb bwwwwwwwb bbbwwwbbb bwwwwbwwb bwwwbwwwb bwwwbwwwb bbbbbbbbb 7 3 y 4 5 aaaa aaaa aaaa aaaa 1 1 z	bbbbbbbbb byyybyyyb byyybyyyb byyyyyyyb bbbyyybbb byyyybwwb byyybwwwb byyybwwwb bbbbbbbbb zzzzz zzzzz zzzzz zzzzz

FloodFill.h

```
#ifndef _FLOOD_FILL_H_
#define _FLOOD_FILL_H_
#include <iostream>

using namespace std;

const int MAX_SIZE = 100;

class FloodFill
{
public:
    FloodFill();
    FloodFill(int sizeRow, int sizeCol, char image[][MAX_SIZE+1]);

    void runFloodFill(int startRow, int startCol, char newColor);
    void printPicture();

private:
    typedef char pictureType[MAX_SIZE][MAX_SIZE];

    void nonrecurFloodFill(int row, int col, char oldColr, char newColor);
    bool isValidPos (int row, int col);

    int sizeRow, sizeCol;
    pictureType pic;
};

#endif // _FLOOD_FILL_H_
```

FloodFill.cpp

```
#include "FloodFill.h"
#include "MyQueueTemplate.h"

class Position
{
public:
    Position(int x=0, int y=0) {row = x; col = y;}
    int getRow() const {return row;}
    int getCol() const {return col;}
    void setPos(int r, int c) {row = r; col = c;}
    void setPos(Position &p) {row = p.row; col = p.col;}

private:
    int row;
    int col;
};

FloodFill::FloodFill()
{
    sizeRow = sizeCol = 0;  // default size of Chessboard
}

FloodFill::FloodFill(int sRow, int sCol, char image[][MAX_SIZE+1])
{
    if (sRow<=0 || sRow>MAX_SIZE || sCol<=0 || sCol>MAX_SIZE)
```

```
        sizeRow = sizeCol = 0;
    else
    {
        sizeRow = sRow;
        sizeCol = sCol;

        for(int i=0; i<sizeRow; i++)
            for(int j=0; j<sizeCol;j++)
                pic[i][j] = image[i][j];
    }
}

void FloodFill::printPicture()
{
    for (int r = 0; r < sizeRow; r++)
    {
        for (int c = 0; c < sizeCol; c++)
            cout << pic[r][c];

        cout <<endl;
    } // for r
}

void FloodFill::runFloodFill(int startRow, int startCol, char newColor)
{
    char oldColor;

    oldColor = pic[startRow-1][startCol-1];
    nonrecurFloodFill(startRow-1, startCol-1, oldColor, newColor);
}

void FloodFill::nonrecurFloodFill(int row, int col, char oldColor, char newColor)
{
    MyQueue<Position> q(MAX_SIZE*MAX_SIZE);

    Position pos(row, col), newPos;

    q.enqueue(pos);

    while(!q.isEmpty())
    {
        int newRow, newCol;

        q.dequeue(newPos);
        newRow = newPos.getRow();
        newCol = newPos.getCol();
        if(!isValidPos(newRow, newCol))
            continue;

        pic[newRow][newCol] = newColor;

         ...........................................................

         ...........................................................

         ...........................................................

    }
}

bool FloodFill::isValidPos(int row, int col)
```

```
{
    if(row>=sizeRow || row<0)
        return false;

    if(col>=sizeCol || col<0)
        return false;

    else
        return true;
}
```

TestFloodFill.cpp

```
#include <fstream>
#include <cstdlib>
#include "FloodFill.h"

char figure[MAX_SIZE+1][MAX_SIZE+1];

void main()
{
    ifstream inStream;
    int numTestCases;

    inStream.open("input.txt");
    if (inStream.fail())
    {
        cerr << "Input file opening failed.\n";
        exit(1);
    }

    inStream >> numTestCases;

    for(int i=0; i<numTestCases; i++)
    {
        int sizeRow, sizeCol;
        int startRow, startCol;
        char newColor;

        inStream >> sizeRow >> sizeCol;

        for(int r=0; r<sizeRow; r++)
            inStream >> figure[r];

        inStream >> startRow >> startCol >> newColor;


        FloodFill ffImage(sizeRow, sizeCol, figure);

        ffImage.runFloodFill(startRow, startCol, newColor);
        ffImage.printPicture();
    }

    inStream.close();
}
```

문제 87

N-차원 벡터

수학에서 N-차원의 공간에서 벡터(vector)는 크기와 방향성을 가지는 기하학적인 객체이다. N-차원 공간은 N개의 서로 수직인 좌표축 v_i ($1 \le i \le N$)으로 정의되며, 이 공간에서 좌표의 원점 O에서 임의의 점 $P(x_1, x_2, \cdots, x_N)$ 으로의 벡터 u 는 다음과 같이 표시된다.

$$u = (x_1, x_2, \cdots, x_N)$$

N-차원의 공간에서 정의된 임의의 벡터 $u = (x_1, x_2, \cdots, x_N)$, $v = (y_1, y_2, \cdots, y_N)$ 에 대하여 다음과 같은 연산이 정의된다.

(1) 두 벡터 u , v 는 다음 조건을 만족하면 동일한 벡터이다.

$x_1 = y_1, \quad x_2 = y_2, \quad \cdots, \quad x_N = y_N$

(2) 두 벡터 u , v 에 대하여 덧셈(+) 연산은 다음과 같이 정의된다.

$u + v = (x_1 + y_1, x_2 + y_2, \cdots, x_N + y_N)$

(3) 두 벡터 u , v 에 대하여 뺄셈(+) 연산은 다음과 같이 정의된다.

$u - v = (x_1 - y_1, x_2 - y_2, \cdots, x_N - y_N)$

(4) 벡터 u 와 상수(scalar) c 에 대하여 곱셈(*) 연산은 다음과 같이 정의된다.

$c * u = (cx_1, cx_2, \cdots, cx_N)$

(5) 벡터 u 에 대하여 음수(-) 연산은 다음과 같이 정의된다.

$-u = (-x_1, -x_2, \cdots, -x_N)$

(6) 두 벡터 u , v 에 대하여 내적(inner product, •) 연산은 다음과 같이 정의된다.

$u \bullet v = x_1 y_1 + x_2 y_2 + \cdots + x_N y_N$

(7) 벡터 u 의 길이(또는 크기)는 다음과 같이 정의된다.

$|u| = \mathrm{sqrt}(x_1^2 + x_2^2 + \cdots + x_N^2)$

여기에서, sqrt()는 제곱근 함수이다.

이와 같이 정의되는 N-차원 벡터를 정의하는 template class를 다음과 같이 정의하고, 구현하시오.

MyVector.h

```
#ifndef _MY_VECTOR_H_
#define _MY_VECTOR_H_

#include <memory.h>

using namespace std;

template <int N, class Real>
class MyVector
{
public:
    template <int N, class Real>
    friend ostream& operator <<(ostream& outStream, const MyVector<N,Real>& vec);
    friend MyVector<N,Real> operator* (Real fScalar, const MyVector<N,Real>& vec);

    // constructors
    MyVector ();
    MyVector (const Real* ary);
    MyVector (const MyVector& vec);

    // coordinate access functions
    operator const Real* () const;
    operator Real* ();
    Real operator[] (int i) const;
    Real& operator[] (int i);

    // assignment operator
    MyVector& operator= (const MyVector& vec);

    // comparison operators
    bool operator== (const MyVector& vec) const;
    bool operator!= (const MyVector& vec) const;

    // arithmetic operations
    MyVector operator+ (const MyVector& vec) const;
    MyVector operator- (const MyVector& vec) const;
    MyVector operator* (Real fScalar) const;
    MyVector operator- () const;

    // arithmetic assignments
    MyVector& operator+= (const MyVector& vec);
    MyVector& operator-= (const MyVector& vec);
    MyVector& operator*= (Real fScalar);

    // utility operations
    Real SquaredLength () const;    // square of length
    Real Dot (const MyVector& vec) const;   // dot product

protected:

    Real coord[N];
};
```

```
// default constructor
template <int N, class Real>
MyVector<N,Real>::MyVector ()
{
   // do nothing
}

template <int N, class Real>
MyVector<N,Real>::MyVector (const Real* ary)
{
   memcpy(coord, ary, N*sizeof(Real));
}

template <int N, class Real>
MyVector<N,Real>::MyVector (const MyVector& vec)
{
   memcpy(coord, vec.coord, N*sizeof(Real));
}

template <int N, class Real>
MyVector<N,Real>::operator const Real* () const
{
   return coord;
}

template <int N, class Real>
MyVector<N,Real>::operator Real* ()
{
   return coord;
}

template <int N, class Real>
Real MyVector<N,Real>::operator[] (int i) const
{
   assert( 0 <= i && i < N );
   return coord[i];
}

template <int N, class Real>
Real& MyVector<N,Real>::operator[] (int i)
{
   assert( 0 <= i && i < N );
   return coord[i];
}

template <int N, class Real>
MyVector<N,Real>& MyVector<N,Real>::operator= (const MyVector& vec)
{
   if(this == &vec)
      return *this;

   memcpy(coord, vec. coord,N*sizeof(Real));
   return *this;
}

template <int N, class Real>
bool MyVector<N,Real>::operator== (const MyVector& vec) const
{
```

```
    return memcmp(coord, vec.coord, N*sizeof(Real)) == 0;
}

template <int N, class Real>
bool MyVector<N,Real>::operator!= (const MyVector& vec) const
{
    return memcmp(coord, vec.coord, N*sizeof(Real)) != 0;
}

template <int N, class Real>
MyVector<N,Real> MyVector<N,Real>::operator+ (const MyVector& vec) const
{
    MyVector<N,Real> sumVec;

    for (int i = 0; i < N; i++)
        sumVec.coord[i] = coord[i] + vec.coord[i];

    return sumVec;
}

template <int N, class Real>
MyVector<N,Real>& MyVector<N,Real>::operator+= (const MyVector& vec)
{
    for (int i = 0; i < N; i++)
        coord[i] += vec.coord[i];

    return *this;
}

template <int N, class Real>
ostream& operator <<(ostream& outStream, const MyVector<N,Real>& vec)
{
    cout << "(" << vec.coord[0];

    for (int i = 1; i < N; i++)
        cout << "," << vec.coord[i];

    cout << ")";

    return outStream;
}

#endif // _MY_VECTOR_H_
```

2차원 벡터는 위에서 정의된 *N*-차원 벡터의 성질을 만족할 뿐만 아니라 다음과 같은 함수도 정의된다.

X-축과 *Y*-축으로 정의되는 2차원 벡터 $u = (x, y)$ 의 수직벡터는 $(y, -x)$ 이다.

이와 같이 정의되는 2차원 벡터의 template class 를 *N*-차원 벡터의 template class 를 상속하여 다음과 같이 정의하고 구현하시오.

My2Vector.h

```
#ifndef _MY_2_VECTOR_H_
#define _MY_2_VECTOR_H_

#include "MyVector.h"

template <class Real>
class MyVector2 : public MyVector<2, Real>
{
public:
    // constructors
    MyVector2 ();
    MyVector2 (Real x, Real y);
    MyVector2 (const MyVector2& vec2);

    // access function
    Real X () const;
    Real& X ();
    Real Y () const;
    Real& Y ();

    // assignment operators
    MyVector2& operator= (const MyVector2& vec2);
    MyVector2& operator= (const MyVector& vec);

    // returns (y,-x)
    MyVector2 Perp () const;
};


template <class Real>
MyVector2<Real>::MyVector2 ()
{
    // do nothing
}

template <class Real>
MyVector2<Real>::MyVector2 (Real x, Real y)
{
    coord[0] = x;
    coord[1] = y;
}

template <class Real>
MyVector2<Real>::MyVector2 (const MyVector2& vec2)
{
    memcpy(coord, vec2.coord, 2*sizeof(Real));
}

template <class Real>
MyVector2<Real>& MyVector2<Real>::operator= (const MyVector2& vec2)
{
    if(this == &vec2)
        return *this;

    memcpy(coord, vec2.coord, 2*sizeof(Real));
    return *this;
}
```

```
template <class Real>
MyVector2<Real>& MyVector2<Real>::operator= (const MyVector<2, Real>& vec)
{
    if(this == &vec)
        return *this;

    memcpy(coord, vec, 2*sizeof(Real));
    return *this;
}

template <class Real>
Real MyVector2<Real>::X () const
{
    return coord[0];
}

template <class Real>
Real& MyVector2<Real>::X ()
{
    return coord[0];
}

template <class Real>
Real MyVector2<Real>::Y () const
{
    return coord[1];
}

template <class Real>
Real& MyVector2<Real>::Y ()
{
    return coord[1];
}

template <class Real>
MyVector2<Real> MyVector2<Real>::Perp () const
{
    return MyVector2(coord[1], -coord[0]);
}

#endif // _MY_2_VECTOR_H_
```

또한 3차원 벡터는 위에서 정의된 N-차원 벡터의 성질을 만족할 뿐만 아니라 다음과 같은 함수도 정의된다.

(1) X-, Y-, Z-축으로 정의되는 3차원 벡터 $u = (x_1, y_1, z_1)$, $v = (x_2, y_2, z_2)$ 의 외적(cross product, ×) 연산은 다음과 같이 정의된다.

$$u \times v = (y_1 z_2 - z_1 y_2 ,\ z_1 x_2 - x_1 z_2 ,\ x_1 y_2 - y_1 x_2)$$

My3Vector.h

```
#ifndef _MY_3_VECTOR_H_
#define _MY_3_VECTOR_H_

#include "MyVector.h"

template <class Real>
class MyVector3 : public MyVector<3, Real>
{
public:
    // constructors
    MyVector3 ();
    MyVector3 (Real x, Real y, Real z);
    MyVector3 (const MyVector3& vec3);

    // accessor functions
    Real X () const;
    Real& X ();
    Real Y () const;
    Real& Y ();
    Real Z () const;
    Real& Z ();

    // assignment operators
    MyVector3& operator= (const MyVector3& vec3);
    MyVector3& operator= (const MyVector& vec);

    // The cross product
    MyVector3 Cross (const MyVector3& vec3) const;
};

#endif // _MY_3_VECTOR_H_
```

이와 같이 정의되는 3차원 벡터의 template class 를 N-차원 벡터의 template class 를 상속하여 다음과 같이 정의하고 구현하시오.

위와 같이 정의된 N-차원의 벡터 template class, 2차원, 3차원 벡터 template class를 테스트하는 다음 프로그램이 정상적으로 수행되도록 각 template class를 구현하시오.

TestMyVector.cpp

```
#include <iostream>
#include <fstream>
#include <cstdlib>
#include "My2Vector.h"
#include "My3Vector.h"

using namespace std;
```

```
const int max_size = 100;

void main()
{
    ifstream inStream;
    int numTestCases;

    inStream.open("input.txt");
    if (inStream.fail())
    {
        cerr << "Input file opening failed.\n";
        exit(1);
    }

    inStream >> numTestCases;

    MyVector2<int> vec2[max_size], v2Sum(0, 0);
    MyVector3<int> vec3[max_size], v3Sum(0, 0, 0);
    int dotProduct;

    for(int i=0; i<numTestCases; i++)
    {
        int px, py;

        inStream >> px >> py;
        MyVector2<int> v2(px, py);
        vec2[i] = v2*(i+1);
        if (i%2)
            v2Sum += v2;
        else
            v2Sum -= v2;
    }
    dotProduct = v2Sum.Dot(vec2[0]);

    cout << v2Sum << " " << vec2[numTestCases-1].SquaredLength() << " "
        << dotProduct << " " << vec2[0].Perp() << endl;

    for(int i=0; i<numTestCases; i++)
    {
        int qx, qy, qz;

        inStream >> qx >> qy >> qz;
        MyVector3<int> v3(qx, qy, qz);
        vec3[i] = v3*(i+1);
        if (i%2)
            v3Sum += v3;
        else
            v3Sum -= v3;
    }
    dotProduct = v3Sum.Dot(vec3[0]);

    cout << v3Sum << " " << vec3[numTestCases-1].SquaredLength() << " "
        << dotProduct << " " << vec3[0].Cross(v3Sum) << endl;

    inStream.close();
}
```

입력

입력 파일의 이름은 "input.txt" 이다. 입력은 t 개의 테스트 케이스로 주어진다. 입력 파일의 첫 번째 줄에 테스트 케이스의 개수를 나타내는 정수 t 가 주어진다. 두 번째 줄부터 t 개의 줄에는 한 줄에 한 개씩 2차원 벡터를 나타내는 두 개의 정수 x y ($-100 \le x, y \le 100$) 가 입력된다. 이는 2차원 벡터 $u = (x, y)$ 를 나타낸다. 그 다음 t 개의 줄에는 한 줄에 한 개씩 3차원 벡터를 나타내는 세 개의 정수 x y z ($-100 \le x, y, z \le 100$) 가 입력된다. 이는 3차원 벡터 $u = (x, y, z)$ 를 나타낸다. 각 정수들 사이에는 하나의 공백이 있다. 잘못된 데이터가 입력되는 경우는 없다.

출력

출력은 표준출력(standard output)을 사용한다. 입력되는 테스트 케이스의 순서대로 다음 줄에 이어서 각 테스트 케이스의 결과를 출력한다. 위에서 제시된 테스트 프로그램의 출력 및 출력형식에 따른다.

입력과 출력의 예

입력	출력
3 1 1 2 4 3 6 1 1 1 2 4 7 3 6 10	(-2, -3) 405 -5 (1, -1) (-2, -3, -4) 1305 -9 (-1, 2, -1)

기초 C++ 프로그래밍

가격 15,000원

초판발행 2010년 12월 17일
1판4쇄발행 2014년 2월 19일

저 자 최준수 · 한광수
발 행 인 유 지 수
발 행 처 국민대학교 출판부
주 소 서울시 성북구 정릉로 77
전 화 (02) 910-4243
팩 스 (02) 910-4240
등 록 1975년 6월 17일 제6-33호
인 쇄 (주)상지피앤아이

ISBN 978-89-7812-296-2 03560